中国戏曲文物文献汇编

戏曲碑刻（一）

车文明 总主编　姚春敏 主编

创于1897　商务印书馆
The Commercial Press

国家社会科学基金重大项目
"中国戏曲文物文献搜集、整理与研究"成果之一
项目编号：17ZDA244

总　序

中国戏曲是世界艺术宝库中的一朵奇葩，也是最具民族特色的中国传统文化代表之一。由于戏曲在古代的社会文化地位不高，所以传世的文献资料相对较少，而戏曲文物的大量遗存可以弥补这一缺憾。同时，数量庞大、种类丰富的戏曲文物也是中国文化遗产以及非物质文化遗产的独特遗存，具有很高的文物价值与研究价值。

通过几代学人的努力，戏曲文物研究已经取得了丰硕的成果，截至2017年，已出版学术专著134部，发表学术论文1135篇，硕士、博士学位论文73篇，发现并公布的戏曲文物几万种。从学界目前的研究来看，新发现、公布的戏曲文物资料已经比较庞大，但都是零星的（如单篇论文或调查报告）、条块的（如各种"美术史""碑刻选集""碑刻大全""地方文化丛书"等）、专题性的（如"剧场史研究""戏曲雕塑研究""地方戏曲史"、某种类的"抄刻本收集研究"），没有整体的、集成性的戏曲文物原始资料汇集。戏曲文物文献史料的搜集整理是戏曲文化研究的重要基础工作，是学术研究的基础与起点，大型集成性综合资料整理汇编是一个学科发展到一定阶段的必然产物，足以填补空白，嘉惠学林，同时，对抢救文化遗产、弘扬民族精神、传承民族文化，全面建成小康社会具有重大意义。因此，整体的、集成性的戏曲文物原始资料汇集理应成为学界及社会关注的重点工程之一。

2017年7月，全国哲学社会科学规划办公室发布了"中国戏曲文物文献搜集、整理与研究"的重大招标项目，本人和学界相关学者通过文本申报和现场答辩之后，承担了这个项目。《中国戏曲文物文献汇编》（以下简称《汇编》）是此课题的主要成果形态，其中收录的戏曲文物以词条为主体，以戏曲文物类型分卷，每个类型中又按省份排序，时间上总体以宋代为上限，下限至清末，并适当收录宋以前和民国时期典型的戏曲文物。为了更好地服务于学界，在此，本人将《中国戏曲文物文献汇编》的整理编纂理念阐述如下，希望得到方家的批评与指正。

一、文化传承与文物保护相结合的编纂思想

戏曲具有悠久的历史、独特的魅力和深厚的群众基础，是表现和传承中华优秀文化的重要载体，是在与其他文明不断交流互鉴中不断丰富发展并流传至今的优秀传统文化，其中蕴含了丰富的人文精神、教化思想、道德理念等传统文脉，时至今日，仍然深刻影响着中国人的精神气质、价值判断、文化素养。然而，当下戏曲发展缓慢，社会关注度减弱，有关古代戏曲活动的遗物、遗迹也正在逐渐自然消失，传承发展中华优秀传统文化的历史任务迫在眉睫。2016 年 5 月 17 日，习近平总书记在哲学社会科学工作座谈会上的讲话中指出，要重视发展具有重要文化价值和传承意义的"绝学"、冷门学科。2017 年年初，中共中央办公厅、国务院办公厅印发了《关于实施中华优秀传统文化传承发展工程的意见》，其中提出，要保护传承文化遗产。坚持保护为主、抢救第一、合理利用、加强管理的方针，做好文物保护工作，抢救保护濒危文物。

此外，从文物保护与学术研究的角度来看，由于戏曲文物多遗存于山野乡村，属于民间史料，历来不受上流社会与文人士大夫的重视，没有进入官方文献系统，也少有文人笔记关注，处于自生自灭状态。所以戏曲文物的发现与研究多属于原创性成果，具有文化抢救的保护性质。由此，《中国戏曲文物文献汇编》的整理编纂秉持着以下编撰思想：

第一，继承与传承传统文化。文物具有不可替代的历史记忆作用，戏曲文物记载了中华民族在长期艺术生产实践中开展的精神活动、进行的理性思维、创造的文化成果。全面、系统排查全国戏曲文物收藏现状并进行整理与研究可以很好地继承历史、传承文化，搜集、整理本身也是在传承历史、传承文化。

第二，深化对优秀传统文化的挖掘和阐发。中华戏曲文化源远流长、博大精深，戏曲文物是先辈遗留下来的丰厚遗产，是戏曲发展的辉煌证明、智慧结晶，其中蕴含了深厚的思想价值。《汇编》中所列出的每种戏曲文物、文献均有必要阐释其历史与人文背景、考察与保护现状、科研成果等情况，在整体上将有助于我们深入挖掘中华优秀传统文化价值内涵，激发中华优秀传统文化的生机与活力，进而构建有中国底蕴、中国特色的思想体系、学术体系和话语体系。

第三，有利于相关学术发展。《汇编》的整理编纂不仅对于戏曲研究，同时对于古

代文学研究、社会史研究、民俗研究、宗教研究等均有裨益，在集成式资料占有的前提下，学界可从戏剧学、文化学、人类学的角度进行深层次学术研究。

第四，对有关文物进行抢救性的保护。由于很多戏曲文物并不属于国宝、省保甚至于市保级别，遗存于广大的乡村、田野，随着时间的推移以及其他因素的影响，许多戏曲文物及其资料时刻面临着因自然或人为因素而消失的危险。《汇编》可以进一步增进相关的保护措施与力度，同时也可以及时记录濒危文物资料信息，以利于资料流传与利用。

二、文物学与戏曲学相参考的分类原则

文物是人类创造或与人类活动有关的一切有价值的历史遗存，包括遗物与遗迹。"戏曲文物"这个概念则是以属性分类法分出来的文物大类，指与戏曲活动有关的一切有价值的历史遗存。对所得文物进行分类、鉴定、整理等是文物研究的一项基本内容，文物分类方法主要有时代分类法、形态分类法、功用分类法等，本《汇编》主要采用形态分类法。

戏曲文物大致包括以下七大类：古戏台、戏曲碑刻、戏曲雕塑、戏曲绘画、舞台题记、服饰道具与乐器、稀见演剧文献。基于出版及研究的需要，《汇编》将戏曲文物共分七大卷进行分批出版，即戏台卷、碑刻卷、雕塑卷、绘画卷、服饰道具（乐器）卷、舞台题记卷、稀见演剧文献卷。

古戏台指为戏剧演出而建的专门场所，当然，戏台上也可进行其他活动，如说唱、杂技表演或作他用等，但这只是临时借用而已，它的主要用途还是戏剧演出场所。所以，像摅地为场的广场以及堂会演出的厅堂等，就不能纳入本《汇编》内。戏台遗存最多，十分醒目地矗立于祖国大地，为研究者首选，按照习惯，将之列为戏曲文物的首类。

戏曲碑刻指铭文中有戏曲内容的纪念性或标记性地面立石，至于建筑物附属零散铭刻则放在建筑物条目中介绍，不列入其中。戏曲碑刻现存数量巨大，特征明显，所以单列一类。

戏曲雕塑即指砖雕、石雕、木雕、泥塑、陶塑、瓷塑、线刻图、画像砖、画像石、戏俑和金属铸器等一切与戏曲有关的地下雕塑和地上雕塑。砖雕类最多，较集中在宋金元时期。木雕则主要在清代。单从数量上看，可能占绝对优势，据不完全统计，宋金辽、元、明、清、民国时期，戏曲雕塑约 200 余组，1584 件，有关戏曲的人物形象约

2300多人。地下墓葬中的戏曲雕塑数量虽少，但较为清晰，地上雕塑有时较难确定其形态和属性。从内容上看，宋金杂剧、大曲、社火等与清代昆曲、花部占绝大多数，砖雕、石刻、泥塑（包括陶塑、瓷塑）主要集中在宋金与清代，木雕则全部为清代遗存。

戏画是戏曲绘画之省称，按照绘画载体可分为壁画、绢画、木版画、纸本画、瓷器画等，是一类将戏曲故事或演出场面以图像方式呈现的中国传统绘画。古代戏曲演出由于受到时空条件的限制，演出结束后无法复原当时的演出情景，也无法在各地同时演出，戏画作为戏曲的辅助传播方式，兼具绘画与戏曲的双重审美特征，且不会受地域时间的限制，可以满足不同时期不同地域民众直观的图像审美需求。

旧时戏曲艺人常于戏台（或神殿）墙壁或梁枋上留下墨书题记，内容主要为演出时间、班社、剧目、艺人等，有时艺人也将自己演艺生涯之艰辛与感想书于壁上，间或炫耀自己高超的演技。其中以前三者为多，剧目也多为花部。舞台题记大多为清代留存，其中前期（嘉庆前）较少，嘉庆以后较多，剧目以花部为主，虽为戏曲文物家族的新成员，但内容多，体量大，应单独归为一类。

戏曲服饰道具与乐器是舞台艺术必不可少的装备，戏曲服饰用以体现角色的身份、年龄、性格、民族和职业特点，并显示剧中特定的时代、生活习俗和规定情境等。戏曲服饰在中国戏曲中习称"行头"，具有写意性、程式性、夸张性、装饰性以及实用性等特征。此外，还具有等级明显、色彩多样等特点。现存戏曲服饰道具与乐器等戏曲文物主要为清代，尤其是晚清至民国之物。一般而言，比较正规的戏班、剧团对服饰、道具、乐器进行分箱管理。服饰道具及乐器等数量较少将之并入一类。

稀见演剧文献包括所有的出土戏曲抄刻本，民间遗存的赛社演剧抄本、戏班剧目与账本等，这些戏曲文献具有唯一性，与其他主要供流传的文献有别，具有文物与文献双重身份，并被学术界视为戏曲文物的新发现，所以也被纳入戏曲文物范畴。也有的戏曲文物被发现后得到了及时的整理记录，已转变为文献，虽然它作为文物本身已经不存，但仍然被纳入戏曲文物研究范畴。可以作为文物的戏曲抄刻本信息量大，具有文物文献双重属性，单列一类。需要说明的是有些文物公布较早，现已不存，如碑刻、题记以及部分戏台等，已转变为文献，但因其资料完整，且有保真性，所以仍然按照戏曲文物资料对待，这也是《汇编》中有"文献"二字的原因。

戏曲文物的遗存显示出极大的不平衡性。从类型上讲，古代戏台遗存最多，粗略估计，全国现存古戏台有近20000座。其次是戏曲碑刻、舞台题记，最后是戏曲雕塑、绘画、服饰道具、乐器及抄刻本。这样的分类结合了文物学的类型概念与戏曲学的实际类型进行整合设计，基本涵盖了戏曲文物的全部种类，各自内在逻辑关系密切且十分清晰，也是符合实际的。

三、学术价值与文化价值兼顾的收录标准

前面说过，戏曲文物仅现存的就有上万件，而限于出版条件，将其全部纳入本编是不可能的，也无必要。因此，本编对戏曲文物条目必须要有一定的选择条件和范围，对此，编订时有两方面考虑。

首先是具有一定的学术价值，判定标准为：

第一，具有填补学术空白意义的，如宋元时期的古戏台、戏曲碑刻、地下砖雕等。戏曲文物对中国戏曲史建构的最大贡献是中国剧场史。戏曲史如果没有剧场史，无疑是有缺憾的，在戏曲文物未被学界关注之前，剧场史的研究多数领域属于空白状态，现在依靠十多座宋元时期的戏台及戏台遗迹的发现，以及数十通相关碑刻、砖雕等的研究，宋元以后的中国剧场史的建构已经基本完备。还有舞台艺术形象，舞台艺术的形象资料等仅依据文字记载，要还原它非常困难。戏曲文物的直接形象资料使戏曲史书写变得立体和丰满，如山西洪洞广胜寺水神庙元代杂剧壁画。因此，将有戏曲史意义的文物纳入本编是首要考虑的。

第二，可印证文献记载，补充史料之不足的。前者如河南出土的大量北宋墓葬杂剧砖雕与文献中有关中州地区杂剧繁荣的记载，山西中南部众多的金、元戏曲文物与古籍中有关平阳地区戏曲活动之频繁的记述相一致；后者如历代民间尤其是农村戏曲活动情况、地方剧的兴起与传播等均需文物材料的补充，如某些脚色化妆在文献中出现，今人不大理解，有了出土文物，就比较形象直观。比如说脚色化妆，文献上记载，"眼角一道明戗""头上插枝笔管"等就是形容副净、副末这些个脚色的。有了戏曲文物的发现就一目了然，比如宋金墓葬砖雕以及壁画中的副净，脸涂白灰，黑眼圈，红唇，墨线贯以右眼。也就是说，具有戏曲形态学价值的文物也是需要纳入的。

第三，具有戏曲文物学类型意义的。如作为明代戏台代表的山西太原晋祠明代戏台，有很强的戏曲史价值的江苏省苏州市老郎庙清代戏曲碑刻。戏曲雕塑中如山西省侯马市董明墓金代戏台模型与戏俑，抄刻本如山西省潞城市南舍明万历抄本《周乐星图》等，这些都有戏曲文物的类型学意义。

其次是具有一定的文化价值，判断标准为：

第一，有助于了解不同地域文化下的文物类型的。目前来看，戏曲文物在地域分布

上显示出较大的不平衡。山西作为戏曲大省、文物大省，遗存的戏曲文物最多，有的是全国唯一的。陕西、河南、河北、北京、天津、江苏、浙江、江西、安徽、福建、四川等均有为数不少的遗存，但如青海、新疆、西藏等地，文物本身留存较少，就算有戏曲文物，学术价值也不大，只是作为地域文化类型必须要进行适当收录。

第二，有助于优秀传统文化的弘扬和传播的。中华戏曲、戏曲文物反映了中华民族的精神追求，其中最核心的内容已经成为中华民族最基本的文化基因。如果能把戏曲文物中最基本的文化基因以人们喜闻乐见、具有广泛参与性的方式推广开来，把跨越时空、超越国度、富有永恒魅力、具有当代价值的戏曲文化精神弘扬起来，就能有助于中华传统文化的弘扬与传播。如戏曲服饰类，尤其是清宫戏曲服饰，绝大多数现存文物为清朝甚至民国时期的，学术价值有限，却是传播、弘扬传统文化的最好内容。

第三，具有抢救性保护意义的。在我们调查研究中，如果发现某些戏曲文物由于无人监管或保护正在自然坍塌或消失，且之前无公布，这类文物也将纳入《汇编》内容。比如《汇编》中所收戏台，一般以公布时仍存者为主，如果公布时已毁，但仍存照片和比较可靠的文字资料的戏台也适当收录；个别公布时仍存，但只有片言只语，信息不全又无照片，我们将对其进行实地考察，补齐资料，记录其保存及维修情况，并纳入《汇编》收录范围。

当然，在实际操作过程中，各类文物的情况千差万别，要审慎地进行选择，不能够选入的也要在戏曲文物数据库中做好备份。

四、历史还原与价值阐发相统一的撰写原则

本编将每种选出的文物进行具体编撰时，首先要进行历史还原，所谓"还原"有两方面的含义，即文物历史及相关文化信息的还原和研究历史的还原。由于戏曲与宗教、民俗有着不可分割的联系，作为一种尚未消亡或仍存在于人们记忆之中的艺术，学者主动地进行专门的戏曲文物考察应成为获取资料的主要途径，本编撰者不仅要对现存的文物进行考察，而且还要对当地的政治经济、宗教民俗、戏曲传统及自然人文等情况做调查，并撰写该文物的历史及相关情况。

此外，对这些文物的学术研究也有一个不断发现、不断进行的过程，这个研究过程也要梳理清楚。比如戏台的词条撰写，首先是戏台概述，概述中要包括此戏台的地理位置，与戏台相关的当地文化、文物信息、民间传说等，庙会时间与历史情况，研究历史。其次是戏台本身的文字记录，其中包括形制、尺寸、梁架结构、装饰布置等。最后

是戏台调查、公布的历史图片。何时、何人所摄均要有所标示。

再如戏曲碑刻类的词条撰写，首先是碑刻序录。序录中要包括碑刻收藏地、收藏历史，碑刻撰写者与规格，研究历史等。其次是碑刻的文字记录，记录的文末要注明是何人、何时于何地进行点校。再次是相关图片展示，图片下要标注是何拓本。最后是参考文献。

除了要进行历史还原外，每种所选文物均要进行价值阐发。戏曲文物不仅是物质文化遗产，许多还是非物质文化遗产的载体，比如古戏台、戏曲绘画、服饰道具等，属于双遗产范畴，其价值不言而喻，因此，本编对每种文物进行价值判断与阐发也是必不可少的。

五、准确、全面的信息记录与数据库建设相配套的编撰特色

本编对所选文物的信息记录要保证其数据信息的全面和准确，目的在于按照戏曲文物的类型，准确收集相关资料信息，重点突出代表性经典性资料，并进行全面呈现。所谓准确，即对每一种所选文物的测量均计算到厘米，对其历史进行准确考订，保证信息准确，能够接受得住时代的考验。所谓全面，即对每一种所选文物的记录都要有全方位的测量和描述，文物历史、记录历史、研究历史三种历史均要包含，数据、文字、图片三种形态均要体现，保证信息不能遗漏，即使文物消失，后人亦可以根据这些记录进行准确还原。

具体来说，戏曲碑刻卷要对所有专门性碑刻与经典的非专门性碑刻进行全文迻录点校，对一般性同类型碑刻做简要词条式介绍。抄刻本卷要对所有抄刻本进行整理点校。雕塑卷要对所有戏曲雕塑进行拍摄、测量、记录。戏画卷要对所有戏画进行拍摄、测量、记录。舞台题记卷要对所有舞台题记进行整理记录，有条件者进行拍摄。服饰、道具卷要对所有服饰道具、乐器等进行拍摄、测量、记录。

尤其是子课题之一"中国古戏台资料整理与编纂"，即进行古戏台资料收集整理工作，首先要对全部现存的 13 座金元戏台进行测绘、拍摄、VR（虚拟现实）影像制作、文字描述与记录。其次要选取 80 座明代戏台、5000 座清代戏台进行测绘、拍摄、文字描述与记录，并依据类型学原则选取其中部分古戏台进行 VR（虚拟现实）影像制作。最后，要对所有现存古戏台以及现已不存但有科学记录的古戏台资料进行汇编，包括名称、所在地、形制、年代、遗存状况等。对其余已公布的新发现的戏台做简要信息采集，对同类的一般戏台只进行登记统计。这样详略得当、重点突出的工作一旦完成，必

然可保证本编"戏台卷"数据的准确、全面。

在信息化时代，数据库建设已经成为学术研究、学科建设的重要前沿手段。纸质版的"中国戏曲文物资料汇编"，给研究者检索带来一定的不便。利用现代化技术手段将所搜集的戏曲文物资料，通过拍摄、扫描或翻拍，将文字资料、图像资料建成一个目前国内最具学术性、权威性的"中国戏曲文物文献资料数据库"，可快捷访问、分类查询、全文查询、多重查询等，形成一个更具有专业风格，更具有针对性，使用便捷的文献信息平台，从而满足广大研究者的需求。数据库将制定中国戏曲文物文献资料电子化规范标准，研发具有良好数据检索和统计性能的数据库系统，并完成前面子课题采集的文物文献数据的处理和录入，研发中国戏曲文物文献数据库的公共服务接口。由于本编的所有资料均编排目录索引，数据库建好以后，二者相配套，可以更方便地供研究者及一般爱好者使用。

总之，《汇编》将会呈现出迄今为止最完整、最全面、最权威的中国戏曲文物文献实录及相关数据，《汇编》的出版将有助于我们讲清楚戏曲以及相关中华优秀传统文化的历史渊源、发展脉络、基本走向，讲清楚相关中华文化的独特创造、价值理念、鲜明特色，增强文化自信和价值观自信。

近千年来的中国戏曲实践历史告诉我们，中国戏剧走的是一条在多方面与西方戏剧不相同的道路。中国古人的戏曲活动与人们的生活有着极其紧密的联系，不仅体现为戏曲从业人员、从业活动的大众化，而且，还会经由民间信仰、民俗生活产生戏曲活动的衍生物。

从整体来看，按照一切文物都是文化遗产的观点，不管是戏曲活动中物质形态的创造过程还是非物质文化活动的进行，都离不开中国人特有的戏曲观念、价值理念，都蕴含了传统文化的强大基因，文物则是文化基因的记忆和记载，沟通着历史与现在。古代中国虽分久必合，合久必分，但大一统观念始终贯穿其中，这为形成基本稳定而又开放的文化心态奠定了基础。由此形成了基本稳定而又历代有所变化的戏曲观念、戏曲价值理念，并体现为特有的民间信仰下的戏曲及民俗活动。因此，古代民众在特定时期和特定地域内会形成特有的戏剧活动。从广袤的中华大地来看，则构成了千变万化、丰富多彩的戏曲活动，其演出的痕迹被广泛保留在各种形式的文物遗存中，成为我国古代文化艺术殿堂中一批数量可观的文物珍品。戏曲文物学正是建立在这样的事实逻辑之上，建立在千年以来的中国戏剧实践基础上。

每一种戏曲文物背后，不管是剧场类的还是非剧场类的，实际上都蕴含着一种古人对演剧空间的理解，是人类戏剧实验的一种想象，启发着我们去不断地发现真实，发掘智慧。从理论价值来看，戏曲文物学可以系统、完整地讲述中国戏曲的历史渊源、发展脉络、基本走向。尤其是元代以前的戏剧史，主要依靠戏曲文物学的不断探索来推进，这对于建立我们的文化自信、阐述中国戏曲的文化特征有着不可替代的价值意义。从实践价值来看，中国古代戏曲的繁盛建立在独特的戏曲文化生态之上，而戏曲文物的研究可以全面、深入地把握戏曲活动在社会中的结构地位、功能效果、实际作用，进而探究古代戏曲兴衰之谜，帮助我们走出中国特色的文化产业之路，为世界戏剧的发展贡献中国智慧。

车文明　郝成文

2019 年 3 月 4 日

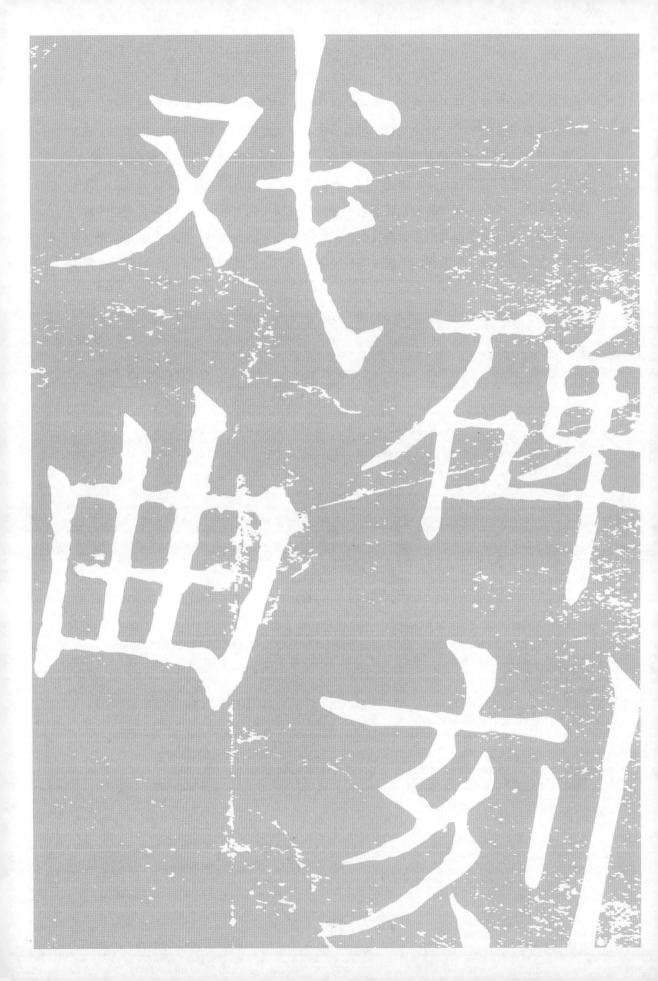

元代戏曲碑刻 / 97

明代戏曲碑刻 / 197

图片目录

编纂体例

一、戏曲文物的范围、类型等的界定

文物指一切由人类创造或与人类活动有关的有价值的物质遗存，包括遗物与遗迹。戏曲文物指与戏曲有关的文物，大致包括以下几大类：古戏台、戏曲碑刻、戏曲雕塑、戏曲绘画、舞台题记、服饰道具与乐器、稀见演剧文献。其中，一些民间私人（阴阳家）珍藏的祭祀礼仪演剧抄本和戏班账簿等与主要供传播的戏曲抄、刻本文献有别，也列入戏曲文物范畴，至于公私藏书，海外孤本，文人笔记、日记等传统文献则不作为文物进行研究。

二、命名原则

1. 以文物自名命名。

2. 沿用旧名。其中出土文物、田野调查文物，尽量用公布时所用地名，并用括号标注现在地名。

3. 无自名、旧名或旧名明显有误者统一以本汇编一级分类命名。

4. 地名以现行地名为准。参照 2017 年《中华人民共和国乡政区划简册》《中华人民共和国乡镇行政区划简册》。

具体类型

1. 戏台名称：××县（市、区）××村××庙戏台。直辖市所属区需加上市名，用简称，如北京、重庆等，不加"市"字，否则就是以某某区开头。直辖市所属县仍以县打头。因现在是市管县的行政归属关系，一般不在县前面加市，但若遇县级或市级区，如东城区、尧都区等，还要在其前面加所属市。比如，临汾市为地级市，下有尧都区，命名时要在尧都区前面加临汾市；而洪洞县亦属临汾市管辖，但在命名时，就不在洪洞县前加临汾市，以下各类同此。例如××村××庙（会馆、宗祠）×（朝）代戏台。位于城市中的戏台，在正文开头写明所在街道、门牌号码等。

2. 碑刻名称：××县（市、区）××村××庙（会馆、宗祠、墓地等）《××××》(碑、碣、铭文)。

3. 舞台题记名称：××县（市、区）××村××庙（会馆、宗祠等）戏曲题记。如同一舞台有多则题记，则分别以题记时间、所在方位加以区分。

4. 雕塑名称：××县（市、区）××村××庙（会馆、宗祠、民居、墓葬等）×雕。如同一地有多块雕塑，则分别以雕塑时间、立足方位或具体位置进行区分。传世文物直接以文物名命名，不加地名。如"丁都赛杂剧砖雕""升平署腰牌"等。

5. 戏画名称：××县（市、区）××村（博物馆等）××庙（会馆、宗祠、墓室等）××画。传世戏画一般不加地名，如"宋杂剧绢画""婴戏图"等。

6. 稀见演剧文献名称：××县（市、区）××村××抄（刻）本。抄刻本如有题名，则加上抄（刻）本的具体名称。

7. 服饰道具等名称：××县（市、区）××村××戏班××。

8. 乐器名称：××县（市、区）××村××班××。

三、收录范围

以时间先后排序，收录以宋代至清代戏曲文物为主，宋代以前的选取有典型性的、重要的演艺文物，民国时期的选取有典型性、重要的戏曲演出文物。

四、各卷具体编纂要求

各卷包括主要内容和文献校对，通过追述历史，尽量反映出文物遗存变迁情况。

（一）主要内容

1. 戏台卷：对全部现存的 13 座金元戏台进行测绘、拍摄、VR（虚拟现实）影像制作、文字描述与记录。选取 80 座明代戏台、5000 座清代戏台进行测绘、拍摄、文字描述与记录，并依据类型学原则选取其中部分古戏台进行 VR（虚拟现实）影像制作。对所有现存古戏台以及现已不存但有科学记录的古戏台资料进行汇编，包括名称、所在地、形制、年代、遗存状况等。对其余已公布的新发现的戏台做简要信息采集，对同类的一般戏台只进行登记统计。

内容简介中包括戏台所在省县乡村庙；始建于某某年，重修于某某年；建筑描述：坐向、屋顶、几面观、面阔、进深、前檐柱高、柱础、柱子、额枋、斗拱、梁架、装饰及楹联，金元戏台加台基尺寸。其他信息还有纪年题字、刻字、舞台题记、壁画；庙所供主神、主要配享神；庙的创建年代、重修年代；庙内其他建筑，如正殿、山门、配殿几间，其中看楼、献殿等略详；保存状况，保护级别，历史信息；演出习俗；其他有价值、有特色的信息，如传说、故事等。

照片、戏台，标注名称用词条名，再加补注（如正面、侧面、剖面、立面等），同一时间所拍一般选用 1～3 张，注意历史变迁，照片拍摄时间置于后面括号内。金元戏台有 VR 图像。

内容以建筑年代排序，没有纪年的，按朝代排序，如明代、清代。地名排序以《中华人民共和国行政区划简册》（2017）为准。

2. 碑刻卷：专门性戏曲碑刻和早期有典型意义的非专门性戏曲碑刻收录全文，并对全文进行点校，正文前加简介，简介主要介绍碑刻的来源；规格，如高、宽、厚；属性，如"砂石""青石"；碑名、刊刻年代，如"泽州周村镇重修庙祀记"；碑刻发现地、今存地；与戏曲有关的内容介绍；碑形制，如"螭首""笏首方趺"；正文书法、行数、字数等，信息缺失者，阙如；保存状况，如"保存完好""保存一般""有残缺""字迹漫漶""遗失"。内容简介中还包括主要参考文献，用分号隔开。只有碑文，原碑不存者，以上信息或缺者，只注明录自何处。

碑文前附碑刻拓本照片，如没有，则以碑刻词条的形式呈现。

3. 雕塑卷：重要的、有典型意义的戏曲雕塑附上多角度照片，并介绍相关研究信息。普通的则以一般性词条形式出现。

4. 绘画卷：重要的、有典型意义的戏曲绘画附上多角度照片，并介绍相关研究信息。普通的则以一般性词条形式出现。

5. 服饰道具（乐器）卷：重要的、有典型意义的戏曲服饰、道具、乐器等附上多角度照片，并介绍相关研究信息。普通的则以一般性词条形式出现。

6. 舞台题记卷：按区域排序，每一座庙宇前加"简介"，注明该庙所在省、县、乡、村，题记所处位置，如戏台后墙、隔断、正殿山墙、看楼后墙等。舞台题记主要内容共几条，时间，剧种、班社、剧目，公布情况，重要研究成果。内容主要是进行文字整理、点校，一些民间使用的错别字与生造字一仍其旧，尽量以在其后加圆括号的方式标明正确字，原有"注"取消。

7. 稀见演剧文献卷：主要内容包括文献题名、抄录年代、抄录人、抄本规格、质地、发现地、现存地、收藏者、保存状况、页数、单页行数、每行字数（范围）、字体等；抄本内容介绍，即概述抄本内容，突出戏曲相关内容（如散乐、乐舞、队戏、杂剧等内容），学术价值或文献价值可稍加概括；抄刻本发现过程，相关公布、研究情况等。

（二）校对规范

正文按国家古籍整理规范全文点校。合理分段。

1. 正文以及成段文字加标点。题名、纪年等分段展示，不加标点。碑文中身份、称谓等与人名之间不空；多位人名并列，人名之间空两个字符。单独成段的人名一律以简体横排，段前一律空两个字符。

2. 明显错字者一仍其旧，对错、衍、倒、疑文做必要的校改，并用圆括号（）标出校改的正字；原本脱漏，校勘补入的字句，加方括号〔〕标示，必要时注释说明；字迹不清者用缺字符号"□"代替，缺损字数不清者，以"（阙文）"标出。

3. 原本中的提示性文字置于圆括号（）内，不加说明。

4. 用字以《通用规范汉字表》（2013）为准，一些文物古迹中的异体字一仍其旧。

5. 出版成果中数字、年代严格遵循《出版物上数字用法》（2011）。

7. 涉台用语严格遵循《关于正确使用涉台宣传用语的意见》（2002）。

8. 文献：引用文字3行内随文加引号，超过3行者另起段，左右缩进两个字符，并变更为楷体。引文出处词条随文加小括号，在小括号内出注，其余一律用脚注。

参考文献书写格式统一如下：

作者，题名（加书名号），出版者，出版年，页码。

示例：廖奔，《中国古代剧场史》，中州古籍出版社，1997年，第31页。

论文：作者，题名（加书名号），刊物，发表时间期数。

示例：苗怀明，《从文学的、平面的到文化的、立体的——20世纪80年代以来中国戏曲研究方法变革之探讨》，《河南社会科学》，2003年第5期。

宋代戏曲碑刻

○○一　阳城县马寨村南岭汤王行庙《敕存汤王行庙之记》

| 简介 |

《敕存汤王行庙之记》宋开宝三年（970）刊。碑高92厘米，宽54厘米，厚15厘米，圭首。汤王行庙位于山西省阳城县寺头乡马寨村南岭，现已不存。碑刻现存阳城县文物博物馆。碑文记述了北宋初年泽州阳城县长安乡长兴村（今阳城县马寨村）民众修建汤王行庙之事。碑文赞的部分叙述了汤王行庙舞亭形制及春祈秋报时的用乐情况，"南楼化废，龟头舞亭。屏□照壁，乐奏箫筝。标尽胡部，及管吹笙"。（见王小圣，《从一块碑版看阳城商汤文化的历史积淀》，《太行日报》，2013年8月11日；安建峰、张建军，《北宋"舞亭"碑刻的再发现》，《中国文物报》，2019年4月30日第6版。）

| 碑文 |

敕存汤王行庙之记

维大宋开宝三年岁次庚午八月庚午朔七□丙子

泽州阳城县长安乡长兴村邑众维那王彦珣等立斯记铭

夫难度者天地，祷祈而的降休祥；莫测者神明，告之而彰其福祐。盖自虔诚意切，

阳城县马寨村南岭汤王行庙《敕存汤王行庙之记》拓本

而企□归真，故乃有感即通，无求不应。伏惟圣王贯基陇郡，托饮荫龙胎，长自天肌。乾坤圣主，德包天地，务洽汾阴。万国而皆遵道化，五帝而垂拱归依。吊民伐罪，灭除桀纣之君；恤爱生灵，尽赞殷汤之主。三边永静，四塞谧宁。人开十善之门，例感百王之化。而自驾游行殿，地圣□城。时遭七载之愆阳，致得万民之忧困。是以舍宫弃位，御驾浙山。焚躯而地出涌泉，云雷而天垂雨泪。存三池之迹庙，百兽潜形；留四面之因踪，谁无仰敬。灵通莫测，显圣无穷。须臾而水泛高山，逡巡而风雷璀岳。南观石樟，傍窥孝子之林；北顾火崖，更望存公之景。祥花遍地，瑞草无边，似锦铺山，如金砌玉。当村先代，伏自秦帝，依凭圣力，仰叩天庭，请行庙於□。遣兆民之归，仗四方幽景，丽峭殊□。甲顾灵神白岸，庚窥石恰柳泉，丙眺危峰帝岭，壬观崴岳仙翁。左有青泉涌浪，右相白虎来臻，前次亲思之塔，长河稜枕交连。咸通一十五载，重修殿宇廊轩。春秋享祀，二八求恩。户有吉祥之庆，家无非祸之□。伏值大周即位，丙辰年旬，显德三载，除毁古神。惟王尊圣，龙衮加新。遂发虔恳，各舍家珍。良工镌备，世劫无倾。山河任变，此铭长存。伏愿当金（今）万岁，郡主千秋。县镇高迁，户人益寿。松姿不变，永保岁寒。日月常流，金石不朽。灵通万古，性达九霄。表赞已终，他年永记。赞曰：

天地乾坤，吾皇惟尊。畜滋万类，抚育群生。每逢愆冗，□请真灵。虔诚雨降，怠慢招□。大周即位，例遣毁停。惟王感贵，殿宇添增。巾锯辨就，众力齐兴。如天化出，若地涌成。飞檐化废，五脊合楹。鹊兽俱备，火珠圆明。殿门两畔，进献峥嵘。波斯□贡，象牙骐骦。宝彩晃耀，人马骎骎。南楼化废，龟头舞亭。屏□照壁，乐奏箫筝。标尽胡部，及管吹笙。拾间廊宇，两位停匀。四隅厨库，瓦板俱新。春秋享奠，二八求恩。无令隳坏，巷静村清。律当南吕，景值仲秋。霜浓而雁振声哀，夜韵而寒砧响亮。

二十七日丙申庆赞毕

○○二　万荣县桥上村后土庙《河中府万泉县新建后土圣母庙记》

| 简介 >

《河中府万泉县新建后土圣母庙记》宋天禧四年（1020）刊。碑高181厘米，宽80厘米，厚26厘米，螭首，碑阳额篆"后土圣母庙记"。碑刻原存山西省万荣县万泉乡桥上村后土庙。后土庙位于山西省万荣县万泉乡桥上村，现已不存。碑刻现存山西省博物院。碑阳记述了后土庙创建的缘起和过程。碑阴后序县尉周渭述并书。碑阴详列有参与修建后土庙舞亭及各殿人员的名录。碑阴自上至下分四栏，第三栏记载有："修舞亭都维那头李廷训等，杨延嗣、杜文明、孙訵、李福全、柳茂真、丁思顺、李用、王质、孙廷义、畅遂、薛延嗣、孙普、牛钊、王密、孙惠宗、李显通、丰荣。"（见卫聚贤，《元代演戏的舞台》，清华大学中国文学会《文学月刊》第2卷第1期，1931年12月15日；墨遗萍，《记几个古代乡村戏台》，《戏剧论丛》，1957年第2期；王遐举，《晋南万泉县宋初修舞亭的碑文》，《戏曲艺术》，1982年第3期；《中国大百科全书·戏曲曲艺》，中国大百科全书出版社，1983年，第396页；山西师范大学戏曲文物研究所，《宋金元戏曲文物图论》附录碑文，山西人民出版社，1987年；冯俊杰等编著，《山西戏曲碑刻辑考》，中华书局，2002年，第8～12页。）山西师范大学戏曲博物馆藏该碑拓片。

万荣县桥上村后土庙《河中府万泉县新建后土圣母庙记》拓本

万荣县桥上村后土庙《河中府万泉县新建后土圣母庙记》拓本碑阴局部

河中府万泉县新建后土圣母庙记

乡贡进士裴仅撰

征事郎行县尉周渭书并篆额

勾当庙人毛守中

《左氏传》曰："国之大事，在祀与戎。"且祀者，有国之徽猷，化民之至教，故王者以父道事天，母仪事地，郊祀之礼，三载一举，故无阙焉。莫不粢盛丰洁，牲牷肥腯，器币毕陈，金石交奏，所以昭其孝而息乎民也。皇上嗣位之十一载，天下无事，百谷告成。先是东兖士庶章奏继陈，乞登岱勒封，以纪太平之功。我后乃勉徇舆情，颁诏海内，告有事于岱岳。越三载，举坠典，备法驾，复展义于汾脽。是时稼穑之瑞，草木之祥，灵鹤庆云，靡不迭现。盖以圣君虔奉柔祇，恭孝祖考，畛孤恤物之所昭感也。有以见大宣皇明以烛其幽，鲜行之礼告毕，龙鸿之庆普施，遐迩同欢，鸟兽咸若，故能致社稷之延长，跻黎元于福寿者也。今当县圣母庙者，本脽上后土之祠，从其新号，今谓太宁。在昔圣王，亲遇灵应，扫地以祭，精□上达，实受其福。千载而下，经汉历唐，躬谒之君，国典所载，此不复书。且王化之攸行，政教之所及，民之法则若草从风。盖上能恭事天地，常命中贵大臣，亲诣灵祠，秘传圣祝，春禘秋尝，为民祈福，岁不愆期，故庶民观上勤心恪志，亦以四时设祭而陈其荐也，故不渝于风雨，展于寅奉，倚倦绝闻。忽一日耆耋相谓曰："今吾辈仓廪实，衣食足，田无灾害，家获乂安，无征戍以役乎丁，务耕桑以成其业，虽承帝力，岂非神降之福哉！且汾脽本庙地遥三舍，奈衰残之步艰于往来。今欲率群情，懋众力，揆吉位，创新祠，奉苹蘩以达其心，致潢污以表其意，使不乏其祭享，岂不为禀灵秀而重阴骘耶？"众闻厥议，忻怿金同。于是召信士以谋其始，祝灵著以卜其方，遂得县之坤兑隅为吉地，乃命剪除荆棘，划削榛芜，经之营之，以严以饰。于以见神聪降灵，人心响答，商农工贾，靡不乐推。一之岁板筑之功设，二之岁瓦木之用兴，三之岁堂殿之修备，四之岁塑绘之像成。陈力者子来，施财者雾集，欢声动而谷响，喜气积而云浮。长廊远布以翼舒，画栋高横而虹起。朱碧交映，罗仙仗以骈阗；帐幄深严，仰神仪而端睟。孤峰俯峙，共起嵌岑，洪浪西流，遥连浩汗（瀚）。则一境之内，比屋之人，睹良缘之告成，贺大功之克就，无不洁诚而来。既望之俨然，咸祭之如在，乘福介祉，知暗然而彰也。今邑长□公，下车以来，二周星律，以清白廉勤为己任，示劝化正直以临民，吏畏于明，奸服其政，绰然有古令尹之风。且乡中仰盼蠜之灵，睹庙貌之胜，谓不扬盛事，何以示将来；不刻贞珉，何以传不朽？亦由成山九仞，复亏功于一篑也。因告于闻，欲蕆厥事。县寮贵在，钦承祭祀，只肃阴灵，咸顺其欲。且梅仙周公，早善篇章，尤精翰墨，众伸厥意，愿请挥毫。仅射鹄未成，来游是邑，沐故人见托，以著斯文。深谢其才不惊人，更愧其学非睹奥，聊述浅昧，用纪岁时。其助缘多士，并刻名于后。

时大宋天禧四年五月十五日建

同勾当乡贡学究南世范

都维那头县前录事司皇甫臻

同勾当押司李忠吉

同勾当押司李恭

同勾当乡贡学究董用之

故都维那头前行皇甫义

同勾当前押司皇甫霭

同勾当前押司杨顺

同勾当故前行□美

同勾当前行杨士隆

将仕郎守主簿侯道济

承奉郎守县令杨德润

□□□□学究毛□中

广平焦□□

| 碑阴 >

后序

县尉周渭述并书

《易》曰："积善之家，必有馀庆；积不善之家，必有馀殃。"是故福善祸淫，盖闻天道昭然，此不复述。其有承国家水乳之恩，怀忠孝臣子之道，而重于阴骘者，异也。若乃五常之礼，先禀信于人伦，然后福不求而自至也；有昧神聪，行非孝悌，祸不召而自来也。今助缘多士，或官裳继世，或文学□通，或职绾县曹，或□钦神圣，并怀恭谨，各慕良缘，乃率净财，成兹庙貌，有已见重阴德而孝家国矣。既勒贞珉于当代，辄扬名姓于将来。故述片言，用光不朽云耳。

助缘县前行张真等　卫靖　李顺之　阎美　王顺　解仲赟　范智明　张□宾

后行宋信　王䚢　古文政　雍士元

手力节级孟仲明等　杨真　王守伦　李荣　李向　柳智　赵福

厅子卫用志

弓手节级陈恭　贾通

书手畅□恭　樊恕忠　张诚　陈坦　苏俊　薛进　李彦文　古忠

里正刘显　薛延嗣　李赟　皇甫进

客司行首知酒务张元正

右都押衙知税务陈延福

郭下助缘人马用忠等　姚遂　柴守忠　高光□　李文信　柴元吉　淮美　南随元邵象之　牛延德　薛蕰

修大殿并后官都维那头柳文遂　宁谦　李义　张进　王守忠

修舞亭都维那头李廷训等　杨延嗣　杜文明　孙䚢　李福全　柳茂真　丁思顺　李用　王质　孙廷义　畅遂薛延嗣　孙普　牛钊　王密　孙惠宗　李显通　丰荣

修真武殿并装塑维那头王文政　　同勾当头杨普

此庙于景德二年岁次乙巳七月三日，郭下柳文遂等诣天台祖庙，迎请后土圣母，就当县多人供养祈福。行至于此处，神马不往前进，却行往此地立马多时。遂乃地主赵智元，启心发愿，舍施此地，充为庙基。后乃三载之间，庙貌完备矣。施地主赵智元。

修二郎殿都维那头前押司李文立　杨钦　丁仁袖

修中三门维那头县前行皇甫义　皇甫霭　杨顺

修花园娘子殿施主孙惠宗　第（弟）孙奉先　第（弟）孙进

修六甲殿施主薛延嗣　薛文友

修崔相公殿施主张守义　第（弟）张守顺

修大门楼维那头宋延密　赵遵

薛赵村助缘人李均　第（弟）李仁禧　第（弟）李美　侄李舒

○○三　成都市锦江区大圣慈寺《寿宁院记》

| 简介 |

《寿宁院记》宋神宗熙宁元年（1068）刊。碑刻现已不存。碑文记述了大圣慈寺之俨然整洁以及寺院所处之地的繁华，同时也记载了当时倡优杂戏的繁盛。碑文如下："独成都大圣慈寺据阛阓之腹，商列贾次，茶炉药榜，棚占筵占，倡优杂戏之类，坌然其中。以游观之多，而知一方之乐也；以施予之多，而知民生之给也；以兴葺之多，而知太平之久也。"（见龙显昭、蔡东洲等编，《巴蜀佛教碑文集成》，巴蜀书社，2004 年，第116 ～ 117 页；何光涛，《四川戏曲碑文述考》，《戏曲研究》，2015 年第 93 辑；车文明，《北宋乡村庙宇舞楼碑刻在戏曲史构建中的价值》，《中国文学研究》，2016 年第 27 辑。）

| 碑文 |

寿宁院记

儒之心迹，佛之性相，一也。道不以心性为体，故求道于心性而不可得。然所以冥于道者，心性也。迹相亦然。道不存乎迹相，故求道于迹相而不可见。然所以行于道者，迹相也。宇之之谓庙，层之累之之谓塔。指庙与塔而问人曰："此道乎？"虽至庸俾具答之也，必谓之塔庙而不谓之道。试反之曰："非道也，则盍摧之？"彼其人必将鸣指膜拜而不敢作摧之之意。推此，则塔庙其佛之所以行道之迹相乎？

释氏自永平迄今，繇天子、公卿、士大夫，或信而爱，或诋而斥，或泥而佞，或毁灭而欲其忘。其为更阅多矣。盖周、唐之二武，以君天下之重势，尽力而除之，势宜不得复兴。方是之时，桑门蒲塞，涕目演洟，相与赍咨愤戚于隐伏之中。居未几，而塔庙之严复兴于天下。而厚费之民之力，不啻膏油之沃炭。虽暂灰死，而卒之逾炽于前也。意者，祸福缘报，必有形验。而生民之震畏忻慕，沦肌浃髓，所不可得去邪？佛以静为乐，故凡塔庙皆洁精谨严，屏远俗纷。独成都大圣慈寺据阛阓之腹，商列贾次，茶炉药榜，棚占筳占，倡优杂戏之类，垒然其中。以游观之多，而知一方之乐也；以施予之多，而知民生之给也；以兴葺之多，而知太平之久也。此固寿宁院荒芜于昔而盛于今欤！何谓之盛？院莫大乎继承，而僧患夫寡。今有文皇仁庙之丽翰、章圣之文章，以恩岁械一人，师徒绵绵，日营月修，是故书有完藏，象有宏宇；入其门而柱石洁然，及其中□而草木修然，其为殊尤绝盛而得之天人者。有石楹尺，而塔之形影嚆焉，发乎苍颢之表，此得之天也。有孙知微之笔，鬼神恐其暴形，日星恐其运行，林木恐其发生，涛浪恐其奔鸣。癏者为僧，偻者为道，趋翔者为衣冠之士，此得之人者也。其为生者，有温江四夫之田，始于张忠定公咏之所畀，而成于马正惠公知节之所奏，此其所为日盛也。

初，淳化寇窃之后，院为废田，吏民植碑乎其中，以颂上德。于是，内臣王继恩愿招安，而忠定作（坐）镇，乃议搜择名行僧使管是碑。而得僧希白，遂奏求赐今院名。白，华阳人也，姓罗氏。其教外，通吾儒经，善草隶，有诗行于时。安文惠王元杰始封益，见而器之，贻之以诗，奏授师名文鉴。凡院之所繇盛，皆文鉴为之也。独完藏经，成于其孙文蕴大师重巽，而藏经之堂继成于重复之手。巽、复皆言行谨厚人也。复，今为都僧正，而求予记，因书其本末云。熙宁元年记。

○○四　沁县城关镇关帝庙《威胜军新建蜀荡寇将□□□□关侯庙记》

| 简介 |

　　《威胜军新建蜀荡寇将□□□□关侯庙记》宋元丰三年（1080）刊。碑高 120 厘米，宽 76 厘米，笏头方趺，额篆"威胜军关帝侯新庙记"；碑阴为"修关王庙施主题名记"。庙已不存，碑刻现存山西省长治市沁县城关镇南涅水村石刻馆内。威胜军，宋太平兴国二年（977）置，治所在铜鞮县，即今沁县。此碑为威胜军创建关公庙而立。碑阳叙建其庙之由来，碑阴为施主题名，其中第五行刻有"周围地基深三十七丈五尺，广一十一丈四尺，正殿三间，舞楼一座，南北廊上下共二十□"等字样。此碑为现存六通宋代"舞楼"碑刻之一，非常珍贵。（见《山西省沁县在普查中调查和发现了一批文物》，《文物参考资料》，1958 年 8 月；丁明夷，《山西中南部的宋元舞台》，《文物》，1972 年第 4 期；山西师范大学戏曲文物研究所，《宋金元戏曲文物图论》附录碑文，山西人民出版社，1987 年；冯俊杰等编著，《山西戏曲碑刻辑考》，中华书局，2002 年，第 16～25 页。）山西师范大学戏曲博物馆藏该碑拓片。

沁县城关镇关帝庙《威胜军新建蜀荡寇将□□□□
关侯庙记》拓本

威胜军新建蜀荡寇将□□□□关侯庙记

　　夫辰象之精，岳渎之灵，□□融粹，爰生英烈。英而秀者，华国以文；烈而毅者，卫时以武。将军关侯，禀武之烈，而为虎臣。遗风可□庙□□□□□。汉道微于建安之间，二袁方锐，三主未定，四方锋扰，英雄驰骛，谋臣猛将，如雨如云，斗智角力，水陆并攻，未决成败。当是时也，兵皆□□□□□□□□不解鞍，捐躯必死赴白刃中，杀气相吞，流血相溅。递捷□递衄，其勇益备。有类刘项相持，未指鸿沟，割为楚汉，则构兵争雄焉。能少息□□□□□□战始定其地。壮哉！魏武挺超世之姿，而据中原；先主乘险固之利，而割巴蜀；孙权绍父兄之业，而尽有江东之地。彼三人者，当干戈□□□□□□□□略，杖剑鞭马，握兵数十万，辟地数千里，慨然以英武相高，胜不骄，败不沮，各得其志，列为敌国，皆强对也。世之言者，谓孙不如曹，刘不如孙，□□□□似不然也。凡用兵以智攻愚，则智者胜；以怯拒勇，则怯者负；以智勇相配，则可以抗衡而不可独擅。愚谓刘之为蜀，如苍鹰逢秋，翅翮□横飞，而鹰击魏吴。孙之为吴，如猛虎踞山，爪牙虽具，不能肆其杀心，而虎噬蜀魏。曹之为魏，如孤鲸跨海，首尾虽长，不能纵其巨力，而鲸□□□。□□安得天下鼎立，正朔有三？固其藩篱，缮其弓戟，守以诈力，而仅能持久者，率由收击豪俊，指示驱策，内卫外捍，乐为之用，而辅成偏霸。蜀□□□□□得士，冠于一时。孔明运筹，关张御侮，魏与吴不敢出师西顾剑门，忌三人耳。孔明善建良策，两国谋主开陈□病多矣，未闻奇□之□□□□□右者，优劣岂暇议哉！关张将略，达于合变，世言魏之张辽，吴之周瑜，可与并驱争先。愚窃料之，又不可也。其言□以张辽募散从八百，□□□□合肥；周瑜请精兵三万，破曹公以赤壁，幸而一胜，乌足道哉！且张辽胆薄，岂孙权之比；周瑜智小，非曹公之敌。设使孙不恃众而□城，曹不□□□□江，持重固守，待其师老而袭之，则两将之头可至戏下。愚谓案其风绩，较得失而论之，则飞可在前，辽当居后，而瑜处其中，□□逸□□□□□远甚。建安二十四年，尝率精锐进围樊城。将军善攻有术，不在矢石，在于权□机制胜，密不可窥。坐降于禁而威震华方，曹公议徙□□□□其锐。曹公明略盖于天下，闻其威名，勇气几夺，况下者乎？每建旗临阵，作愤轩昂，横刀而前，□奋于臆，顾眄小宇宙，叱咤生风霆，□上冲□□□□□。万众睹其勃如之色，人人不寒而股栗，虽生而魄碎。雄棱未霁，虏势已摧，威之盛也。此识将军之面，而未识将军之心。其心岂易□□□□□随先主不避艰险，张忠胆，冒贼锋，力战不怠，积功居多，累封为荡寇将军、汉寿亭侯。与群臣决大议，□先主为汉中主□□一心□□□□□□□之诚，凛逾霜雪，忠之至也。报曹公杀颜良，解白马围，功成弃赏，脱身还蜀，去就两端，不负主知，刚果之气，上薄云天，义之高也。□□□传□□□□□□为万人之敌，言其威也；称有国士之风，言其忠且义也。后之知将军者，不独取其临战却敌之威，而取其佐君之忠，行已□义，此为□□□□□□之心也。迄今江淮之间，尊其庙像，尤以为神。向也交址入寇廉白，熙宁九年，今上矜恻下民，诏元戎举兵问罪。沁州□□□□□□□趫捷应募者，由任真而下，凡二百三十七人，隶于左第一军前锋之列。摐金伐鼓，行逾桂州，驻□□补，过将军之祠下，□其始，得□□□□皇佑中，侬贼陷邕州，祷是庙，妄求福助，掷杯不应，怒而焚之。狄丞相破智高，表乞再完，仁宗赐额以旌灵贶。众□其□□□□□□□□□□□军誓：假威灵平蛮得儁，长歌示喜，高蹑太行而北归旧里，当为将军构饰祠宇。复请木□绘马，执为前驱，入践贼界，上气□□□□□□□□□□钲鼓，望风乞降，余众弃城而遁。进军临富良江，蛮酋遣将，乘蒙冲斗舰，举楫若飞，急趋争岸，迎官军陆战。江北神虎□鼓□□□□□□□□□□□□□自相腾轹，斩首及溺死者数万余人。既捷，荣雄受爵赏者二十六人。任真、贾信、董宁并指挥使，节以功之高下，递补有差。□□□□□□□□□□□南地多深林，密于栉比，蛮人预伐，横绝其路，结营息众，势莫能前。夜有大风暴发，怒号之声若挝万鼙。迟明□之卧未□□□军□□□□□□□□□也，众与虏均。俄有阴兵，旗帜戈甲，弥亘山野，敌人顾望，惴恐而败。精诚所召，助顺之灵，暴风夜至，阴兵昼见，神以符效应□□□□□□□□□□行，深入万里，果立战功。归而建庙，人以享祀答神之休。庙制一新，高堂峻庑，雕焕□严。费逾千计，出于众心悦助，其□成□□□□□□□□□□于辞，久则寂无所闻，乃砻石镂记，永传嘉应，于神无愧负矣。人之生也，种繁类殊，参差不齐，庸鄙常□□英□常寡惟□□□□□□□□□□□其铁肠石心，不以一毫小挫于人，是以生兮为将，死兮为神，英魂不散，修扬江表，飘激余□为风、为兵，助□□□□□□□□□□□□□□□□能静乱。金坚玉粹，有时而销，刚毅之操，确乎不变，止于报国而已。古之良将非一，今人未尝置齿耳闻。惟大汉云长之勇□□□□□□□搴其功名之略。殊灵伟迹，未遮其详，请观诸碑。

大宋元丰三年孟夏望日

乡贡进士李汉杰记

进士王汝翼书

武威贾奭篆额□

左骐骥副使兼阁门通事舍人知威胜兼管内劝农事及管本军驻泊军马公事王文郁

|碑阴〉

修关王庙施主题名记

立石都维那孔目官韩同　　勾押官耿良　　开坼官陈进　　正勾覆官郝经　　副勾覆官路遵　　上名押司官王恪　　□□押司□常智　　次名押司官徐俊　　下名押司□□

前行张庆　李清　李用　王万　郭俊　王言　刘应　刘明　田明　李立　韩革　牛秀　汤明　易彦

施碑石施主攒司程寻　　弟军司程宽　　勾当人刘□□

后行康太　韩奭　王序　徐皓　裴实　李庆　王滋　薄万　贾演　李政　李祥　冯赈　王禧　刘章　刘约　李满　张竫　常秀　马应　史宗　郝宣　武□　郭□　□□

神虎第七指挥，先于熙宁九年五月内选募，往安南道战蛮。至熙宁十年三月，内回到桂州南荔浦县，去本祠下请到刀马，至当年六月内到军，立庙元初□□。

基钱一伯七十三贯文，并是安南道回人出办。所有殿宇，系众合营修盖。其合上石姓名如后。周围地基深三十七丈五尺，广一十一丈四尺。正殿三间，舞楼一座，南北廊上下共二十□。

安南道回副指挥使任真　贾信　董宁　员寮　牛玉　张信

军头冯贵　　十将刘普　裴昱　刘成　田万　刘贵　王千　焦贵□□□

节级栗用　李千　王成　严密　张从　王秀　吕贵　李成　李聂　□兴　王竫　蔺贵　常栋　靳信　张秀　连贵　魏弁　申俊　郭定　王贵　连俊　贾秀　连清　大张宣　刘俊　武达　□□　□□

长行施万　栗宪　大张荣　朱荣　徐用　陈俊　曲成　张善　魏荣　崔贵　来进　李贵　张辛　李栋　刘温　高清　耿直　房琛　苗用　关清　李恭　梁俊　焦政　张宗

赵安　李仅　牛□□□　王政　张千　李庆　张遇　张能　刘吉　武聂　赵清　刘义　张玉　李荣　朱宣　王清　王进　胡德　杨成　宋德　阎化　曹荣　张德　杨宣　张遇　周达

在营指挥使王荣　副指挥使范千　都头霍兴　王信　刘德　副都头孔玉　张贵　张诚　姚文　李信　十将孙荣　樊玉　胡贵　节级李兴　李吉

旗头陈德　乔真　李万　路端　武信　张信　冉德　于吉　张宗　赵善　孙应　李庆　张翼　乔政　张吉　常保　张顺　王德　安兴　宋义　姜俊　元保　王信

教头苏吉　小张荣　梁贵　刘宪　李定　乔成　王简　赵信　杨吉　朱千　刘庆　武进　韩吉　柴荣　李滋　李俊　刘清　范兴　曹万　郑立　杨化

曹司赵宁书石　申贵　韩竫　贾遇　李贵　长行杨福　李辛　李吉　王宗　张德　张庆　贾海　申和　大耿用　郝贵　郝索　王明　贾锡　张安　成贵　胡千　□□□□　李兴　王顺　李成　任玉　胡信　王清　贾和　李俊　李清　连凑　韩贵　王秀　郭昌　贾进　张文　续万　李用　王甫　王进　大李遵　靳全　李清　宋遂　张清　赵和　张进　□□　韩善　郭贵　武宣　成安　王锡　冀方　高元　王进　裴德　孙德　程兴　段贵　刘方　李清　解宣　王庆　宋思　张贵　郝准　王晏

盖庙木匠张秀　泥瓦□□匠□□

铜鞮县上押李琮　下押成昌　手分李孺　李熙　徐宗　崔浚　程称　张太　贾珪　唐廉　书吏韩温　王锡　张明　尽马施主前任铜鞮县令男郑淑

城隍户施主老人张贵　老人赵文应　崔志　傅育　傅仲玘　刘莹　傅中良　赵永坚　杨正崇　张从立　王绶　成贵　马玽　施帘施主陈贵　史庆　申昱　景信

装塑三殿舍人邑大舍人邑维那贾润　赵秀□　郭贵　二舍人邑维那城北镇王永　赵爽　邬全　王全　戴则　戴只　苗兴　马晏　城南镇老人王志　赵泰　徐顺　三舍人邑维那孟暹　盍幽　张氏　连素　赵清　王顺　郝润　庞德　董万　李清　城南行廊邑维那李镇　郭秀　王霭　王简　郭寿　王淑　王□

在军都仓施主　斗级共五十四人　三人节级张和　李清　成宝　五十一人长行温素　车荣　郭诚　侯贵　郭荣　慕信　李嵩　陈万　鲁清　贾显　刘万　浩诚　刘俊　李之　开俊　大张贵　裴造　崔德　杜从　雍整　史立　武聂　郝昌　傅贵　赵真　连秀　裴镇　韩德　温泽　小张贵　刘贵　张已　贾友　郑锡　杨万　郝闻　郭贵　贾贵　李素　温应　史良　史镇　吕德　杨立　郑德　麻用　李琮　开立　张从　刘直　□□

宪州斗子节级杜积等一十五人，元丰二年三月，内献朱漆杆锯刀一口。

王荣 赵用 郑素 兰吉 胡清 李□ 周吉 载荣 贾宣 路昌 王友 李德 武德 张荣 阴阳克择人裴皋 在军拦头傅爽 施门楼□□

宣毅第二十五指挥旧管施主□出军员都头孙元 梁信 副都头张贵 鲍兴 王节 张贵 郭福 张贵

宣毅第二十五全指挥愿舍俸财，装塑大王尊像，及合满殿平棋、暖阁装漆并完，并累集钱修盖在庙殿宇，具合上石姓名如后：

军城南铺献身虞侯王坦 急脚□子张坦 指挥使段元 副指挥使刘升 董信 赵坦 正都头常清 张福 樊顺 副都头魏兴 刘信 郭信 王志 孙岩 都维那 十将霍秀 张德 王聂 长行董和 □□□ 军头李宣 十将杨青 王进 李青 杜庆 马素 苗普 向乂 韩青 董庆 郭青 节级王贵 秦进 崔秀 王庆 田荣 翟俊 任青 王受 崔秀 李□ □□ 李恭 郭明 王震 崔友 王琮 李秀 郝应 李升 李立 李俊 张昱 刘宣 王政 □宣 宋良 李贵 郝贵 崔济 郑元 守关将虞侯梁迁

旗头陈吉 郝琮 崔戬 李聂 侯诚 田荣 李用 侯秀 陈荣 曹清 侯贵 张清 张庆 温秀 杨信 赵昌 赵觉 董□ 雍贵 郝清 傅昌 张进 段进 王吉 陈清 傅达 韩庆 郭昌 教头温翼 赵进 李准 董赡 席吉 李严 □□ 张臻 张闰 田秀 尹庆 陈贵 杜清 王宣 李简 李万 张嵩 王秀 李贵 张翼 郝清 王用 王素 曹司张奕 赵良 张过 戴宗 张琮 阎拒 苏聂 王遇 长行张信 席万 刘清 郭□ 韦千 韩用 刘兴 一张贵 李德 张秀 陈定 □□ 冯进 张顺 申用 张清 侯清 樊宣 李诚 李宣 李进 王贵 李庆 王进 江贵 朱贵 孙吉 陈应 二张贵 郑清 连兴 苗善 张智 张遇 马琮 胡德 郭秀 王万 张万 杨和 杨贵 李千 薛万 景赡 王清 张秀 张保 崔闰 杨凝 张□ 张秀 赵秀 郭俊 李准 李琮 赵定 李进 戴用 梁聂 陈准 王庆 石贵 赵万 王言 郑乂 史丰 李秀 翟荣 杨清 叶信 陈宣 杨兴 王善 赵千 郭翼 毕德 郝遇 李政 杨询 常生 邢良 徐贵 许清 张应 郭因 江贵 王威 周□ □□ 张竫 朱秀 家庆 史琮 朱志 韩智 李寁 张宣 刘遇 郭怀 李闰 李德 任贵 史坦 马信 李庆 祝宣 卫明 李进 王素 赵元 刘诚 李保 孔贵 董琮 裴靖 王庆 卫庆 刘嵩 李荣 尹佐 韩荣 任秀 王遥 尹诚 □□ 韩澄 耿素 石万 张俊 郭万 李定 李顺 刘千 胡政 李贵 靳立 裴遵 许俊 李应 刘俊 史千 李吉 张□

韩千　李和　　元庆　韩元　王化　王用　杨斌　卫廉　郭智　刘安　王贵　温良　张宗
王汶　皇宜　张诚　周保　张顺　杜贵　王友　郝荣　高清　王荣　张□　□□　王德
李乂　伊万　安香　侯用　田万　李友　董琮　李昌　贾恩　武吉　赵荣　路万　崔庆
王宗　连清　张千　谢望　栗素　杨吉　史俊　大王贵　温江　王顺　冯贵　卫□　王
安　王进　小王贵　李宣　苗清　武宣　刘昌　常友　赵逢　武保　宋清　周绶　武诚
任绪　连宗　张□　□□　苗诚　李定　大王用　连用　宋演　王应　封清　张清　李
千　任应　李宣　冯乂　张用　梁聚　甄用　冯安　王兴　王诚　段斌　韩贵　傅贵
刘素　王靖　刘遇　张弁　任庆　王素　白庆　郝清　周善　樊保　冯贵　向进　张吉
张秘　□□　□□　李诚　刘勋　侯海　梁恭　张海　侯友　郝呆　王德　张信　王乂
曹贵　李遇　李贵

军城马铺节级聂典　　近铺节级栗信

重立石人张诚　张宣　李□　　重立石人张进　元平　王圆

○○五　平顺县东河村九天圣母庙《潞州潞城县三池东圣母仙乡之碑》

| 简介 >

　　《潞州潞城县三池东圣母仙乡之碑》宋建中靖国元年（1101）刊。碑高 178 厘米，宽 79 厘米，螭首龟趺，额篆"重修圣母之庙"，碑题横书于正文之上。九天圣母庙位于山西省长治市平顺县北社乡东河村，碑存庙内。碑阳正文有"命良工再修北殿，创起舞楼，并东廊绘饰和西位严华"等字样。碑阴题名中三处亦镌有"舞楼"字样："元符三年庚辰岁十二月癸巳朔二十三日辛卯刻字毕，修舞楼老人苗庆、刘吉、秦灵"，据此可知舞楼当建于宋元符三年（1100）；"重修圣母之庙，创起舞楼、行廊共五十间"；"修舞楼维那一十五人"。此碑为最早记载神庙修建舞楼的六通宋碑之一，价值颇高。1982年柴泽俊先生发现。（见黄竹三、张守中、杨太康，《从北宋舞楼的出现看中国戏曲的发展——山西中南部三通戏剧碑刻考述》，《蒲剧艺术》，1983 年第 2 期；黄竹三，《曲苑》，江苏古籍出版社，1984 年第 1 辑；山西师范大学戏曲文物研究所，《宋金元戏曲文物图论》，山西人民出版社，1987 年；冯俊杰等编著，《山西戏曲碑刻辑考》，中华书局，2002 年，第 27 ～ 32 页。）山西师范大学戏曲博物馆藏该碑拓片。

平顺县东河村九天圣母庙
《潞州潞城县三池东圣母仙乡之碑》拓本

潞州潞城县三池东圣母仙乡之碑

唯大宋国大都督府潞州潞城县圣母仙乡重修之庙

撰文人进士张孝先

书字人工净林

粤以天地盖载，神明照临，韫济于廓州媚景，潜通于沙界风光。有信而雷风迅烈，无私而云雨飞沈。出没向壶中天地，威灵在物外仙乡。助玄风荡荡，护帝境明明。牡桑田后，毛吞巨海；现神通时，芥纳须弥。鳌宫自在，鲸浪逍遥。权大道之枢机，占长生之真际。于有天党郡潞州潞城县三池里东，古老云号圣母之仙乡，有宫庭耸丽，存灵象幽奇。金凤台高，闲于卫骑；海仙殿奥，列于云兵。此是大唐时未遇卫公投宵之所，得圣母重赐之筵，驾祥云游太虚之天，兴雷雨涤中华之国。故有东溟严丽，洪涛下隐，草藏乾坤，彼土中现洞天淳柄。东枕于九朝马喊圣景，控大赵之桑田，看太虚之日月。西观盖井葛仙公炼药之宫，广□帝聚金之地。南临没虎之境，此乃终南山灵公学业之洞，围棋客归洞天岁远，烂柯仙抛乡故年深。北望灵台秀峪，白鹿险山，有八山共荐于灵官，泛二浪永敷于圣地。韫化无穷，施恩旷劫，寖泽长兴于九域，风雷每荐于退方。巍巍未测，荡荡难量。丹霄住九霞之宫，灵府隐八宝之殿。《语》云："钻之太厚，仰之弥高。"于有民心求伟，风部添恩，立匪石赞，重于圣母。尊祐者□于有圣母仙乡，众心跻跻，旅意彬彬，掌明珠于智海，藏美玉在玄山。便乃瑾会住下，乡党中一盖遵依，银贿尤以弥丰。命良工再修北殿，创起舞楼，并东廊绘饰和西位严华。盖门楼耸碧，束阶砌盘花，乃以得琉璃翠雅，楹栱希奇，愿尊神降祐者也。阴阳只在于壶中，云雨长兴于境内。故有图经具载，圣日照临，千千年为宫商之院，万万春作锦绣之郊。圣母者，授天符震雨，朝玉帝奔雷。《黄帝书》云："地气上腾为云，天气下降作雨，灵之必掌焉。"轩渠渺渺，浸蓬莱长寿之仙乡；天浪依依，涤蚊舍延龄之圣会。上游桂月，排旆长拥旌幢；远看桑田，列角徵深层侍。卫神之富贵洞天，有秀浪城池山色，列玉京世界。击剑动险谷之龙蛇，抚琴□太虚之日月。圣日与舜日齐明，海云共尧云等布。莲花香里，龙蛇展天子之书；绿水声中，鸳鸯启股肱之暮。牧牛于桃林之野，归马于华山之阳，休兵四海，倒戟三边。圣宋岁次庚辰，元符三年十二月十五有日，立贞珉纪之矣。向无何乡赴会，长新于桑田，国佳名永□。物华冠韩甸之雄藩，人义控漳川之瑞景。时逢盛德，运偶清平，修神宫周备，乃庆赞俱圆。人间之千载，灵府之半春，握红霄造化，标大地升沈，化现在于一时，馨香美于千古。又为词曰：

海藏涛深，洞天构葺。耸碧危峨，凝金丽熠。殿庑再严，绘画新立。

威美长春，恩沾遐邑。圣母于兹，卫公到彼。云起灵宫，雷惊天地。

电影盘空，葫倾甘味。大夏丰登，弥年茂翠。舜日重轮，尧云万叠。

永助寰区，普令乐业。清世文繁，皇风武接。四海俱清，千春罢猎。

双展移云，六铢拂月。笑傲莲城，怡情宝阙。瑶圃长登，蓬莱镇歇。

电转云飞，鸾迎凤悦。寰翠烟山，中兴祠岛。丝竹无穷，香云佳妙。

遍构七珍，永铺八宝。今立贞珉，遐崇圣道。

建中靖国元年正月日

县尉刘唐锡　　主簿刘宗　　和州防御推官知县事晁明之

| 碑阴 >

元符三年庚辰岁十二月癸巳朔二十三日辛卯刻字毕

修舞楼老人苗庆　刘吉　秦灵

行廊专（砖）砌老人申钦　王璘　常定　　庙子张定

潞州潞城县三池管东，终南山下，陈家庄众社重修圣母之庙，创起舞楼、行廊共五十间，专（砖）砌共使用钱五百贯，立碑铭用。

修本殿乳廊维那张升　常定　秦一　王澄买梁二条

维那王准　刘霭　张升　王遇　张信

饰白大殿老人申钦　苗亮　　维那王璘　常定　张谨　马端

修舞楼维那一十五人　秦一　王璘　申钦　常定　刘吉　苗庆　秦一施南屋地　王安　张文进　秦政　牛准　陈俊　秦文　王准　张贵　李安

程营施□檐专（砖）　　斫木人秦意　　斫诸船化到□木马昌　冯诚　张资　张宣　秦诠　赵荣　牛只　陈周　李一　常安　马恩　申俊　冯亮　曹安　杨宜　刘和　王皋　冯润　秦善　李隐　李良　苗坦　赵秀　王言　陈和　申进　李平　秦颜　防德　元霭　蔡清　王定

崇宁二年五月初五日竖碑老人苗庆　秦一　张资

三池老人马勋　王仙

北社老人王兴　　维那元庆　元进　杨宜　冯君　元顺

西社老人曹庆　曹定

下社老人陈政　刘言

上社老人冯昌　郭安　王琦

马喊岭维那郭仲　郭善住　秦茂　牛文　魏佐　秦和　魏恩

壶关县上五马维那苗荣　牛安

南五马维那牛秀　牛思　牛□

安善维那常晟　段青　常铣

南五马上社维那赵贤

北百戈维那刘准　张定　张德

南百弋维那秦立　秦霭　牛有

孝文村维那马和　王庆　刘进　贾用

祥井管郭家庄维那郭定　郭勋　刘茂　郭展　郭端　郭福　郭寿　郭和　郭密　郭翰　　中社维那刘庆　王智　刘福

峪北社维那刘巩　刘严　李平　王平　刘信

下社维那常乂　陈谏　冯俊　冯宣　张准

王家庄王素　李顺　郭闰　李闰　李言

神泉管北五马维那牛准　关方　牛友　牛展　牛意　崔善　牛善

北井村维那王概　牛安

上五马维那高海　高嵩

磨庄维那刘宗

王庄维那王乂廿　王坦　王准

上五井维那郑恩　宋清　郑美

黄池维那靳定　靳辑　牛玉

庙子张定

瓦匠人李海　潞州木匠人李弁　　三池陈谏　陈福　　潞州专（砖）匠人王吉

建中靖国元年岁次辛巳正月朔壬戌十五日丙子日

竖碑老人王璘　申钦　常定　　石匠人张定　王真　　三池打石阶陈资

〇〇六　长子县南鲍村汤王庙《大宋故汤王之庙碑》

| 简介 |

　　《大宋故汤王之庙碑》宋大观三年（1109）刊。碑高140厘米，宽63厘米，笏头，额正书"汤王庙碑"。汤王庙位于山西省长治市长子县丹朱镇南鲍村，碑存庙内。此碑最早为长治市博物馆研究人员秦秋红发现，段建宏在其博士论文《戏台与社会：明清山西戏台研究》中首次披露。此碑刻不仅对中国古代剧场史研究有新的史料价值，对社会史、民间宗教信仰以及宋代文学的研究亦有一定的学术价值。碑文载："盖闻祠堂古建，舞楼新修。"又云："唯有乡首言曰：'诸神舞宇甚完，惟其汤庭未备。'□而众许，遂乃经营，匠斫梓材，构及涂墍，专勤□墉，及以丹腹。舞宇工毕，因而耄耇乡录奠神，高宾满座，曰为之铭。"文后之铭中有："祠堂舞宇兮千年不朽，山川漳水兮万世无穷。"（见车文明，《北宋"舞楼"碑刻的新发现》，《文学遗产》，2011年第5期；申修福主编，《三晋石刻大全·长治市长子县卷》，三晋出版社，2013年，第43页。）山西师范大学戏曲博物馆藏该碑拓片。

长子县南鲍村汤王庙《大宋故汤王之庙碑》

大宋故汤王之庙碑

邑下草泽韩休复撰并书

　　盖闻祠堂古建，舞楼新修。前莅漳水，东注而寒潭□；□黄百谷，烟光而暮山紫；南眺秦关，连云之横□□。□□路丹朱之古隍，长川相接，府邑□连，人杰移风，仕清易俗。时惟九月，叙应三秋。天选明王，莫大乎盛德；日照黎民，莫大乎归仁。贤□至则蒸民仰之，哲仁存则天地覆育，可谓三皇□宗，五帝之族。乃云：有娀方将，帝立子生商。惟□□氏，帝喾元妃，□吞丸卵而生子契，为尧司徒，教父子之亲，立君臣之义，训夫妇之别，成长幼□□，及朋友之信。契至成汤八迁，凡一十四世，五百余岁，去圣世远，天再命汤。是故王姓子，讳天乙，惟其王性，兹率厥典，奉若天命。汤伐桀，以诛邪虐之君；放南巢，民显克仁之治。桀失天下，失其民心；汤得天下，得其民心。当兹之时，十一征而无敌于天下，东征西夷怨，南征北狄怨。乃明□之德，天乃锡王之勇，表正万邦之□。天生聪明，性长能□。有桀之不德，民如坠于涂炭；惟王之克仁，众若免于缧绁。遭七载旱，视民如伤，亲诣砀山，天赐甘泽。每岁夏阻苗槁，求之获贶滂霈。万世之无朽，全仗圣王之美德。尊者莫过于乡人尊之，重者莫过于仕民重之。承雨露之恩，永锡千箱之实，万仓之盈，乃其全也。今皇八业，万国欢心，爱育鳏寡，存□孤独，臣胜戎羌，远人来服，毕□方物，明其中国，以通神明之德，秉光四海之行，效汤之所为，斯之谓与。唯有乡首言曰："诸神舞宇甚完，惟其汤庭未备。"□而众许，遂乃经营，匠斫梓材，构及涂墍，专勤□墉，及以丹臒。舞宇工毕，因而耄耋乡录奠神，高宾满座，曰为之铭。嗟乎！小子惭以不才，幸承感于□里，所作浮辞，及隐望于群公。自竭鄙怀，一言短引。时大观三年岁次己丑九月壬寅朔二十日辛酉，故志序。铭□：

　　祠堂舞宇兮千年不朽，山川漳水兮万世无穷。明王有德兮民尚钦仰，蒸民永福兮仓廪盈丰。国家□恤兮鳏寡孤独，万邦□则兮物宜所通。邻里乡党兮常存仁义，岁月杳冥兮兴亡事蒙。

　　录翁□□□□□□□书（阙文）

乡鼓笼张喜　　鼓笼王智

纠司常允　　录事□□□□□□□

鼓笼贺善　　鼓笼王仲

刊字牛怀政

○○七　高平市河西村三嵕庙《新建献楼碑》

| 简介 >

《新建献楼碑》宋政和元年（1111）刊。碑铭镌刻于山西省高平市河西镇河西村三嵕庙正殿前檐东平柱顶端，正书。碑文中关于北宋时期神庙新建献楼的记载，为目前发现的唯一记载。献楼为中国古代祠庙建筑中的重要组成部分，位于正殿前方，比正殿规模稍小。河西村三嵕庙宋代政和辛卯年新建"献楼"与宋代神庙碑刻所载"舞亭""舞楼"名异而实同，都是神庙中举行祭拜礼仪的场所，其功能主要为敬献贡品和乐舞表演。（见王潞伟，《高平市河西村三嵕庙及其北宋"献楼"碑刻考》，《中华戏曲》，2015年第 50 辑，第 148～164 页；王潞伟，《上党神庙剧场研究》，中国戏剧出版社，2016年，第 44～45 页。）

| 碑文 >

新建献楼碑

牛村保首领李谏　　　乣司李道　　　录翁李概三人于政和辛卯孟秋五日

重瓦正殿、五道殿、三门、行廊，新修扑檐、献楼、殿阶谨记

牛村老人牛楚　张庆

仙井南村老人张概　张真　张喜

仙井北村老人□景　焦端

刘庄刘京

杜村郭宗

常乐郭景

河西王善

庙官牛均正　梁济刊

〇〇八　长子县房头村灵湫庙《修灵湫庙载记》

| 简介 >

　　《修灵湫庙载记》宣和元年（1119）刊。碑高 123 厘米，宽 62 厘米，厚 23 厘米。笏头方趺。正书额题"修灵湫庙载记"。灵湫庙位于山西省长子县石哲镇房头村，碑存庙内。此碑为目前发现的第五通宋代"舞楼"碑刻，灵湫庙宋代"舞楼"碑刻的价值与之前已经公布的四通宋代"舞楼"碑刻比，不只是加固了"舞楼"碑产生的证据链，更重要的是它第一次呈现出宋代舞楼的面阔信息。其"设舞者三楹"的记载证明了宋代舞楼一开始便以"面阔三间"这样的大空间构造出现。碑云："灵湫得号，实政和初元（1111）秋八月也。……得制，比旧幅员稍加增广。……面东者正殿五楹，即山势因泉所在而为之。左右庑各五楹。中则置楼，设舞者三楹。前有置门，设榜者三楹。翼然四合。……宣和元年八月初八日。"庙现存正殿。过路台为清代建筑。（见申修福编著，《三晋石刻大全·长治市长子县卷》，三晋出版社，2013 年，第 46 页；王琳、延保全，《从长子灵湫庙北宋舞楼碑看晋东南宋代神庙剧场》，《中华戏曲》，2015 年第 51 辑，第 40～42 页；王潞伟，《上党神庙剧场研究》，中国戏剧出版社，2016 年，第 41～43 页。）

长子县房头村灵湫庙《修灵湫庙载记》碑

修灵湫庙载记

灵湫得号，实政和初元秋八月也。其山峥嵘而嵲崒，其泉澄澈而甘美。神女寓是，应感灵异，有功于民，所以被勅命之因，前刻概可纪矣。邑簿沈公述其文，温润宏伟，足以□耀无穷。有毅夫窦常者，一日叩门谓余曰："粤肇承庙号，殿宇隘陋，垣墉颓圮，楹栋欹倾，丹青渝泯，圣像仅存，几不免风雨患止，是则何以昭翼翼之雄观，而壮不测之神威也？"常乃聚年德乡老，谋议佥同。欲因弊新，固请于县。县以费财烦民为惜，初抑未许，恳祈再三，后可所乞。于时筮日命工，经营得制，比旧幅员稍加增广。先固其基，次构殿庑，莫不有序。面东者正殿五楹，即山势因泉所在而为之。左右庑各五楹。中则置楼，设舞者三楹。前有置门，设榜者三楹，翼然四合。涂□丹艧，如翚斯飞，其正啥啥，其庑潭潭。恃众攻之，不日而成。此昔年荒残，今一旦增新，其功莫大于斯。由是四方祈祷祇谒，继踵而来者，□然而和，肃然而敬，其貌严且栗也。而又春秋官府设荐，脯醢于庭，礼加优异，则神安乐之即，是可知已。非徒崇建之如是，将以答神之景贶，称上之□命，致斯民钦仰之如彼哉。泉出庙前，稍北成□池，广丈余，深莫测。去地□□□□而湛碧，虽历水旱无加损。池南数步，列三窦门，其流自如，若有长□□□□五月，又刊石为螭首三，寘于窦，俾水自胸出，宛然若生。水之潺湲，□□□□□□兹其源也。庙依西山，南列翠岫，回环掩映，宜为至神庙食地。民□□□□□以福，其德交归，直将如山之久，如水之长，岂小补哉？前之所刻云□□□□□□续，以协众望。余应之曰："予之所叙，特庙楹之数，泉出之状，厌彼□□□已。非期与前作争光，是亦载记而无嫌。"遂直书其事。言不逮文，则碔砆□□□□已愧溢面颜矣。知□者，无诮焉。

宣和元年八月初八日

府学生刘之美记

乡贡进士秦世英书

贡士陈希夷题额

扶风窦常立石

王勔刊

下管乡录事老□、乡录事廉琮　孙周　王喜　刘仲　苗江　李闰　冯琼　□常　李

用　董千　尹逊

纠司石恭

老人廉顺　张清　□□　□□　郭赟　高嵩　郭立　□□　史万　魏善　石秀　杨
逮　郭善　王智　班玉　郭□　苗海　□颜　郭汶　李立　□□　□□　孟庆　孟皋
□恩　贾皋　贾琮　申万

上□□录事老人、□录事卢成　郝庆　李明　马智　□□　□□　贺贵　赵□　侯
仙马进

纠司成意

老人韩周　□□　□□　孔颜　李□　王□　郝明　杨德　苏□　张嵩　张开　李
锡　张展　武安　武霭　李□　□□　侯成　□□　萧仲　陈□　赵□　冯仙　贺望
李俊

庙令杨浚　张仙

岭铺维那高明

下管乐人□□　崔宣　□□　颜文通　郭善　陈贵　陈□　任锡　郭方　尹□　乐
材　□□

〇〇九　长子县琚村三峻庙《紫云山新建灵贶庙记》

│ 简介 ╲

　　《紫云山新建灵贶庙记》宋宣和四年（1122）刊。紫云居士张曦撰文，进士王翰书丹、篆额。碑高 122 厘米，宽 67 厘米，厚 16 厘米，笏首方趺，正书，额篆"灵贶庙记"。三峻庙位于山西省长子县色头镇琚村，碑存三峻庙东碑亭。碑载紫云山灵贶庙，实出屯留三峻，有司以灵应事迹上之朝廷，赐名庙额。紫云山下蘧村人（今琚村）陈彦以愿心建庙，先塑像于家。后东、西蘧及和谷三村父老合力共建，时宋宣和四年（1122）而成之，是乡民们"祈年谷，逆时雨，救旱灾，弭疫疫"的重要祷祝场所，传神之"主风雹"之职能，异于他神。碑言："灵贶之庙，在在有之。或未庙者，请神行马，大兴供献，仪仗、法物，僭拟王者，百戏妓乐，所费不资，官司莫之禁，习以为常。"为目前发现的宋代乡村神庙赛社演剧活动的唯一碑刻记载，对于探讨宋代北方乡村神庙赛社仪礼及百戏妓乐表演等活动具有重要意义。（见申修福编著，《三晋石刻大全·长治市长子县卷》，三晋出版社，2013 年，第 46 页；王潞伟，《上党神庙剧场研究》，中国戏剧出版社，2016 年，第 45 ～ 47 页。）

紫云山新建灵贶庙记

紫云居士张曦撰
进士王翰书并篆额

下民之命，明神所司。有功于民则祀之，先王之法也。非所祀而祀焉，名曰淫祀。淫祀无福。从古以来，凡祀典所载，上自郡守县令，下逮乡党庶民，皆得通祀，是以崇建庙貌，春秋祷祠，为民祈福。潞之长子县紫云山灵贶庙者，实出于屯留三嶕，盖山神也。或谓后羿，或曰三王，语尤不经，莫可考据。有司以灵应事迹上之朝廷，赐名庙额。蘧村陈彦以愿心建庙，先塑像于家。东西蘧、和谷三村共成之。择山林高胜地，鸠工度材，为殿三楹，及左右廊庑，护以石阶，高敞宏丽，实宣和四年也。由是神有燕宁之位，民有归依之所。祈年谷，逆时雨，救旱灾，弭疠疫，一乡之民禬禳祷祝，无不如志，乃建庙之便利也。俗传神主风雹，故民敬畏，异于他神，灵贶之庙，在在有之。或未庙者，请神行马。大兴供献，仪仗、法物，僭拟王者，百戏妓乐，所费不资，官司莫之禁，习以为常。夫神聪明正直，依人而行者也。徼福之民，巧伪求媚，神岂易悦而私锡之福哉？幽冥之事，吾不得而知之。设若主风雹，当祸淫罚恶，如世刑官。禀王命，守国法，按罪施刑，不敢以私意轻重而为之出入，使国无滥刑，人无幸免，刑官之职耳；神监昭昭在上，岂不尔耶？又言神之威灵，苟不敬信，则出怪异以警惧之。呜呼！以道莅天下者，其鬼不神，其神不伤人。夫世治则神安，神安则无所出其灵响，诒尔多福而已，何独于灵贶而疑之？乡首领孙发、张约砻石于庭，吾友和时蘧协谓俗人附着，怪诡机祥，难以取信，属余为记。因辨事神之意，并作献神之歌贻之，使镌诸石。其词曰：

风黑兮云黄，嗳靆兮飘扬。金蛇掣兮激电光，雷车硱礚声连长。神之怒兮猛马四张，白雨飞兮流矢中伤。草木糜烂兮积恶余殃，民畏威兮肃庄。今也悔过兮允臧，神霁威兮降福祥。蜥蜴隐兮飞龙翔，雹潜消兮甘雨其滂。苗稼兴兮岁丰穰，羞嘉肴兮洁尔羊。缩旨酒兮奠斯觞，耆寿舞兮歌乐章。神之乐兮血食一方，其德交归兮永永不忘。

乡首领孙发　张约立石

何深　庞应　王允　蘧旦郭　尹资刊

金代戏曲碑刻

〇一〇　万荣县后土祠《蒲州荣河县创立承天效法厚德光大后土皇地祇庙像图石》

| 简介 ⟩

　　《蒲州荣河县创立承天效法厚德光大后土皇地祇庙像图石》金天会十五年（1137）初刻，明嘉靖三十五年（1556）、天启三年（1623）两次重刊。碑高 135 厘米，宽 105 厘米。后土庙位于山西省万荣县庙前村，碑存后土庙献殿。此碑为线刻庙貌图碑，反映的是宋代庙貌，图中绘刻后土庙正殿"坤柔之殿"前有一小方台，当为掩埋"石匦"之坛；再前有一较大方台，前有台阶可以上下，是为露台，可供演出，这是目前发现的最早的露台形象。碑阴刊《历朝立庙致祠实迹》，记述从轩辕黄帝扫地为坛祭后土以来，历代皇帝亲历后土祠祭祀后土的情况。（见王世仁，《记后土祠庙貌碑》，《考古》，1963年第 5 期；廖奔，《宋元戏曲文物与民俗》，文化艺术出版社，1989 年，第 114 页；车文明，《后土祠庙貌碑中两方台的考释》，《考古》，2001 年第 6 期。）山西师范大学戏曲博物馆藏该碑拓片。

万荣县后土祠《蒲州荣河县创立承天效法厚德光大后土皇地祇庙像图石》

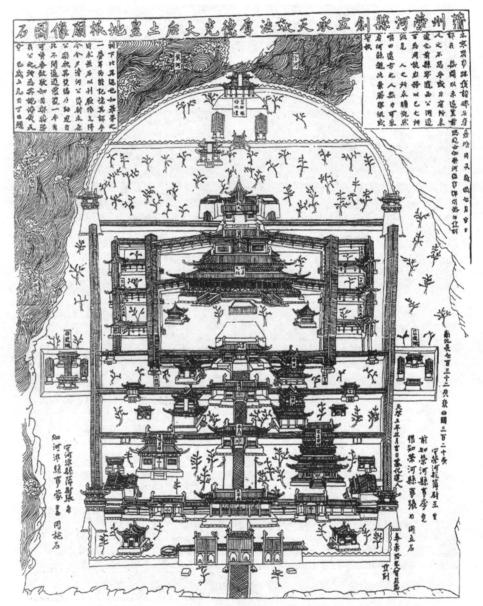

万荣县后土祠《蒲州荣河县创立承天效法厚德光大后土皇地祇庙像图石》摹本

蒲州荣河县创立承天效法厚德光大后土皇地祇庙像图石

碑刻左右上角：

太宁庙事迹载诸碑石者，详矣。□无图以示远，岂前人之不思乎，或力有所未逮也。前县宰陇西公洞达百为，周旋庶务，以己之所既见，虑人之所未瞻，慨然叹曰："远方之人，无力可来者，何繇睹此崇胜耶？纵或暂抵祠下，比其返也，如华胥之一梦耳，尚能记忆其详乎？"因求兹石以刊厥像。又得今令尹清河公、簿尉太原公乐成其美，协力助建。自此不问远迩，倪获一本，自可焚香致敬，如目击胜概□，公之所为其施博哉。天会丁巳岁上元日丁亿题。

右侧上部为：嘉靖丙辰岁秋七月吉日赐进士知荣河县事郓州侯郁重刻。

右侧下部为：守荣河县簿尉王修文、前知荣河县事李舜元、权知荣河县事张维同立石。天启三年正月吉日，募化道人寻崇偕匠人贺益盛重刻。右侧又刻：南北长七百三十二步，东西阔三百二十步。左侧为：守河津县簿尉张永晖、知河津县事蒙君益同施石。

历朝立庙致祠实迹

轩辕氏祀地祇，扫地为坛于脽上。二帝八元有司，三王方泽岁举。汉文帝十六年，诏更以明年为元年，治汾阴庙。方士新垣平言：周鼎在泗水中，今河决通于泗，而汾阴有金宝气，意鼎出乎。于是治庙汾阴，欲祀出鼎。

武帝元狩二年，郊雍，帝曰："今上帝亲郊，而后土无祀，则礼不答也。"于是东行汾阴，见汾旁有光如绛，遂立后土祠于汾阴脽上，亲拜如上帝礼。

元鼎四年六月，汾阴民巫锦得大鼎于祠旁，言于吏，河东守滕胜以闻，诏验问无诈，乃以礼迎至甘泉，荐之郊庙，群臣皆贺。冬十二月，上亲祀后土。

元封二年，祀后土，赐二县及杨民无出今年租赋。

元封四年三月，祀后土，诏曰："朕躬祭后土，光集灵坛，一夜三烛，其赦汾阴。"

元封六年三月，行幸河东，祀后土。

太初元年十二月，祀后土。

二年三月，幸河东，祀后土，有光应。

天汉元年三月，幸河东，祀后土。顾视帝京，欣然中流，赋诗。

宣帝神爵元年三月，幸河东，祀后土，天气晴朗，神鱼舞河。

五凤元年三月，幸河东，祀后土。

甘露二年三月，幸河东，祀后土，神光耀烛斋宫。

元帝初元四年三月，幸河东，祀后土。

永光元年，幸河东，祀后土。

建昭二年，幸河东，祀后土。

成帝建始元年冬，罢汾阴祀。二年三月，始祀后土于北郊。

永始三年冬十月，复汾阴祠。初，帝用匡衡议，罢甘露泰畤。其日大风坏甘露竹宫，折拔畤中树木十围以上百余。帝异之，以问刘向。对曰："家人尚不欲绝种祠，况于国之神宝旧畤。且其始立，皆有神祇感应，诚未易动。"上意恨之。又以久无继嗣，白太后令诏有司复甘泉泰畤，汾阴后土如故。四年春正月，帝如河东祀后土。

哀帝建平三年冬十一月，祀汾阴。

世祖建武十八年三月，帝如河东，祀后土。

唐玄宗开元十一年二月，祭后土于汾阴。初，上将幸晋阳，张说言于上曰："汾阴脽上有汉后土祠，其礼久废，陛下宜因巡幸修复之，为农祈谷。"上从之。

开元十二年冬十一月，祀后土于汾阴脽上。太史奏荣光出河，休气四塞，祥风绕坛，日炀其光。

开元二十年冬十一月，祀后土于汾阴。十二月，帝还西京。初，萧嵩奏："自祀后土以来，年谷屡丰，宜因还京赛祠。"上从之，礼毕，上为文刻石。

宋真宗大中祥符四年春二月，帝祭后土于汾阴，大赦。三月，驻跸西京，诏脽上后土庙宜上额为"太宁正殿"。先是三年六月癸丑，河中府进士薛南等请祀后土。七月辛丑，群臣上表复请。八月丁未朔，诏以来年春有事于汾阴。上曰："冀民获丰穰，于朕躬固无所惮。"戊申，以王旦兼汾阴大礼使，王钦若为礼仪使，陈尧叟为经度使，李宗谔副之。庚戌，命翰林晁迥、杨亿、杜镐、陈彭年、王曾与礼院详定祀汾阴仪注。辛未，内出雎上后土庙图，命陈尧叟量加修饰。九月甲午，命宰臣王旦撰《祀汾阴坛颂》，知枢密院王钦若撰《朝觐坛颂》。十月甲子，晁迥上《祀汾阴乐章》十首。十二月二十六日，诏进蔬食，群臣继请御常膳。已巳，帝制奉天庇民述，以示王旦等。四年正月，帝习仪于崇德殿。丁酉，奉天书，发京师，出憧（潼）关，渡河，次河中府。甲寅，以冯起为考制度使，赵湘副之。丁巳，至宝鼎县奉祇宫，有黄云随天书辇。戊午，斋穆清殿。庚申二鼓，上乘金格（辂）法驾，继进至雎坛，夹道设燎，周以黄麾下杖。辛酉，上服衮冕，登坛祀后土地祇。奉天书于左，次以太祖、太宗配侑，亲封玉册、玉匮。少顷，服通天绛纱，乘辇至庙，设登歌奠献。司天监言黄气绕坛，月重轮，大角光明。群臣拜舞称贺，诏改奉祇宫曰"太宁"。壬戌，御朝觐坛，受朝贺，大赦，赐天下脯三日，大宴群臣于穆清殿，御制《汾阴二圣配飨》，建宝鼎为庆成军，给复三年。乙丑，丁谓而下，以礼成献歌颂者四十二人，付史馆。丙寅，制《汾阴礼成诗》赐百官。四月甲□，至京师。丁未，制《西巡还京歌》。已未，诏雎上后土庙上额为"太宁正殿"，周设栏。壬戌，增葺宫庙。六年八月丁丑，参政丁谓上《新修祀汾阴记》五十卷，诏褒之。七年十一月壬辰，陈尧叟上《汾阴补记》三卷。以上俱见《通鉴纲目》及《文献通考》。

○一一 长子县小关村三嵕庙《潞州长子县钦崇乡小关管重修灵贶庙碑》

| 简介 〉

　　《潞州长子县钦崇乡小关管重修灵贶庙碑》金贞元元年（1153）刊。碑高173厘米，宽81厘米，侧宽26厘米，正书，碑首、碑座均遗失。三嵕庙位于山西省长子县宋村乡小关村（旧称小关管），仅存偏殿、戏台。碑原存三嵕庙内，现散落于村西老树下。碑载屯留县三嵕山有神，曰"灵贶"，乃"乡民岁祀，雩禜水旱"之地，据《淮南子》所载，神乃尧时"上射九日，下杀猰貐"之羿神。进而言及"逮宋崇宁间，缘屯留县申请，山川神祇有不举者为不敬，郡守敷奏于朝，勅赐三嵕山以灵贶为额"之事。最后言及小关管三嵕庙，乾德年间（963～968年）已有庄民重修祠舍，增饰神像，春秋祭奉。逮金贞元元年（1153）"百有余载，殿宇廊庑，久而隳圮，绘塑暴露"，故对其进行修缮，大殿、舞楼、东西挟廊、门楼等均在此次修缮范围之内。撰文者乡贡进士张陟还以骈文形式赞颂了三嵕神威灵显赫之功。（见申修福主编，《三晋石刻大全·长治市长子卷》，三晋出版社，2013年，第55页；段建宏，《舞楼碑刻与晋东南社会：金代舞楼碑发现的意义》，《中华戏曲》，2014年第48辑。）

长子县小关村三峻庙
《潞州长子县钦崇乡小关管重修灵贶庙碑》拓本

潞州长子县钦崇乡小关管重修灵贶庙碑

夫圣人之制祭祀也，固不徒设，法施于民则祀之，以死勤事则祀之，以劳定国则祀之，能御大灾则祀之，能捍大患则祀之，是皆有功烈于民者也，非此族则不在祀典。屯留县西北三十里有山曰三嵕山，重阿复巘，巇岧崒秀，实一方之重镇，为百里之具瞻。其中有神焉，曰灵贶。乡民岁祀，雩禜水旱，兴云洒润，殆不旋踵，沾足下土，反丰年于旱暵，起讴吟于愁叹，可谓能御大灾、能捍大患、有功烈于民者也。按汉《淮南子》云：逮至尧时，十日并出，焦禾稼，杀草木，而民无所食，猰貐、凿齿、九婴、大风、封豨、修蛇，七者俱为民害。尧乃俾神诛凿齿于畴华之野，杀九婴于凶水之上，缴大风于青丘之泽，上射九日，下杀猰貐，断修蛇于洞庭，禽封豨于桑林，于是天下广陕、险易、远近，始有道里。故死而民祀，春秋崇享，比于社稷，而神为宗布。宗布者，祭田为名。自古而来，社稷、宗布俱司五土、五谷、风雨、虫蝗、旱涝，故其风雨之来，应民祈望，亦自然也。是宜乡墅相邻，建设庙貌，尊崇享祀，惟恐其后。况三代以还，惟汉近古，其言可考，非不经之论，今据传以陈词，庶可摭实而辨疑。自隋开皇中，迄于有唐，益见礼重。逮宋崇宁间，缘屯留县申请，山川神祇有不举者为不敬，郡守敷奏于朝，敕赐三嵕山以灵贶为额。继而诏书褒答曰祭祀驭神，必隆德秩，爵赏称德。奚闻幽明正直无私，庙食乐土，雨旸之应，有感必通，其启彻侯之封，用厚一方之庇，尚绥祉福，以答民心，可特封"显应侯"，载在祀典，有司岁时省祭以礼焉。小关村西北岗旧有三嵕行庙，乾德间庄民虞其弊坏，重修祠舍，增饰神像，春秋祭奉，及立碑刻，叙所由来。逮今百有余载，殿宇廊庑，久而隳圮，绘塑暴露，是非恭神之意。于兹本管耆寿等，翕然建议重更故陋，增以高敞，召匠计之，约费钱二万。于是鸠工抡材，室室乐输，人人竭力，无须鏖鼓，而不日告成。建大殿、舞楼、东西挟廊、门楼，砖基石楹，上栋下宇，焕然一新。呜呼，垣墉起而塈茨设，朴斫就而丹臒施，栖瑞霭于觚棱，曜金碧于晴日，壮冠乡邑，厚答神休，诚可纪焉。赞曰：

惟神忠烈，死而威灵。民害既殄，舟车以宁。勋庸日茂，钟鼎乃铭。迄今永赖，雨旸时经。远迩恭祀，血食庙庭。享以德信，黍稷非馨。礼崇于显，福降其冥。刻之琬琰，万祀千龄。

大金贞元元年岁次癸酉十月丙辰朔初五日庚申立石

乡贡进士张陟撰并书

孙广刻石

○一二　长子县西上坊村成汤庙《潞州长子县重修圣王庙记》

《潞州长子县重修圣王庙记》金正隆元年（1156）刊。碑高192厘米，宽87厘米，正书，笏首方趺额篆"成汤庙记"。成汤庙位于山西省长子县丹朱镇西上坊村，碑存成汤王庙正殿东檐柱前。碑文首先引经据典，转述商汤析城祷雨等事迹。其次言及"泽潞间，凡遇旱暵，遍走群望，若不获应，必躬造析城，挈瓶请水，信心虔祷，始得美雨。其或愿心供养，必立祠宇，由是圣王庙在在处处有之"。进而言及该庙"局促隘陋，岁时祈祷，乡人以为不称事神之意"，故于皇统元年七月十九日议定重修，工程包括大殿、后殿、献殿、门楼、左右挟殿、挟屋、廊庑等，且记录了各建筑的方位及大小规格，"中建大殿，高六十尺，其广七丈五尺，深六丈八尺。后殿并左右挟殿广九丈五尺，深三丈八尺，中高三丈五尺，左右减十之一。前建门楼，高七十尺。其左右挟屋相连，阔二十有八步，南北八步有奇。东西廊屋相对，各十九间。庭中建献殿五间，高广深邃，足以容乐舞之众"。其中"献殿"之称是目前民间神庙发现的唯一载录，近期在高平市河西镇河西村三崚庙、西李门村二仙庙分别发现了宋政和元年及金正隆三年修建的"献楼"碑记，从碑文所言"庭中建献殿五间，高广深邃，足以容乐舞之众"可知，宋金时期"献楼""献殿"与早前神庙中所发现的"舞楼""舞亭"等建筑，名异实同，都是用于神庙祭礼赛社时供馔献艺的主要场所。（见车文明，《20世纪戏曲文物的发现与曲学研究》，文化艺术出版社，2001年，第69页；蔡敏，《晋东南汤王崇拜与赛社演剧研究》，山西师范大学 2011 年硕士学位论文，第 147 页；王新英辑校，《全金石刻文辑校》，吉林文史出版社，2012 年，第 98 ～ 100 页；朱向东，《宋金山西民间祭祀建筑》，中国建筑工业出版社，2012 年，第 185 ～ 188 页；牛贵琥，《金代文学编年史》（上），安徽大学出版社，2011 年，第 143 页。）

|碑文〉

潞州长子县重修圣王庙记

自古帝王，其进为抚世，则道德施于当年，除残去暴；其厌世上仙，则功利贻于千载，降福弭灾。是故建庙祀神，威灵常在。祭法所记，法施于民则祀之。汤以宽治民而除其虐，载在祀典，此特叙成汤克宽克仁放桀之一事耳。汉武帝制策，问："禹汤水旱，厥咎何由？"公孙弘对以"若汤之旱，则桀之余烈也。桀以行恶，受天之罚。昔汤之旱也，祷于桑林之野，以六事自责，而天遂雨。盖禹汤罪己，其兴也勃焉。唯能引咎自责，克享天心，至诚感神，则应若影响矣"。刘向《说苑》曰："汤之时大旱七年，使人持三足鼎而祝山川，辞未已，而天下大雨，岂非恐惧修省获感应之速哉！"《吕氏春秋》以谓："殷汤克夏而大旱，汤乃身祷于桑林，于是剪其发，磨其手，自以为牺用，祈福于上帝，民乃甚悦，雨乃大至。"是不然，圣人以道事神，以德动天，岂若流俗轻生之徒，焚身灼臂，以徼福于神，干誉于人哉！吕不韦当秦焚书之后，招纳游士，以口说为能，造此无稽之言，眩惑聋瞽，以售其说，无知之民，恐为口实，惜乎不遭柳宗元掊击之也。谨按《史记》："汤之始祖殷契，母曰简狄，为帝喾妃，吞燕卵而生契，天授命而降祥也。帝舜命契为司徒，封于商，赐姓子氏，天乙为成汤。成汤居亳，以七十里而兴，始征诸侯。夏桀为虐，遂伐桀乃践天子位。汤为天子十三年，年百岁而崩。"谥法曰：除虐去残曰汤。今俗呼汤为圣王而不从其谥。汤冢在济阴亳县，冢四方，方各十步，高七尺，上平。汉哀帝建平元年，遣使案行水灾，因行汤冢，则冢固知所在矣！刘向曰："殷汤无葬处。"岂非羽化而仙去，则所葬者其衣冠欤？载籍不明，后世莫知其详焉。巫觋云：汤寿九十七，皇后姓莘氏。古老相传析城山汤之遗迹，庙貌见存，有圣像及皇后、太子，凡三位。太子即太丁也，未立而卒。《禹贡》：析城，城隅四门，取象得名。中有塘泊，号汤王圣水池，复有皇后太子池。泽潞间，凡遇旱暵，遍走群望，若不获应，必躬造析城，挈瓶请水，信心虔祷，始得美雨。其或愿心供养，必立祠宇，由是圣王庙在在处处有之。潞州长子县上方村，旧有圣王庙，局促隘陋，岁时祈祷，乡人以为不称事神之意。皇统元年七月十九日，因旱致祷，好事者同发誓愿，鸠工度材，用宏兹贲。中建大殿，高六十尺，其广七丈五尺，深六丈八尺。后殿并左右挟殿广九丈五尺，深三丈八尺，中高三丈五尺，左右减十之一。前建门楼，高七十尺。其左右挟屋相连，阔二十有八步，南北八步有奇。东西廊屋相对，各十九间。庭中建献殿五间，高广深邃，足以容乐舞之众。是时檀越喜施，曾无难色，材木云委，斧斤雷动，工巧之妙，神施鬼设，石柱屹立，虹蛛交横。仰而望之，从天际以飞来；远而视之，擘坤隅而涌出。民大和会，拭目改观。落成于天德二年十月晦日。塑像画绘，罔不周备，祭祀祈赛，殆无虚日，神降巫现，指期获应，以是人益敬信。且天灾流行，国家代有，木饥火旱，五行之常数。时雨稍愆，必诣庙致告，是以俗传圣王能救旱降雨，其所注意，异于他神。外县殊境，若远若近，皆归赖于神，其请信马者，鼓乐迎接，香火表诚。苟或傲戾，心生疑惑，立见显异，以警惧之，由是回心革虑，不敢怠慢。上方村地势爽垲，拒（距）县城六里，后倚青龙岗，前临浊漳水，庙基隆起，真吉壤也。余见官观寺院以及神庙，峻宇雕墙，世人莫不崇奉。若奉道者，求登真之果；奉佛者，求来生之果；事神者，求见在之福。若夫事圣王神，急则投告，速于求效。阳乌烁空，旱魃为虐，苗将槁矣，草木焦然。耆老咨嗟，轸菜色之怀忧；壮夫逃遁，知力穑之无功，虹霓是望，一溉何施。于斯时也，念神力之可依，信甘泽之必致，祝史陈信于前，酒罍奠设而跪，仰观扶寸之云，曾不崇朝而雨，霑濡滂沱，苗稼复苏，转祸为福，变忧为乐，岂不荷神之恩德，灼有明效欤？然则修庙之功，其利不资矣。维那及庙官等辛苦历年，铢积寸累，木材、工匠、口食之费，无虑数万贯，劳神耗力，其勤亦至矣。是诸人等累求余文为记，而未暇也。余尝读道书《枕中记》，历叙前代帝王，各有所治，汤治玄极山。余以管见，推原其本。下民之命，明神所司，所属分野，各有常职，亦犹守土之臣，受命于天子，剖符析珪，临莅其民，承流宣化，咸本于上，其有兴利除害，敷奉取旨，非敢自专，故知一方水旱，疫疠为灾，运气使然。地分灵官，具实以闻，降雨分数，必秉天符。天人一道，幽明一理，岂异乎哉！愚意圣王血食此土，惠爱一方之民，因民之辞，请命于帝。不然，何独私于乡曲而孚佑焉？乡中耆老知余敬信神道，请为庙记，意欣然许之。曦告之曰：公等建庙为民祈福，非营一己之私，其用心仁爱，盖亦至矣。凡我居民，平原易野，膏壤腴田，连阡陌，比乡村，屡获丰穰，曾无□歉，□给人足，饱食暖衣，岂非神之所赐欤？今记尔营造之劳，土木之胜，非所夸耀四方而矜大之也，亦欲传示后人，不忘一日之必葺如尔用心，其或朽蠹，易旧为新，则殿宇完备常如今日矣。若因循苟简，忽倾弗支，非所望也。众皆敬应曰：诚如先生言，则记不虚设矣。曦以檀越恳请，不敢以芜累为辞，辄系铭诗告夫后之人。铭曰：

> 下民之命，明神所司。名山大川，分职允厘。皇皇上帝，日监在兹。
>
> 至圣汤王，析城是依。山顶遗迹，圣水之池。一方旱暵，竭蹶奔驰。
>
> 瓶罂请水，洁志祷祈。一勺之微，甘泽普施。暴巫奚益，徒市奚悲。
>
> 求之有礼，雩禜坛壝。漳源信士，唯神是思。爰建庙貌，漳水之湄。
>
> 依人而行，大显灵威。材木云委，般输运机。鬼神冥福，宝殿翚飞。
>
> 观者骇目，云映采罳。翼殿夹辅，廊庑周围。檀越尽力，工毕应期。
>
> 为民祈福，仁者所为。乡人奉祭，巫祝陈辞。有求斯得，神不汝违。
>
> 歌欢鼓舞，民乐熙熙。有酒既旨，有羊既肥。奏乐于庭，神喜赐禧。
>
> 血食此土，永有依归。一日必葺，千载无隳。告尔后人，刻此铭诗。

紫云居士张曦撰

朝散大夫河中府推官骑都尉太原县开国男食邑三百户赐紫金鱼袋王良翰书

陕西西安府咸阳县由进士知长子县事知县刘诰重修

漳源进士王翰篆

上方村维那李刚　李镇　陈仲

两水村维那和宝　郭良　吴进

韩坊都维那王显　　庙子景通

大李村维那王方　杜宝　张实　徐同　徐海　张千

桃汤维那李祥

庙子李元　妻胡氏

阴阳人霍宗

武德将军行长子县尉骁骑尉张轸

昭信校尉飞骑尉行潞州长子县主簿卢马佐

广威将军行潞州长子县令上骑都尉彭城县开国子食邑五伯（百）户刘顺忠

大金正隆元年岁次丙子闰八月十八有日潞州长子县重修圣王庙记立石

上党任才同男任真刊

○一三　高平市西李门二仙庙《举义□□仙□村重修献楼□□记》

⟨简介⟩

　　《举义□□仙□村重修献楼□□记》金正隆三年（1158）刊。碑高 41 厘米，宽 125 厘米，壁碑，正书。二仙庙位于山西省高平市河西镇西李门村，碑现镶嵌于二仙庙寝殿站台基座。碑文记载献楼各修缮事项，宋金时期修建"献楼""献殿"的庙宇为数不多，该通碑刻为印证宋金时期上党地区民间神庙创修"献楼"提供了珍贵的文物史料。（见阎凤梧，《全辽金文》，山西古籍出版社，2002 年，第 1482 页；杨太康、曹占梅，《三晋戏曲文物考》，《民俗曲艺丛书》，中国台湾财团法人施合郑民俗文化基金会，2006 年，第 445 ～ 446 页；赵世瑜，《大河上下：10 世纪以来的北方城乡与民众生活》，山西人民出版社，2010 年，第 150 ～ 151 页；王潞伟，《高平西李门二仙庙方台非"露台"新证》，《戏剧》，2014 年第 3 期；杨澍，《山西高平西李门二仙庙的历史沿革与建筑遗存》，《中国建筑史汇刊》，2016 年第 1 期。）山西师范大学戏曲博物馆藏该碑拓片。

高平市西李门二仙庙《举义□□□仙□村重修献楼□□记》拓本

举义□□仙□村重修献楼□□记

此庙昔大□□□，因□录事皇甫谏诚心□乡众重构前后□殿，□荐献楼高□月馀□□地。谨等切念献楼土基岁久隳堕，乃忧，勤率村众，命匠增石，创砌正面石阶，益土基址，完葺功垂，方悦众心。故纪其年月矣。

正隆三年岁次戊寅季秋九月十有九日乙亥刻石。

长老焦谨　王近　王兴　焦叔　□□　焦渊　焦赟　李和　秦林　焦言　司贵　焦志　□□　□□　董德　祁元　李坚　焦仪　王润　李存　苏宝　王卿　李□　焦彬　□吉　秦俊　董珍　李赟　□□　焦周　焦□　牛顺　韩荣　宋进　王□　李珏　焦涛　□□　苏诚　焦光祖　王温　焦珍　赵顺　焦贵　李寔　秦主　李□　丁全　焦庠　董仪　焦□　焦荣　焦琮　李完　王德　焦聂　□□　焦善　申□　王平　焦琓　申□　焦□　焦□　□□　赵春　李达　李□　焦迪　司聂　□陈　宋□　郭通　宋满　韩元　刘直　祁元　张俊　元用　韩德　刘万　郭元　成一　司顺　□琮　苏俊

维那李仝　田谨　焦仝　焦桂

陇西□涧书

石匠乔镇　乔进

荐献楼木匠丁壁村冯□□

◯一四　高平市西李门二仙庙金代杂剧、乐舞线刻图

| 简介 〉

　　金代杂剧、乐舞线刻图金正隆三年（1158）刊。该碑为线刻图碑。杂剧线刻图高约 43 厘米，宽 125 厘米，阴线刻；乐舞线刻图高约 43 厘米，宽 111 厘米，阴线刻。二仙庙位于山西省高平市河西镇西李门村，两碑原均镶嵌于庙内献殿台基，现杂剧线刻图碑已被盗。杂剧线刻图共刻 10 人，男女各 5 人，装束金代风格明显。据庙内石刻记载，这幅图刻应是在金正隆三年（1158 年）与庙宇献楼同时完成的，它反映的应是金代早期戏剧的一个侧面，同时也带有北宋末年杂剧风貌。乐舞图共刻 6 人，图中人物、服饰、风格都是典型女真民族的特点，说明当时山西地区这种由金人表演的女真民族风格舞蹈十分流行。（见景李虎、王福才、延保全，《金代乐舞杂剧石刻的新发现》，《文物》，1991 年第 12 期；景李虎，《宋金杂剧表演形式的新发现——山西高平县西李门村二仙庙露台杂剧线刻图研究》，《中华戏曲》，1991 年第 11 辑。）山西师范大学戏曲博物馆藏该碑拓片。

高平市西李门二仙庙金代杂剧、乐舞线刻图 1

高平市西李门二仙庙金代杂剧、乐舞线刻图 2

〇一五　盂县赵氏孤儿藏山祠《神泉里藏山神庙记》

| 简介 |

　　《神泉里藏山神庙记》金大定十二年（1172）刊。碑高 160 厘米，宽 87 厘米，正书，笏首方趺，额题"藏山庙记"。藏山祠位于山西省盂县藏山，碑存于赵氏孤儿藏山祠后殿之前。碑载金大定间县令智楫因祈雨得雨，感神"灵应"而作此碑，叙述程婴、公孙杵臼、韩厥救助赵氏孤儿之事，重点歌颂程婴"公之生，其义存焉；公之死，其利存焉。存与没，人皆福利"的奉献精神，颇为感人。所记迎神时的"笙镛杂沓，旌旗闪烁，徜徉百舞"，亦含队舞、队戏在内，反映了金代雩祭之实况。（见冯俊杰等编著，《山西戏曲碑刻辑考》，中华书局，2002 年，第 35 ～ 43 页；冯俊杰，《戏剧与考古》，文化艺术出版社，2002 年，第 357 ～ 364 页；王志峰，《〈赵氏孤儿〉故事源流及后世对其主要人物的祭祀》，《中华戏曲》，2006 年第 33 辑；王新英辑校，《全金石刻文辑校》，吉林文史出版社，2012 年，第 173 ～ 175 页。

孟县赵氏孤儿藏山祠《神泉里藏山神庙记》拓本

神泉里藏山神庙记

承德郎同知蔡州防御使事飞骑尉赐绯鱼袋智楫撰

武德将军行太原府盂县尉骁骑尉孙德康篆立石

乡贡进士薛颐贞书丹

盂山宋勔刊

　　盂者，古盂大夫之邑也。邑之北远一舍，连山岌嶪，峻极于天。天险而不可升，地险而舟车不通，人迹所不及，曰藏山。藏山之迹，乃赵朔友人程公藏遗孤之处也。公姓程名婴，家世史不载，而后世无闻，行事见于《赵世家》焉。赵之先与秦同，后造父为穆王御，穆王封之，徙于赵。至叔带，去周事晋。晋公三年，大夫屠岸贾欲诛赵氏。韩厥告赵朔趣亡，朔不肯，曰："子必不绝赵祀，朔死不恨。"贾不请而擅与诸将攻赵于下宫，皆灭其族。赵朔妻，成公姊，有遗腹，走公宫匿。赵朔客曰公孙杵臼，杵臼谓公曰："胡不死？"公曰："朔之妇有遗腹，若幸而男，吾奉之；即女也，吾徐死耳。"居无何，而朔妇免身，生男。贾闻之，索于宫中。夫人置儿裤中，祝曰："赵宗灭乎，若号；即不灭，若无声。"及索，儿竟无声。已脱，公谓杵臼曰："今一索不得，后必且复索之，奈何？"杵臼曰："立孤与死孰难？"公曰："死易，立孤难耳。"杵臼曰："赵氏先君遇子厚，子强为其难者，吾为其易者，请先死。"乃二人谋取他人婴儿负之，衣以文，葆匿山中。公出，谬谓诸将军曰："谁能与我千金，吾告赵氏孤处。"将皆喜，许之，发师随公攻公孙杵臼。杵臼抱儿谬曰："天乎！天乎！赵氏孤儿何辜？请活之，独杀杵臼可也。"诸将不许，遂杀杵臼与孤儿。诸将以为赵孤良已死，皆喜。然赵氏真孤乃反在公处，俱匿山中，居一十五年。后与韩厥谋立赵孤，至景公，乃复赵田邑如故，反灭屠岸贾族。及赵孤冠，乃为成人，公乃辞诸大夫。谓赵曰："昔下宫之难皆能死，我非不能死，我思立赵氏之后。今赵既立，为成人，复故位，我将下报赵宣孟、公孙杵臼。"赵啼泣顿首，固请曰："我愿苦筋骨，以报子至死，而子忍去我死乎？"公曰："不可。彼以我为能成事，故先我死，今我不报，是以我事为不成。"遂自杀。赵服齐衰三年，为之祭。邑春秋祠之，世世不绝。噫！赵氏之先有仁爱乎？有遗德乎？天之生此人也！若使苟当时富贵利达，后世岂有赵乎？今日岂有庙乎？且晏平仲善与人交，久而敬之。迨及于后，陈留范张胶漆之合，鸡黍之约。皆一时之朋，盍前贤记诸善，以为美事。公为人之友，成人之事，杀己之身，身没而名不没。此方之人，为立庙貌，其来远矣。岁岁血祭，远近归祷，云合辐辏。故《祭法》曰："法施于民，以死勤事，以劳定国，则祀之。"公之生，其义存焉；公之死，其利存焉。存与没，人皆福利。生死一也，死而不朽，反贵于生。何以言之？庙之西侧，垒石环堵，石溜灌穿，弥缝而合，晦迹仍存。庙之东，岩石之罅，灵泉涓滴，有取一勺之水，为济大旱。庙之侑坐赵孤者，灵更明矣，人有窃负而往者，亦能救旱，意其襦中之风不坠焉。惜乎我盂之境，环处皆山也。土地硗瘠，士庶繁多，既无川泽以出鱼盐之利，又无商贾以通有无之市，人人无不资力稼以为事。向若一岁之内，颇值灾旱，饥寒之患，不旋踵而至。由是赖我公之丰功厚德，居山之灵，风行草动，状带威神，为云为雨，往祷者无不应。一方之人，到今受赐，无得而称焉。至于四方之人，但往求者亦应之，又以见俱蒙覆露也。天德间，岁大旱，旬月不雨。邑宰尝往吊之，洎归，似有亵慢之意，须臾而雹雨大降。宰复反，已致恭虔，俄雨作，以获沾足。其灵异又有如此者。人皆谓我，既往而不足究。予大定戊子来宰是邑之明年也，自春徂夏，阴伏阳愆，旱魃为虐，众口嗷嗷，皆有不平之色。或告之曰："藏山之神，其神至灵，祷之必应。"予始未孚，勉行之。于是同县僚暨邦人，斋戒沐浴，备祀事，洁之以牲，奠之以酒，往迎之。笙镛杂沓，旌旗闪烁，徜徉百舞。既迎之来，恍兮降格，油然而云兴，沛然而雨作，沾濡一境，使旱苗槁草，皆得蕃滋，百谷用成，而岁大熟。今年春，予改官于蔡，回车载脂，里旅二三子来告曰："公亲观藏山胜事，得无文焉？"应之曰："不然。予素为雕虫之学，言不足文，必待宏儒硕士大手笔者而成之。"二三子其请愈坚，于义不能辞，乃为之记。

大金大定十二年岁次壬辰六月戊戌朔十日丁未

当里进义校尉邢聚

进义校尉王京

进义校尉张玥

王老张远

承务郎行太原府盂县主簿云骑尉赐绯银鱼袋席良臣

中议大夫行太原府盂县令上骑都尉范阳县开国子食邑五百户赐紫金鱼袋燕毂

都化缘守庙赵澄

同化缘守庙男赵现

〇一六　高平市王报村二郎庙戏台基座题铭

⌐简介⌐

　　戏台基座题铭金大定二十三年（1183）刊。碑高 32 厘米，宽 126 厘米，戏台须弥座刻字，正书。二郎庙位于山西省高平市寺庄镇王报村。碑刻题字佐证了王报村二郎庙舞楼当为金大定二十三年修建，为中国目前发现的现存最早的戏台，为学界研究金代神庙剧场演剧提供了珍贵的实物资料。（见冯俊杰，《中国现存时代最早的神庙戏台》，《戏曲研究》，2002 年第 4 期；延保全，《山西高平市发现一座金代纪年的舞庭》，《民俗曲艺》（中国台湾），2003 年总第 140 期；冯俊杰等，《山西神庙剧场考》，中华书局，2006 年，第 49 页；罗德胤，《中国古戏台建筑》，东南大学出版社，2009 年，第 115 页；薛林平、王季卿，《山西传统戏场建筑》，中国建筑工业出版社，2005 年，第 56 页。）山西师范大学戏曲博物馆藏该碑拓片。

⌐碑文⌐

　　时大定二十三年岁次癸卯仲秋十有五日

　　石匠赵显　赵志刊

高平市王报村二郎庙戏台基座题铭

○一七　平遥县超山应润庙《大金重建超山应润庙记》

| 简介 |

　　《大金重建超山应润庙记》金大定二十八年（1188）刊。碑刻现已不存。《山西通志·金石记七》录。此据清胡聘之《山右石刻丛编》卷二十一迻录，注云："碑连额高三尺六寸，广一尺二寸五分，十八行，行四十五字，正书，额题'重建应润庙记'六字，篆书。今在平遥县。"此碑为歌颂平遥县丞权县事寇居庆，祈雨灵应、复修庙宇、葺弦歌之南楼，治教具修的事迹而作。（见冯俊杰，《戏剧与考古》，文化艺术出版社，2002年，第 364～368 页；冯俊杰等编著，《山西戏曲碑刻辑考》，中华书局，2002年，第 43～47 页；王新英辑校，《全金石刻文辑校》，吉林文史出版社，2012 年，第 311 页；雷桂萍，《宋金元时期应润庙雩祭习俗及其演剧活动考述》，《山西档案》，2013 年第 2 期。）

| 碑文 |

大金重建超山应润庙记

　　《图经》云："超山在县东南四十里，高三百三十六丈，峻越余山。"《城冢记》云

"平陶东南有过山"是也。唐天宝六年改名超山。山之谷，越谷也。谷行十余里，中有佛舍百福寺也。寺东有古神祠应润庙也。庙有井池，乃祷雨取水之泉也。宋宣和元年，县宰余彦和状闻甘雨应祈之事，因赐额曰"应润庙"。敕牒碑刻，斯具存焉，到今七十年矣。大定十二年，县令兰嗣吉亦祈雨即应，创构喜雨亭于县署，以明"应润"之征也。近来自春徂夏，雨泽愆期，苗则槁矣，民斯病矣。知丞权县寇公大夫，以民为忧，步至超山应润庙，取水祈雨。因瞻庙貌毁旧，殿庑摧圮，祝曰："如获甘雨，愿输俸钱，修完祠宇。"言之有信，感而遂通。雷以动之，风以散之，油然作云，沛然下雨，旱苗勃然兴之矣。雨随水行，信宿至县，三日而俾滂沱矣。县人以纸千（钱）数千，送水至东河上，其焚纸灰皆东南飞去，实神飨之验耳。水还庙而复雨，世谓"回马雨"也。由是观之，庙曰"应润"，岂虚言哉！即以清俸充修庙之费，且阖县乡里愿施瓦木人工者，源源而来，皆德政感神降雨，所致如此。寇公大夫字伯祥，代郡崞县人也。自大定乙巳仲春，来丞吾邑，特权县事。庭无留讼，狱无滞囚，乡无追胥，境无盗贼，优优然了无事矣。乃广廨署，修学舍，葺弦歌之南楼，引渠水于东郭。百废皆起，庶民咸和，是以廉问治最。比及升除，士民已有"去思"之咏。况夫感神澍雨，过余公、兰令远矣。彼积薪环艾者，岂可同年而语？至于修庙之际，欲雨则雨，欲晴则晴，神意人心，合若符节。陶瓦生而复熟，神髭梦以剪发，闻者莫不惊叹。佥曰："如斯神应，可不记其始终，以永其传？"其营建制度，烂然可观。前后正殿、东西两庑、龟亭、拜厅、挟堂、楼门，绘塑一新，皆寇公之所规画也。于是神有所来飨，人有所归仰，峰峦桧柏掩映左右，乃一方之壮观，不其题欤！仆为之记，殆非好谈神异，特纪其实，而记岁月尔。

时大定二十八年岁次戊申中秋日

太学主县人郭明济谨记

乡贡进士□秉钧书丹

乡贡进士刘甲篆额

奉训大夫行平遥县丞飞骑尉赐绯鱼袋权县事寇居庆

信武将军行县尉骑都尉完颜子仪立石

平陶史辑刊

○一八　泽州县西黄石村三官庙《晋城县莒山乡成公管北六社创修舞亭记》

　　《晋城县莒山乡成公管北六社创修舞亭记》金承安三年（1198）刊。碑高 57 厘米，宽 93 厘米。壁碑，正书，部分漫漶严重。三官庙位于山西省泽州县北义城镇西黄石村，碑存庙内。此碑的特殊之处在于，它是目前发现的关于宋金时期神庙创建舞亭建筑的专门碑刻，且道出了舞亭建筑的主要功能。碑刻明确指出"舞亭，祈祭之条（'条'同'斋'）"，可兹为证。与此前发现的宋金时期"舞亭"类（或曰"舞厅""舞楼""舞庭""献楼"）碑刻均为简单涉略"舞亭"修缮载录有很大不同，指出"舞亭"建筑在神庙整体布局中的重要性。清末民初缪荃孙旧藏，拓片北京大学图书馆古籍特藏库有收录，清拓，典藏号：A26324。[见薛瑞兆，《金代神庙舞台碑记》，《江苏大学学报》（社科版），2016 年第 3 期。]录有碑文，但认为此碑已不存。此碑后由晋城市文物爱好者张建军发现。

泽州县西黄石村三官庙《晋城县莒山乡成公管北六社创修舞亭记》拓本

晋城县莒山乡成公管北六社创修舞亭记

夫神之位居灵堃也，其职于人最切。自天子之都及庶人之宅，咸立庙貌而祀之。虽爵秩尊卑有殊，其保土庇人无异。本管灵山神庙历代往年，所有隳废，至显德年间再修，建隆四载功毕。后罹兵火饥馑以来，虽有疏缺，何暇修□？迨今百有余岁，率众修毕。神首又谓众曰：灵祠，部下生民之主。舞亭，祈祭之条（“条”同“斋”）。上无寸木，下无所止，每适祈谢，遇值阴雨，则移祀左右偏廊，甚□钦崇之意。今幸正殿功毕，五道庙成，圣□妆绘完全，可不创修舞亭者矣？一意发挥□□□□允□□日推维那人等，聚财市木，择匠□□□始于乙卯之中，功成，至丁巳岁复工。它山之石，可以为拓，不逾旧制，上下鼎新。告成之日，张乐于庭，用刊诸石，庶传不朽也。时承安三年季秋望日立。

纠司南（阙文）

南成公维那进义校尉□□　进义校尉丁□　焦□　丁诚　邵信

□□□维那进义校尉成□　秦□

进义副尉成□　成直　成存　成揀　成厚　牛□　成珍　宋□　秦温　成云

崔家庄维那□□　崔□男　崔□　崔立男

北鲁村维那进义校尉□□　蔡俊

进义副尉成仪　成时　张泉　秦宝

进义副□□立　杜琼　邢元

北成公维那赵□　男赵□　赵宜　男赵显

南成公河□□维那□□□□□□　□□　董全　赵赟　魏概　魏栋

木匠□头南社王肇同女夫郭小叔

进义校尉泥匠鲁村李□同侄男小三男小四

石匠北尹寨下□段逵同侄男段遇

○一九　登封市中岳庙《大金承安重修中岳庙图》

| 简介 ▷

　　《大金承安重修中岳庙图》金承安五年（1200）刊。碑高 126 厘米，宽 73 厘米，笏首，额题"大金承安重修中岳庙图"，线刻庙貌图碑。中岳庙位于河南省登封市，碑存庙内正殿前。本图主要展现了河南省嵩山中岳庙的建筑布局。庙内正殿前有一方台，前有台阶，可登临。台上有题榜曰"路台"。"路"字当为"露"，路台实即露台。碑之左下角刻"承安五年三月中旬休日"字样，为立碑之年月。（见刘敦桢，《河南省北部古建筑调查记》，《中国营造学社汇刊》，1937 年第 6 卷第 4 期；张家泰，《大金承安重修中岳庙图碑试析》，《中原文物》，1981 年第 1 期；车文明，《后土祠庙貌碑中两方台的考释》，《考古》，2001 年第 6 期；盛博编，《宋元古地图集成（上）》，星球地图出版社，2008 年，第 15～16 页；河南省古代建筑保护研究所编，《古建筑石刻文集》，中国大百科全书出版社，1999 年，第 203～214 页。）

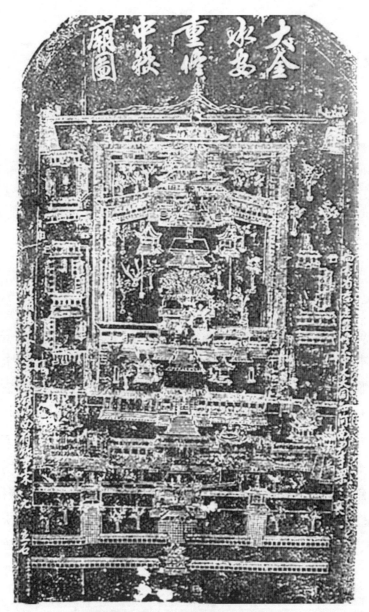

登封市中岳庙《大金承安重修中岳庙图》拓本

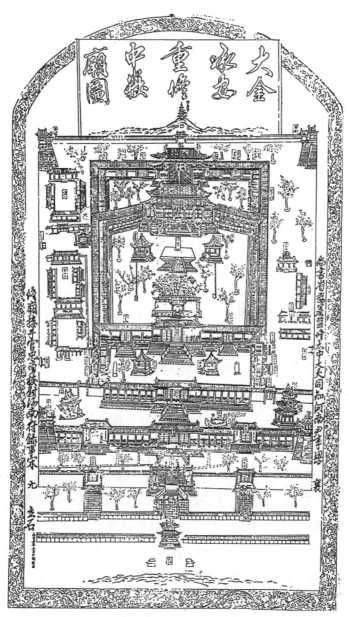

登封市中岳庙《大金承安重修中岳庙图》摹本

○二○　阳城县刘家腰村北崦山白龙庙《复建显圣王灵应碑》

| 简介 >

　　《复建显圣王灵应碑》金泰和二年（1202）刊。双溪遗老韩士倩撰并篆额，石门士乐懋书丹，许福立石。碑高 162 厘米，宽 73 厘米，草书，笏头龟趺，额篆"显圣王灵应碑"。白龙庙位于山西省阳城县町店镇刘家腰村北崦山，碑存庙内正殿前。碑载白龙神于前代灵迹托化、累受敕封的历史。碑文还详细记录了村民许福在金章宗明昌三年（1192）见到丈余大蛇"引首上东庑，延及门里，下舞庭"之事。此处所言"舞庭"建筑为研究金代泽州神庙建筑形制规模及神庙祭祀演剧等问题提供了重要史料。（见杨太康、车文明，《我国戏曲成熟于宋金的又一物证——山西阳城崦山白龙庙金碑考》，《蒲剧艺术》，1991 年第 3 期；延保全，《山西阳城县北崦山白龙庙戏曲文物考论》，《中华戏曲》，1998 年第 24 辑；冯俊杰等编著，《山西戏曲碑刻辑考》，中华书局，2002 年，第 48 页；王新英辑校，《全金石刻文辑校》，吉林文史出版社，2012 年，第 437 ～ 438 页；王潞伟，《上党神庙剧场研究》，中国戏剧出版社，2016 年，第 87 ～ 88 页。）

阳城县刘家腰村北崦山白龙庙《复建显圣王灵应碑》拓本

复建显圣王灵应碑

双溪遗老韩士倩撰并篆额

石门士乐懋书丹

泰和二祀中秋前一日，刘村信士许福伏里社苏锐以为先容，来诣昌黎先生，执手《白龙记》一通，踵门而相告曰："福因旱，此庙请水，于池南下岩洞边，沙砾崩塌，出断缺石碣数片，划刮洗涤开，其字漫灭，稍稍可辨。今按文记抄录来呈，恐久而湮泯，肯别为铭志乎？"应之曰："余有生已来，今老矣。溪山相连，往来时祀，未尝闻兹有记石耶，异哉！昔埋没而今出，昔幽沉而今著，谅神意欲彰前世灵应之迹，示历代封赐之号，庶天下知之，岂独称龙哉！子必欲久传，况兹神鉴不远，焉敢拒命，愿叙本末，使后人钦其威，仰其德，严其祀。"是龙也，薄蓬莱，羞昆仑，上星辰，下溟渤，而不即来宅是方，何者？欲行天令而福生灵也。故不海藏而山居，水物而庙食，吹嘘云雾，驰逐风雷，飞天合大人之造，霈泽逐品类之亨，变化无方，隐现不测。或示真形，或托白兔，或化素蛇，大不啻数丈寻，小不逾一尺寸。孰不闻见敬畏焉？其在李唐天后之世，壬戌长寿中，灵迹托化，祠宇肇兴，旱祷则应。逮中宗嗣位，乙巳年间，天下亢阳，此时再现，故改元神龙。上遣重臣降香，仍赐服舄，祷于庙庭，甘澍滂沱，封为"应圣侯"。降及昭宗，戊午光化中，进封"普济王"。至五季之末，周世宗即位，改元显德。于此白崖上，真相变现，云势暝合，风声怒起，暴雨倾注。厥后庙像愈兴。至宋太宗朝，丙子太平兴国三年，斯池上现本形数十丈，飞腾而去，朝庭闻之，增封"显圣王"，载在祀典。得按古文，重为叙引。又安知李嗣业祷于疏勒国，城壁保完；马孺子见于泽阳郊，浮屠潜隐。燕唐史明载柳文，备标神之灵迹，世人谁能毕记乎？逮本朝，诸县邑乡社宦像士庶，四时修香火，洁粢盛，穀核丰腆，笾豆静嘉，相先而祭者百馀村。骈肩接式，盈山遍野，绮绣交错，歌颂喧哗，蜂纷蚁乱，逾月不衰，非神其孰能兴此哉！及明昌壬子岁，自冬经春无雨，民废稼事。前许福躬发诚恳，前诣祈水，度日清斋，三步一礼，行达庙庭，出三门，立东隅，彷徨四顾，未得求水去所。忽有大蛇丈余，堕步武间，赤睛玄吻，缟色花纹，盘屈不动，就福外踝，摩拭面目，似有所告。福惊惧曰："尊神化现，如此暴怒，小民等焉敢时来？"祷请毕，引首上东庑，延及门里，下舞庭。时有数村人在庙焚香拜谢。沿水窦出，下至池南，福又曰："此地莫是取水处？"即化灭不见。福乃就燥土礓石地，掘土宫覆之，须臾水潮，泓澄清洁，挹十一杯入瓶。即日擎担，后二日至本社应王殿上奉事。未久如风声发，双瓶摇动，水溢流，泛盆缶，几案盈满，即时乃降足。后至丙辰，维夏中旱，福依前祷请，又获感应。及今壬戌春夏，暵旱尤甚，豆麦秀而不实，禾黍苗而不秀。居民惶惶，咸不聊生。福乃弃生计，如前斋礼，再诣本庙祈请，至七月初五日得圣水，即时阴雨濛蔽。翌日回路，每到顿宿径由及来迎接村外，悉蒙膏润。越八日上殿甘泽告足，馀村殊不沾洒。灵乎哉！灵乎哉！如此之灵，古未闻也。由唐而来，迄今五百馀岁，一一岂能缕陈乎？噫！我闻子厚祷应，铭雷塘之碑；子瞻祈谢，志张公之祠，俱未若此灵敏之速，许福之信诚感通者也。姑摭实以纪之，以传不朽。壬戌九月望日记。

许福立石

本邑人赵敦刊

〇二一　芮城县岱岳庙《岳庙新修露台记》

| 简介 〉

　　《岳庙新修露台记》金泰和三年（1203）刊。碑高50厘米，宽92厘米，正书。此碑现存山西省运城市芮城县博物馆。碑载芮城岱岳庙金泰和初年新修露台之经历，并附带言及露台之功用。露台是中国古代戏台发展史上的早期形制，因其露天而立，故名。露台建造见于文献记载者多在都市（如《东京梦华录》等），而乡村建筑露台的文献史料，则留存极少，所以此碑在中国剧场史研究中具有很高的史料价值。岱岳庙即东岳庙，芮城岱岳庙现已不存。（见廖奔，《中国古代剧场史》，中州古籍出版社，1997年，第10～11页；冯俊杰等编著，《山西戏曲碑刻辑考》，中华书局，2002年，第53～57页；王新英辑校，《全金石刻文辑校》，吉林文史出版社，2012年，第445～446页；中国戏曲志编辑委员会，《中国戏曲志》（山西卷），文化艺术出版社，1990年，第573～574页；景李虎，《宋金杂剧概论》，广东高等教育出版社，1996年，第65～66页。）

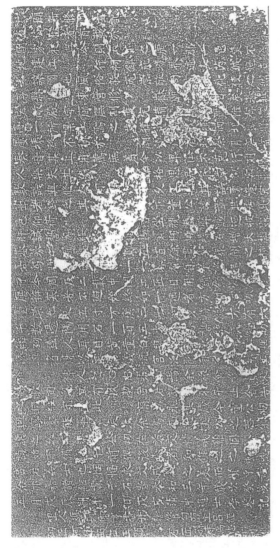

芮城县岱岳庙《岳庙新修露台记》拓本

岳庙新修露台记

　　夫岱岳者，首载于国家祀典。今则天下之广，一郡一邑，莫不卜地建立行祠，镇庇境界。迹大芮城，乃古之让国也。风俗敦庞，崇敬尚□，□化使之然耳。县□□东，营修岳庙□□□矣。基址宏敞、殿宇廊庑，制度完备，□□□丽。惟有露台一所，累土为之，岁律迁□，风颓雨圮，屡修屡坏，终不称于庙貌。凡有时祭月享，当奏音其上，用荐庶羞。今以卑隘，不克行列□人，乐失其备。格思，居民常以为憾。数议兴修，奈何□□□久，又寝其议，勇意完葺者，终乏其□□□□下。董公讳章，世居此邑，仰荷□□，□忍坐视其弊。遽乃披露肝诚，誓为经□，□循旧贯，创用砖石，增大其基，募工匠□□□费五百余贯。乡众闻之，竞喜为助。□□□□，一一碁（棋）布。自乎肇造，□□于今，周及二载。中间工匠日用馈饷，公□□□应办，寒暑不避，始终如一，迩者方□厥功。□台崇七尺五寸，方广二十四步，砖总万有六千数，边隅用石一百五十□。□砦绝疵，细功鳞砌，荡人耳目。黄童白叟，□□以□□。□牲陈皿者，得以展□仪；流宫泛羽者，□□奏其雅。神人之心，由是和焉。余旅食滋邑，未几数旬。忽旦有凤契吕君讳□，来予止舍。告之曰："经守□此庙，以永其岁。今董公创兴露台，能事毕矣。"求余为文，纪董公之志。余让之久，而渠□益切，在于交情，义难固辞。□询始末，备述于前，俾后来者知作之之始。噫！吕君，义士也。恫幅求文，成人之美，而贤乎哉！余亦嘉诸，继书于石。

时泰和三年岁次癸亥五月戊辰朔十一日戊寅

蒲中进士李鉴记

里人冯翊　　雷亨书丹

管勾庙主吕经　　　砌匠河津西王王显　　　石匠孙寺马忠　乔头□进并刊

〇二二　永济市普救寺《普救寺莺莺故居》

| 简介 >

　　《普救寺莺莺故居》金泰和四年（1204）刊。诗碑 39 厘米见方，碑面近三分之二镌刻《普救寺莺莺故居》七言律诗一首，碑面三分之一镌刻跋文。普救寺位于山西省永济市蒲州古城东 3 公里的峨嵋源头上，碑存寺内。1987 年 5 月重修普救寺时出土。此诗表达了作者怀旧思人，备尝艰辛，渴望生还的情怀。跋文则是对该诗及其作者的评价和鉴定，对石刻缘由及时间做了说明。（见仝毅，《一件珍贵的戏曲文物——金代〈普救寺莺莺故居〉诗碣的出土和浅析》，《戏友》，1987 年第 4 期；王凯霞，《金代〈普救寺莺莺故居〉——诗碑及其书法研究》，《书法赏评》，2002 年第 4 期；中国戏曲志编辑委员会，《中国戏曲志》（山西卷），文化艺术出版社，1990 年，第 580 ～ 581 页。）

永济市普救寺《普救寺莺莺故居》碑

普救寺莺莺故居

王仲通

东风门巷日悠哉，翠袂云裾挽不回。

无据塞鸿沉信息，为谁江燕自归来。

花飞小院愁红雨，春老西厢锁绿苔。

我恐返魂窥宋玉，墙头乱眼窃怜才。

美色动人者甚多，然身后为名流追咏者鲜矣。昔苏徐州登燕子楼作词以歌盼盼。大定间，蒲倅王公游西厢赋诗以吊莺莺。则莺盼之名因文而益彰，苏王之风流才翰有以相继。惜乎！王公真迹，为好事者所秘，今三十余载，仆访而得之，又痛其字欲漫灭，故命工刊石，庶永其传，是亦物有时而显者也。泰和甲子冬至前三日，河东令王文蔚谨跋。院主僧兴德立石，吴光远刊。

○二三　三原县后土庙《耀州三原县荆山神泉谷后土庙记》

| 简介 >

　　《耀州三原县荆山神泉谷后土庙记》金泰和五年（1205）刊。额题"重修后土庙记"。后土庙位于陕西省三原县城，碑存庙内。碑载后土庙的创建概况、建造乐台及祭祀活动、社会聚戏等内容。碑云"三门三间十二架，过乐台，正殿曰坤柔，五间三十架，献殿并扑水，八间二十架"。又云："每当季春中休前二日，张乐祀神，远近之人，不期而会。居街坊者，倾市而来；处田里者，舍农而至。肩摩踵接，塞于庙下。"（见廖奔，《宋元戏曲文物与民俗》，文化艺术出版社，1989 年，第 20 页；廖奔、刘彦君，《中国戏曲发展史》（第 1 卷），山西教育出版社，2000 年，第 383 页；王新英辑校，《全金石刻文辑校》，吉林文史出版社，2012 年，第 455 ～ 456 页。）

耀州三原县荆山神泉谷后土庙记

怀成乡贡进士王希哲撰

关田乡贡进士刘光书并篆额

窃原混沌既判,阴阳遂分。穹隆而在上者谓之天,盘礴而在下者谓之地。天气资始而不能资生,能资生者莫大于地。地势坤,坤至柔,以和顺奉天,卒能生成于物。《易》曰:"至哉坤元,万物资生,乃顺承天。坤厚载物,德合无疆。"此赞美坤之为用也。伊六合之外,邈无端倪,难以形诘,置而勿论。如以禹治九州之限论之,取人易信。内有嵩、泰、衡、华、恒五岳互列,江、河、淮、济四渎旁流,上、中、下三壤有叙,山林、川泽、丘陵、坟衍、原隰五土各殊。此上所产之物,并有所宜,皆坤舆所载而隶主之,可见祖万物,子百灵,长养无极,含宏有余者矣。略陈人所赖者:稼穑人之食,桑麻人之衣,栋宇取材于山林,器用运土于埏埴,珍藏有金玉珠玑,异货有羽毛齿革。以至疾病有请祷之法,出入有所向之方。静而思之,人生一世,未有须臾不资于地者。故《物理论》称其德曰"母"、神曰"祇",亦曰"媪",大而名之曰"黄地祇",小而名之曰"神州",亦曰"后土"。"黄地祇"举八极之外地,"神州"举王畿千里之内地,所在皆得言之。凡立祠庙,尤所宜矣。若夫三原,乃汉池阳之旧境也。县之东有后土庙,在神泉乡,今名龙泉乡。出郭门直行十余里,至大王村。右转北向,入浮山,或云释典所载,取象西方佛国脾浮罗,原与此无异,可不伟欤?又名荆山,《禹贡》所载"导岍及岐,至于荆山",疏云"在冯翊怀德县南"是也。其实一山而两呼之。谷行不远,已达于庙。清流绕径,溉数顷以常收;古木凌空,历四时而俱好。三门三间十二架,过乐台,正殿曰坤柔,五间三十架,献殿并扑水,八间二十架。仰瞻神像,以妇道配天,绘塑冠服,一如帝后之状。侧有五岳殿,三间十五架。两廊、灵官堂、禁神位、子孙司、客厅,通计二十五间七十架。次东北隅,翼然有亭,三间十二架,以上屋宇,皆山节藻梲,曲尽其妙。亭下有湫,周围与亭颇等,水色澄湛,深不可测。余水出于正南,凡遇岁旱,至诚祈祷,即日雨作,生民蒙润多矣。三辅间,闻往往取水于兹。登高四望,东连唐高祖宪陵,西接武宗端陵,二陵相照,屹然而起,为庙之肘腋也。南封长川,瞰渭阳之春树;北依大阜,背漆水之惊波,为庙之襟带也。谷中地势,或掩或抱,或高或低，奇诡不一，难于具陈。据此形胜，实耀下之为最也。每当季春中休前二日，张乐祀神，远近之人，不期而会。居街坊者，倾市而来；处田里者，舍农而至。肩摩踵接，塞于庙下。不知是报神休而专奉香火，是纵己欲而徒为佚游，何致民如是之繁伙哉！粤有里人梁再兴、梁胜、梁玘昆仲等，尝记远祖创始之日，诚心所感，致有祥云瑞霭垂覆于地。地系己业，即于其地南北取五十步，东西二十五步，不受乡人助缘，独力修成，人称为梁家庙，至今父老犹话其事。祖父梁栋于宋庆历四年重修，父梁再成于绍兴十年翻修。钦遇圣朝，太平日久，梁氏昆仲于大定二十五年、明昌元年、承安五年、泰和元年，四次添改修建，至于完备，一无所缺。克遵先训，止办家财，亦不假乡社一毫之助，难乎其人矣！故世世相承，居处庙之右，出入庙之下，永为庙主。噫！创庙成功，非是一朝之夕；勒碑颂德，庶传千载之名。戒尔子孙，敬哉无替！先蒙求记，仆谓池阳多才俊，善属文，老夫悃愞，不能为也。其请益坚，谩索枯肠而书其大概云耳。

时泰和五年乙丑岁季春上休日谨记

六年丙寅三月壬午朔十八亥主庙梁再兴　梁玘　侄梁进等同立石

怀城杨瑞刊

〇二四　宁武县定河村昌宁宫《汾川昌宁公家庙记》

| 简介 ⟩

　　《汾川昌宁公家庙记》金泰和八年（1208）刊。该碑高 180 厘米，宽 100 厘米，侧宽 27 厘米，正书，螭首龟趺，局部文字漫漶。昌宁宫又名台骀庙，位于山西省宁武县石家庄镇定河村，碑存庙内。此碑为恢复汾河主神台骀的本号，重建其本庙昌宁宫而作。碑中提到的"作乐舞，戏妓拜于堂下"，具有一定的史料价值。今从清胡聘之《山右石刻丛编》卷二十三、《静乐县志·艺文志》所录碑文校补，且知其额篆"昌宁公庙碑"五字。（见杨太康，《宋金戏曲史上的又一村》，中国台湾《民俗曲艺》，1993 年第 81 期；冯俊杰，《金〈昌宁公庙碑〉及其所言"乐舞戏"考略》，《文艺研究》，1999 年第 9 期；冯俊杰，《戏剧与考古》，文化艺术出版社，2002 年，第 317～326 页；冯俊杰等编著，《山西戏曲碑刻辑考》，中华书局，2002 年，第 57～63 页；王新英辑校，《全金石刻文辑校》，吉林文史出版社，2012 年，第 475～476 页。）山西师范大学戏曲博物馆藏该碑拓片。

宁武县定河村昌宁宫《汾川昌宁公家庙记》拓本

汾川昌宁公家庙记

天有五行，水为之本。水之为用大矣哉！极天下之信，善利万物而不穷，苟失其信，亦能害万物，至于怀山襄陵，下民昏垫。当其为害时，圣王在上，用能俾乂，故自五帝以来，有水官掌治之。少暤之裔孙昧为玄冥师。玄冥乃所谓水官也，而昧为之长。昧之子台骀。台骀能嗣其官业，宣汾洮，障大泽，以处太原。颛顼嘉其功，乃封之汾川。厥后有沈、姒、蓐、黄四国，世守其祀而不绝。至春秋时，晋主汾乃始灭之。子产是以谓台骀汾神也，良有以焉。宁化县郭西南二十余里，有定河村。村侧有小丘，左汾埌，右谷口，高且寻仞，广殆亩余。上有丛祠，古往流言谓为台骀墓，主汾神。而土俗虽承传之久，亦不知所以然，又不谕建祠之由，第以土地神祀之，故其祠宇稍为风雨所敝，莫之省也。今按县境处汾水上游，实太原之域，昔者台骀业官于此，受封于此，其生也既有功于此，而死乃葬于此，不其然乎？《祭法》曰："法施于民，以死勤事，以劳定国，能御大灾，能捍大患，有功烈于民者，则祀之。及夫日月星辰、山林川谷丘陵，非此族也，不在祀典。"若台骀，乃勤事御灾有功烈于民，宜在祀典之族也。《礼》："山川之神，水旱疫疠之灾，则禜之。"说者谓祭其先世主山川之神，非独祭山川之神也。明昌五年，州得汾阳人任从仕为判官。任讳知微，博闻之士也，因悼彼俗颛蒙渎神之祀，乃追讨图志，以《春秋传》考证之，核厥事迹，知其昭然不诬为神之墓、神之庙矣。乃与儒士史世雄、宋钺，取旧《图经》，参校编次，增补其阙，具载兹事以示乡人。由是民得晓然，知所敬在是，乃相与修广旧祠，辟其堂皇，易庳为崇；延袤两序，增为周庑；敞其阳门，益之东西偏；至于涂墍、瓴甓、绘饰之属，焕然一新。仍得任公所书故事、封爵、庙号榜于题额，观者莫不喜悦。然后众乃环聚而言曰："惟神之茔兆、庙貌既在吾里，则神之灵尚安往哉！且吾民之生，咸赖汾河之利，并水而居，未尝有泛溢之厄，得非神之力乎？今祠所既宁，吾属当以时敬祀之，以报神休。"于是以每岁仲夏，洁诚修祀。具牢醴，牲牷奠于堂上；作乐舞，戏妓拜于堂下。是日阖邦远近，往观者如市，大为聚乐，以极岁中一方之游观也。自承安以来，仍岁遇旱，郡僚有祷必获嘉泽，从此邦人荷神之庇益深，而敬事之心如神之在，诚不佞矣。若稽神之灵应在人者，远则唐有令狐楚《谢雨文之碑》，次则晋有"昌宁公"之封，近则宋有"灵感玄应公"之赠、"宣济广惠庙"之额，今则灵威素着定河之称，旧郡守贾公有祷雨获应诗，皆可证验。兹惟典故之实，及耳目所接可信后世者，概书之石，以著乡民兴祠崇典之实，庶使后来无复有昧谬如前日者云。初，民欲刻石久矣，请于士大夫，屡不果。今又告之州帅田侯，田侯恤民之勤而乃谦，而不有，下逮庸耄，义弗免焉。大梁水张守愚谨记。

泰和八年九月二十二日立

乡贡进士充本州儒学正宋钺校勘

武德将军宁化州军资兼军器库监骁骑尉刘仲宽书丹

□□（阙文）

承信校尉宁化州军辖权主簿兼巡捕事云骑尉马紫玉

武略将军宁化县尉权县事兼管勾常平仓事飞骑尉高昆玉

怀远大将军行宁化县令兼管勾常平仓事轻车都尉开国伯食邑七百户移剌长寿

昭信校尉宁化州军事判官兼提举常平仓事云骑尉张泽

儒林郎同知宁化州军州事兼提举常平仓事云骑尉赐绯鱼袋张守愚

奉直大夫宁化州刺史兼知军事提举常平仓事上骑都尉京兆县开国子食邑五百户赐紫金鱼袋田仲礼

○二五　高平市公家山村三嵕庙《创修灵贶庙记》

| 简介 >

　　《创修灵贶庙记》金崇庆元年（1212）刊。碑高 114 厘米，宽 52 厘米，正书，篆书，额篆"创修灵贶庙记"。三嵕庙位于山西省高平市紫金山，碑原存庙内，20 世纪 50 年代，庙宇损毁，村民将碑刻改造加工为水渠构件，现存公家山村头水渠中，碑体两处穿孔。碑阴载明庄村、卢家谷、釜山村等民众分别对灵贶王庙正殿、舞楼、东西行廊等建筑进行了修缮，碑刻刊立时间为金崇庆元年（1212）七月，立石人明松等。（见王潞伟，《上党神庙剧场研究》，中国戏剧出版社，2016 年，第 88 ～ 89 页；颜伟，《山西高平市神庙剧场调查与研究》，山西师范大学 2015 年硕士毕业论文。）山西师范大学戏曲博物馆藏该碑拓片。

高平市公家山村三峻庙《创修灵贶庙记》碑

高平市公家山村三嶷庙《创修灵贶庙记》碑阴局部

创修灵贶庙记

夫建祠立像，为神化去，与民祈福。有在世立功于民，灵显致应，其所祀者□□可所掩。今端氏明庄紫金山巅有灵贶庙者，实出屯留三嵕，盖山神也。或□□羿，或曰三王，语尤不经，无可考据。有司以灵应事迹上之朝廷，赐名□□，则实贵在乎此矣，兹固无疑。昔定年初，素无此庙。其山颖锐，有小虚室，建□□所，惟神谴怒□□□动与风，村人大恐，遂毁弃□□□创起之，至岁丙午□□。其地当山下□□□□阔坦平。所架构大成，廊□□□□彩塑俱全，其祠□□高跨危峰，东□□□，北对仙翁，西连圣石，名□□□□□徘徊周览，气象□□大为绝境甚□□深叹欤。今功既毕，立圣像严重，□者莫不悚然起，乡人□□祭陈不辍。亟蒙福地，国无拔木之妖风兮，声息长林；垄足苏苗之沛泽兮，□□云深。菌有匝时之蓄兮，岁摒凶临；家余兼岁之储兮，众溢欢心。于本村者□□见之神明悉重，罔负其诚，并竭力兴祠，能勤终始，大集厥功，不亦善乎！□□□而书之。

长平腐儒崔瑁记
松严懒叟李颢书丹篆额（阙文）

众修灵贶王庙记

明庄村正殿、舞楼众人户修盖下项

明福　王贵　王成　张愿　明松　明珍　明毅　明存　论枞

东行廊修盖人男明辛　明琮　孙男明庭……

西行廊修盖人张振　张智恩　张厚　王□……

五道□盖人弟王真　武全　王荣　宋成……

（阙文）张玘

（阙文）修盖人明存　孙明炳　□男明□……

（阙文）人郭真　王准

卢家峪王信　王海　王□　王彬　王烦　王玘　王□……

釜山村宋亨　宋元　宋宝　郭聚　王辛　□□　□立……

随年轮审响赛，车道村众人户等，明祝　明著　明成　贾元……

崇庆元年七月终

立碑人明松　明毅　孙明□

元代戏曲碑刻

○二六　闻喜县兴真观《兴真观碑铭并序》

| 简介 >

　　《兴真观碑铭并序》蒙古宪宗九年（1259）刊。兴真观位于山西省闻喜县礼园镇，现已不存。碑亦不存。碑文自胡聘之辑《山右石刻丛编》卷二十四移录。原注："碑连额高四尺三寸，广一尺九寸，十七行，行四十二字，正书，额题四字篆书。今在闻喜县。"依照《山右石刻丛编》体例，碑额当是"兴真观记"四字。碑文记述了改造唐代太平乐府为道教宫观之事，其中关于古帝王练习歌舞的离宫之记，对了解晋南民间文艺的渊源所自，大有裨益。（见胡聘之辑，《山右石刻丛编》（卷二十八），清光绪二十七年刊本，江苏古籍出版社，《历代碑志丛书》第十六册，1998 年，第 24～25 页；冯俊杰等编著，《山西戏曲碑刻辑考》，中华书局，2002 年，第 64～68 页。）

兴真观碑铭并序

寓尧都长春观三洞讲经法师秦志安述

绛台神霄末羽杜天倪书丹篆额

梨园太平乐府，李唐之教坊也。紫金奇峰，岚光黛色，琉璃照映，蜿蜒乎其左边；娲皇灵祠，山节藻棁，翡翠□耸，赑屃乎其右偏；英王避暑台，蠹蠹乎其后；裴相读书堂，峨峨乎其前。朝移代革，仿佛七百余年矣。苔飞□栋，芜没颓垣，化为民居。其居民之贤者，聚席而谋曰："此一规地，古帝王练习歌舞之离宫也。至于风清月朗之际，或有闻金石丝竹之音者焉。小民居之，恐飞吉兆，可求访逸客幽人，以为颐真养浩之所，不亦宜乎？"一唱百和，靡不忻然。于是焚香躬礼西山高隐史公上人，三祷不已，杖履乃来。游玩数夕，境与心会，遂卜终焉之计。门下弟子，闻风趋往，殆数十辈。具备插，运土石，规净庐，营福地，不数载之间，圣位窈窈然，方壶沉沉然，香庵爽然，云堂邃然，竹径呼风，松轩贮月，药灶封雾，丹炉锁烟。虽武陵桃园、天台小隐，固可以接武而差肩也。清和仙翁爱其幽致，亲笔观额，号曰"兴真"。名与实符，因随果满，千劫宿缘，亦非人力之所能为也。落成之日，邑豪里杰乞予文之。辞不获命，搜竭枯肠，终无黄绢之才，反愧青鸾之客。其词曰：

山苍苍，水粼粼。中有琳宇，号曰兴真。谁其尸之，史公上人。外养玄牝，内颐谷神。玉鼎含月，冰壶驻春。漏泄天机，葱前绿筠。

时岁次己未八月日

赐金襕紫服悟元大师管志明立石

前管民长官师德

见职管民长官衡安

都功德主前故管民长官贾德全

古桐逸士苏明　男润刊

〇二七 壶关县神郊村真泽宫《重修真泽庙记》

| 简介 ❯

《重修真泽庙记》元至元七年（1270）刊。此碑碑阴镌刻乡贡进士韩仲元撰文，乡贡进士刘天祐书篆之另一《重修真泽庙记》碑文，镌刻时间为至元七年闰十一月十五日。碑高 235 厘米，宽 91 厘米，厚 30 厘米，正书，螭首龟趺，额篆"真泽庙记"四。真泽宫位于山西省壶关县树掌镇神郊村，碑存庙内。该碑记述知县郅朗祷于二仙而辄应，于是乡民重修庙宇之事。其中有"岁正月始和，农事作，父老率男女数十百人，会于里中祠下，丰牲洁盛，大作乐，置酒三日乃罢"之记载。《山西通志·金石志》著录，《山右石刻丛编》卷二十五收其碑阳正文。该碑一些文字已漫漶不清，此据《丛编》校补。（见胡聘之辑，《山右石刻丛编》卷二十五，清光绪二十七年刊本，江苏古籍出版社，《历代碑志丛书》第十六册，1998 年，第 33 ～ 34 页；冯俊杰等编著，《山西戏曲碑刻辑考》，中华书局，2002 年，第 69 ～ 75 页。）

壶关县神郊村真泽宫《重修真泽庙记》碑阳拓本

壶关县神郊村真泽宫《重修真泽庙记》碑阴拓本

重修真泽庙记

祀典："法施于民，以劳定国，能御大灾，能捍大患者，祀之。""四方名山大泽，林谷丘陵，为邦域之望，能出云为雨，生材资民者，宜有神守之，以血食其土。"尚矣，上党之俗，质直好礼，勤俭力穑，民勇于公役，怯于私斗，自昔称为易治。然独丰于事神，凡井邑聚落之间，皆有神祠，岁时致享。其神非伏羲、神农、尧、舜、禹、汤，则山川之望也。以雩以禜，先穑邮暯，皆于是奔走焉。岁正月始和，农事作，父老率男女数十百人，会于里中祠下，丰牲洁盛，大作乐，置酒三日乃罢，香火相望，比邑皆然，至十月农事毕乃止，岁以为常。壶关县紫团山，有两女仙祠。居人传仙人姓乐，学道此山，得不死而去，相与率而奉祀之，灵应如响。宋大观中旱，守臣祷之而雨，请之有司，得庙额曰"真泽"，仙人号曰"冲惠""冲淑"，大建祠宇。金末丧乱，风雨倾圮，盖十三四。国朝至元五年，魏人郅朗来守邑，雩禜之请，应不逾夕。乃曰："霈泽敷惠，神明之职，兴滞补弊，守令之事也。"遂约里人杨端、张山、丁福、道士连信英辈，鸠功补完之。踵门谒予，乞记其事。予以中统三年秋七月西归，尝道出祠下而止宿焉。峻岭峙前，重阜环后，茂林郁如，内外严邃，殿堂廊庑凡百余间，如大邦君之居，信列仙之灵区，神明之伟观也，特列而直书之。至若仙人族世，雨旸灵异，具于政和诰词，县令李元孺之刻文详矣，兹不复赘。七年七月壬寅，上党宋渤记及书。

邑人李泽民题额

乡贡冯成　靳广　丁义

典史王珍　　司吏冯济　刘甫　李珪　盖信

主簿兼尉李

从仕郎壶关县尹郅

达鲁花赤末儿不花

□端筭立石

同修人陈□　□□　冯德

木匠郭全　冯□

石匠王赟刊

瓦匠□□　刘□□

重修真泽庙记

乡贡进士韩仲元撰

夫气之清者为神，人之清者为贤，此古今之通论也。神也者，变化无方，难以形语，是以□□□□或莫之信，惟贤者敬而远之。其精诚潜达，故报应□□□□□□□□□□□八十馀里，峰峦米聚，林木绣错，真□□□□□□□□□□□祠在焉。世□丕祚，先贤之刻文详矣。神功□□□□□□□□之□□旱祷之，而雨灵应在人，不可胜纪。血□此方，有自来□。然值金季陵夷，天兵南□，惟庙貌仅存，而余皆灰烬。虽乡民稍为营葺，终未完备。县尹郅公者，洛州肥乡县人也，讳朗，字彦明，早年登仕，以宽猛相济，所历之任以治最称。在至元中，自邢台尹移莅是邑，下车以来，首以事神训民为务。其从政也，威寒奸胆，惠煦民心，肆其民畏而爱之如父母焉。常以暇日，敬诣此祠，睹其残缺，爰暨主簿中牟李公讳裕，字裕之，皆清白之士也。乃同心协虑，率吁邑人遍加补完。众皆乐为之用。功不逾时而檐楹翚飞，廊庑鳞次，有光于古矣。时属季夏，雨泽愆期，禾稼将槁。继而飞蝗近境，所至为灾。公乃囷然曰："民以食为命。今凶荒在迩，众不聊生，谁之咎也？"遂精严斋沐，致祷祠下，未及反馆而阴云四垂，甘澍大作。又并其有邦，犬牙相□。飞蝗不入吾境。是岁大田多稼，甲于他县。越明年继以蝗旱，公又致祷愈谨于前，并获吉卜。无螟螣之为梗，有雨泽之应，祈五谷之登，倍于去岁，致老幼有以终养，田里无其愁叹。吾乡耆宿杨金等，欣然而相告曰："我公忠于民，而信于神，神歆其祀，民赖其利，虽鲁恭无犯境之蝗，郑弘致随车之雨，方之此公，岂特专美于前代欤！俾兹异政默而不彰，殆吾侪之旷典也，神亦以此命。"适合众愿，乃相率而来谒予为记。予固辞弗允，上以彰神休之无穷，中以发扬公美政之万一，下以述乡人敬恭明神，善事长上之诚，姑摭实而志云。至元七年岁在庚午闰十一月十五日记。

乡贡进士刘天祐书篆

石匠王赟　男王荣刊

典史王珍　　司吏冯济　刘甫　李珪　盖信　　主簿兼尉李　　前典吏秦秀

从仕郎壶关县尹郅　　监修陈温　　达鲁花赤末儿不花

（以下人名漫漶不清）

○二八　万荣县太赵村稷益庙《舞厅石》

|简介>

　　《舞厅石》元至元八年（1271）刊。无撰文、书丹者姓名。碑高 34 厘米，宽 39 厘米，壁碑。稷益庙位于山西省万荣县南张乡太赵村，该碑现嵌于稷益庙内正殿东墙外侧。碑文记述"创建修盖舞厅一座"。（见墨遗萍，《记几个古代乡村戏台》，《戏剧论丛》，1957 年第 2 期，首次公布全文；山西师范大学戏曲文物研究所编，《宋金元戏曲文物图论》，山西人民出版社，1987 年，第 67 页。）山西师范大学戏曲博物馆藏该碑拓片。

|碑文>

舞厅石

　　今有本庙自建修年深，虽经兵革，殿宇而存。既有舞基，自来不曾兴盖。今有本村□□□等，谨发虔心，施其宝钞□百贯文，创建修盖舞厅一座，刻□斯石矣。

时大朝至元八年三月初三创建

砖匠李记

万荣县太赵村稷益庙《舞厅石》拓本

〇二九　临汾市景行里岱岳行祠《平阳路景行里新修岱岳行祠记》

| 简介 >

　　《平阳路景行里新修岱岳行祠记》元至元十二年（1275）刊。碑文由平阳路总管府判官汲郡王恽撰写。元代平阳路在今山西省临汾市，该碑现已不存。碑文记述了张士信等人修建岱岳行祠之事。碑文中有"下至作乐有亭，省牲有逼，便户凿乎西，台门敞其南，概瞻余祠，号称整肃"之记载。碑文据《全元文》卷一七〇王恽（四）录入。（见李修生主编，《全元文》第六册，江苏古籍出版社，1999 年，第 62 ～ 63 页。）

| 碑文 >

平阳路景行里新修岱岳行祠记

　　岱宗，东方之镇山，有国者得以旅焉。祭典下衰，世以神司命万类死生祸福，幽明会归，故所在骏奔，奉祀惟恐居后。去之远者其敬笃，事之肃者祠愈崇，盖其风俗使然，复何怪焉。平阳故族张士信等，信之笃、事之尤谨者也，常以匪庙而貌之，不足妥灵揭虔，牖人于善也。于是倾资择胜，得东南陬景行里爽垲之地甚延，莫其神观焉。实经始于辛卯岁之三月，落成于至元之戊辰。凡缔屋几三十楹，前殿后寝，两庑廊翼，中设冥府诸像，曰昭惠君、蒿里相、祈嗣位五重□直，及阴圄变相，拥卫环列，罔不毕备。巍巍煌煌，帝居辉光，俾观者起敬加畏，知所劝戒，善油然而生于衷，洋洋焉对越灵威，如在其左右也。下至作乐有亭，省牲有逼，便户凿乎西，台门敞其南，概瞻余祠，号称整肃。吁！勤亦至矣。一日来丐文于予，将纪其兴建本末，洎信助者之名氏，永昭于后，因略为论述之。呜呼！古人以神道设教，今也作新祠宇，为事理虽殊，而势有固然者。自礼义亡而世教不明于下，一乡之士，秉彝心而私淑人者，不尔则弗克悟陋民而儆薄俗，是则后人之意也欤？然神也者，聪明正直，福善祸淫，乃其职耳。奉之者岁时仪献，能斋庄沐洁，远恶迁善，可荐而不为神羞，吾知夫朋酒斯飨，获简穰之祉矣。不然，慊负中积，象恭于神，虽锵之以钟鼓之音，腆之以牲币之礼，芳菲满堂，三献具举，神将厌而不顾，尚何福之有哉！幸来者详特书之意，庶乎其远戾矣。十有二年春二月，平阳路总管府判官汲郡王惲谨记。

○三○　万荣县薛李村岱宗祠《重修岱宗祠碑》

| 简介 >

　　《重修岱宗祠碑》元至元十八年（1281）刊。岱宗祠位于山西省万荣县南张乡薛李村，现已不存。该碑也已不存。碑文叙述薛李村四村众人重修岱宗祠之事。碑文中有"庑东西二十八楹，面正室乐亭三架"之记载。（民国六年石印本《万泉县志》存其碑阳。此据民国六年石印本《万泉县志》卷七《艺文志》录入，中国台湾成文出版社，1976年，第 625 ～ 629 页。）

| 碑文 >

重修岱宗祠碑

至元十八年

平阳路提举学校官段成己

　　方有岳旧矣，考之传记，不一书而足也。五方风土之异，古之圣人各以其山之峻极者为一方之镇，而名岳岱为岳之宗，国家有事于山川则先焉，天下既平则封焉，非僭也，宜也。五岳祀秩略同，而岱宗之祠独周遍于天下者，以居平秩之方、主长养之事故也。河中万泉县距县治西北十五里，有岱祠存焉。地空旷亢爽，南北亵百二十举武，其广五十，居绵稷两山之间，峨眉之脊，故制瑰伟宏丽，神足以宇。正室七架，后以甬道通路，寝屋覆其上，寝眠正室而卑。两偏各为室三架，以妥阴灵。庑东西二十八楹，面正室乐亭三架。应门、皋门，如古封君之制，其内外等夷有差。门右西南隅乐房八间。周前后以间架计，凡六十有四，其榱桷之数，各眂其屋大小为称。东南隅三清殿三间，旧有道官以守庙者也，以积习之弊，久黜而不用。庙艰于水，凿井于殿之左，得养而不穷之利，岁时之会，使人不阙井饮。庭有唐石刊言，汉漫无稽，而建立之因故、岁月，皆略而不书。夷考其时代，则知庙起在有唐之前，而始基之迹不可得明也。其主张祠事而不至失坠者，自古以来四村而已，他不与也。薛李村当庙之背，大善、上善居其右，百善居其左。合境之人病疫则祈焉，水旱则祷焉，庇庥以福其人者，所从来远矣。自天地大变，天下祠宇得免煨烬之厄者，百不一二，其此祠巍然独存，非有护持必不至此。丧乱以来，祭血之干者五六十年，祈盱日慢，栋宇陊剥不治，图像之威默昧就灭，神不顾享，而人亦无依归。四村之长老、子弟合辞言曰："此宇不修且坏，昔由吾鼻祖而基之攸久，不知经修治凡几，而可见于今者，大定一役而已。今丧乱既平，海内为一，百神之祠宇皆复，而幸得独存之祠，复使坏于诸祠既复之日，可乎？然护持而存者，天也；成其功而使不至于坠者，人也。祖基之，而后之子孙废之；天存之，而人不能有以成之，岂理也哉？此我辈夙夜汲汲，一日不敢怠也。"于是各出愿力，鸠偿其功。栋楹梁桷、欂栌侏儒之属腐败抏折者则易之，盖瓦级砖颓缺者则补之，漫漶不鲜者润色之，规模仍旧，丹碧一新。俶落于至元十一年甲戌之春，讫功于五年戊寅之夏。前期有客谒祠下，徘徊者久之，乃言曰："奂乎，此宫！无辞以识其始末为可惜。"未数日，圬人取土得素碑焉，颙颥外度寻有二尺，其衡半之。众骇异，以为天锡。而察之，盖古之人未及用，因乱以藏之，岁久而人不及知也，又何怪乎？然则适今重出焉，亦非偶然也。四村之人共推张杨二老同卫生走平阳，主王生思永就余来谒文。余问主名，二老谢曰："此由众力攻而成之，敢独尸其功乎！侪一名于众足矣。"余嘉其让，且重违二生之意，为攟摭其实纪之。若其荐货之多寡，出力之次第，自有成例，具列之碑阴，兹不书。

〇三一　运城市盐湖区郭村泰山庙《重修泰山庙碑》

|简介〉

　　《重修泰山庙碑》元至元三十年（1293）刊。泰山庙位于山西省运城市盐湖区上王乡郭村，该碑现存庙内。碑为残碑，上下部均毁，仅存中段。残碑高 64 厘米，宽 51 厘米。碑文叙述至元年间北郭村民众因泰山庙规模未备，增广旧制，添展三门，重修献殿，建牛王祠，重修戏台之事。（见张培莲主编，《三晋石刻大全·运城市盐湖区卷》，三晋出版社，2010 年，第 44 页。）

|碑文〉

（阙文）碑

东广进士陈玉述并书篆额

　　（阙文）为众星之主（阙文）神之尊。自夫混沌既分，而三光五岳之□首出乎天（阙文）□虞践祚，柴于岱宗，天下翕然起敬，绵历迨今不知几（阙文）以来，稷山之阳，有村曰北郭，民淳俗厚，土饶地广，遂建（阙文）气象超越，景物鲜美，揖条山之

运城市盐湖区郭村泰山庙《重修泰山庙碑》拓本

翠，对涑水之清，绿野（阙文）有不穷之胜状也。至元七年间，乡众耆老憩息于此（阙文）斯庙之创，规模未备，今欲增广旧制，未卜从违，由是（阙文）□之用，兴土木之工，添展三门，重修献殿，建牛王之（阙文）舞亭戏台，莫不备具，而东西南隅之施地者，又欲广（阙文）老等相告曰："众人建庙立功，将与天地同久，今幸（阙文）昌运，神人协和，敷锡民福，风雨顺时，皆神休之所（阙文）功将告成，孰若文诸翠琰，以垂将来，不亦伟欤？"众（阙文）仆为记，仆叹曰："碌碌庸才，不工文藻，安敢施诸（阙文）其实迹以传不朽，奚用文为。"固辞弗克，遂摭其（阙文）

（阙文）至元三十年岁在癸巳八月甲申朔辛亥日

安西等处石局提领李泰刊

○三二　乡宁县城关村后土庙《后土庙重修记》

| 简介 |

《后土庙重修记》元元贞二年（1296）刊。碑高125厘米，宽76厘米，厚27厘米，笏头方趺，额篆"后土庙重修记"。后土庙位于山西省乡宁县昌宁镇城关村，现已不存。该碑现存柏山荀息大夫祠内。碑文载："城东北有后土圣母之祠，创建于亡金大定之初。地形高阜，庙貌雄伟，环列诸神之祠。醮台露砌，甬道、三门，无不完备。"此次重修，"实起功于元贞元年春首，功毕于是年之秋。楮倾剔蠹，革故鼎新，及修盖五岳、四渎、武安王之祠，补塑妆銮后土圣像，大小牌额，使邦人重祷于琳宫，尊圣像安居于宝殿"。碑言"醮台露砌"，露天砌就之醮台也。醮台亦称香台、露台等，为设供演剧之所，是神庙剧场之初始形态。（见胡聘之辑，《山右石刻丛编》卷二十八，清光绪二十七年刊本，江苏古籍出版社《历代碑志丛书》第十六册，1998年，第103～104页；冯俊杰等编著，《山西戏曲碑刻辑考》，中华书局，2002年，第76～81页；杜银安主编，《三晋石刻大全·临汾市乡宁县卷》，三晋出版社，2014年，第30～31页。）山西师范大学戏曲博物馆藏该碑拓片。

后土庙重修记

石匠龙门张伯达、郑信等刊
本县儒学教谕白贲撰
乡人费瑶书丹并题额

　　乡宁县邑，按《杜氏春秋》谓之鄂，晋纳翼侯于此，年逾百世，地方千里，邻三路而控五州，处高原而带十县，土厚人纯，地产名驹，岩生美□，洪炉至于磁窑铁冶，佳果美木，以之富民，以之利国，实古之名邑也。县初在鄂城西南三里许，值水患移于此。城东北有后土圣母之祠，创建于亡金大定之初，地形高阜，庙貌雄伟，环列诸神之祠，醮台露砌，甬道、三门无不完备。中有繁荫蔽日，虽酷暑而游人罢扇，乃官僚香火之场，真士庶祈祷之所。一旦兵尘所废，几为灰烬，止有正殿及武安王之祠。迨圣朝壬寅年，尝为翻盖，迄今五十余年，椽瓦崔嵬，垣墙圮毁，丹青剥落于莓苔，圣像不堪于风雨。至元三十年，遇甘棠邵侯来簿是邑，乃康节先生之裔也。赋性温雅，才器不凡，有兼善之心，每遇朔望行香，睹庙之颓隳，未尝不慨叹焉。一日置酒于庙亭，会众而言曰："予仕，路人也，任满而归。今此庙乃一方之奇观，如此荒凉，若一朝倒塌，弃千金不能有也。予欲假众力而重修，何如？"众皆允许。于是命邦人史秉等九人办其事。日经月营，不假威力，而庙复完。实起功于元贞元年春首，功毕于是年之秋。楷倾剔蠹，革故鼎新，及修盖五岳、四渎、武安王之祠，补塑妆銮后土圣像、大小牌额，使邦人重祷于琳宫，尊圣像安居于宝殿。前后庙宇，金碧焕耀，为之一新。经营既大，工价良多，非邵侯之丹恳，黔庶之扶持，其能是乎？噫！安得大手笔者书之琬琰，以诒于后。不期邵侯率诸邦人，征文于予，乃战栗而谢曰："为此文者，皆老师宿儒之作也。愚鄙鲁之甚，羞齿士人之列，实无才德，安敢为之？"其本官及邦人临门坚请者再四。既不获已，勉以愚见，聊序其所由，以待来者云。

元贞二年正月望日记

副功德主史秉　赵天锡　丁安　王章　刘珍　冀济　田祐　曹瑜　赵顺　任城务
都监张仲礼　　相副苗天泽　捏古歹
库子王庸
典史郭庭彦

县吏武珪　白思温　张昱　曹思敬

后土庙重修功德主乡宁县主簿兼尉兼管本县诸军奥鲁邵质立石

从仕郎乡宁县尹兼管本县诸军奥鲁兼劝农事牛天麟

保义校尉乡宁县达鲁花赤兼管本县诸军奥鲁兼劝农事脱脱赤

○三三 长治县五龙山五龙庙《重修五龙庙记》

| 简介 >

《重修五龙庙记》元元贞二年（1296）刊。五龙庙位于山西省长治县五龙山，为遗址复建。此碑现已不存。碑文记述了元贞元年对五龙庙内中门、舞榭、正殿、长廊等建筑的修缮。其中有"砌中门、舞榭"字样。此据光绪二十年刊本《长治县志》录入。（见光绪二十年刊本《长治县志》卷四《金石》，中国台湾成文出版社，1976年，第852～857页；王潞伟，《上党神庙剧场研究》，中国戏剧出版社，2016年，第89页。）

| 碑文 >

重修五龙庙记

上党县主簿兼尉兼管诸军奥鲁杜尧佐书丹

潞州学正程世文篆额

寰宇之内，茫茫禹迹，有山川则有水土，有水土则有人民，有人民则有城社，有城社则冥冥然有神明，赫赫然有师尹，各职其职。山川水土，雨风露雷，则神明主之，以征休咎；人民城社，礼乐刑政，则师尹主之，以敷教化。故能裁成天地之道，辅相天地之宜，以左右民，人神相资，理若影响。潞之东南距城二十有五里，有山曰五龙。环山皆长松，黛色参天，巍然森耸，拱岚锁翠，郁郁葱葱。上有龙祠，能兴云致雨，每遇旱干，有祷必应，前代封会应五龙王爵。庙貌深严，历代奉祀，居民香火，不特岁时。元贞改元，天下大熟，独本境高寒，雨鲜霜早，害于西成，民有饥色。又迫年例，远输之役，人情恟惧，道路嗷嗷，牒诵有司，稽延不报。适会侯公耀卿来知是州，下车之始，首劝农民勉种二麦，为明年计。仍即同僚共议曰："民惟邦本，食乃民天。食歉民饥，义当赈济，而复董远输，是在上弗及知也，我等亲临，安忍坐视。"遂与达鲁花赤小迷失径诣府庭伸恳，得免阖境远仓之输。百姓感悦，咸德二公。既而冬无积雪，将出土牛，公为之忧，而内自讼曰："旱干水溢，予乃知州，不得不任其责。"乃敬诣龙祠，密有所祷，神感其诚，翌日乃雪，相继沾足，除夜又复大作。元日贺正，扫阶拜舞，臣民同乐，望阙欢呼，春满四郊，滞积涌出，饥民获安举，欣欣然有喜色。公暨同僚诣祠报谢，乡民有不期而会者数十百人。礼毕，因遍历前后，顾瞻庙貌，悯其庭宇荒凉，门墙颓缺，风檐雨壁，毁瓦画镘，人所不堪，神何宁只。乃谓耆宿曰："神其能福汝等，汝等复能报神之贶，与我共兴此废乎？"众皆曰："诺。"于是首捐己俸，施及同僚属吏，部民皆悦而愿为之助，上下如一，不谋而同。命匠鸠工，有坏必葺。乃屏其刍牧，禁其樵苏。瓦其缭垣，石其阶砌；中门、舞榭，载起其楼；正殿、长廊悉完。所损神龙圣像，绘彩维新，望之俨然，尤壮丽于曩者也。厥功告成，岁则大熟，乡民咸相谓曰："尝闻神依人而致灵，人赖神以获福，人神感应，固不诬矣。岂若我等以守臣之德，蒙神明之惠，身亲见之可不记乎？"耆老韩广、董善忠等掫其实以请其文，且告且叹曰："是庙也，一方水旱之所系者也。官是州者非不多也，谒是庙者非不先也，游晏者非不屡也，祈祷者非不频也，向也盖自牲酒献斝而往者，岂复顾夫庙貌之狼藉也耶！今也祈则尽诚，报则尽礼，弊者复完，废者复起，感而遂通，所以致时和岁丰者也，愿刻诸石。"予谕之曰："善为政者，在公无不到之心，到手无不了之事，岂独庙乎？吾州起废补弊之务尚多，将见其绩举而皆毕之，自此为始，吾为汝记之。"

元贞二年九月二十日

中奉大夫前辽阳等处行尚书省知政事杨仁风记

○三四　阳城县刘家腰村北崦山白龙庙《重修显圣王庙记》

|简介〉

《重修显圣王庙记》元大德元年（1297）刊。碑高 186 厘米，宽 69 厘米，笏头方
趺，额篆"重修显圣王庙"。白龙庙位于山西省阳城县町店镇刘家腰村北崦山，碑存庙
内正殿前。碑末有附记一条，全文为："增村白龙庙四社重修，增村社同永安□家庄修
正献、二殿，舞楼撢玉，并压栏石柱、水池东壁具（俱）全。"（见延保全，《山西阳城
县北崦山白龙庙戏曲文物考论》，《中华戏曲》，1998 年第 24 辑；冯俊杰等编著，《山西
戏曲碑刻辑考》，中华书局，2002 年，第 81 ～ 85 页。）山西师范大学戏曲博物馆藏该碑
拓片。

|碑文〉

重修显圣王庙记

窃闻天道以元亨利贞之常而普济万类，龙德以雷霆风雨之化而泽被群生。然畀天地
一心，叶阴阳二气，故能应变无穷，神化周遍也。故《经》云："神得一以灵。"《易·系

阳城县刘家腰村北崦山白龙庙《重修显圣王庙记》拓本

辞》曰:“一阴一阳之谓道。”一者，乃道生冲和之一气，与物合同，古今不二也。厥初白龙显圣王庙兴于斯，历年久矣，乃山川之胜概，城邑之壮观。东据岩峰，西引白崖，析城山以具南瞻，仙翁岭接为北镇，四围映带，宜神所居。正谓山不在高，有神则名；水不在深，有龙则灵。爰自唐室天后世壬辰，改元长寿，神迹始托，祠宇肇兴。迨至前金泰和间，岁或旱暵，居人祈水恳祷者，获休应如影响。以至能小大，能幽明，白崖现像；或飞腾，或潜隐，灵沼示形。卣是观之，则灾害不至，里社修祠；膏泽荐臻，朝廷封赐。封赐之节，皆载诸史册；灵应之迹，观其前代所立之碑，昭然可见矣。迄今大元开创天下以来，居民如旧祈取圣水，旱祷则应。每岁维夏，四方士庶畏神之威，香财箫鼓，牲肥酒香，往而祀者今昔一同。然庙貌积年，上雨旁风，弊漏几毁，楹腐而亭欹，甓坏而池隳，非无相率而起废者，盖时有先后尔。至元贞二年丙申岁上元日，有增村社郭□等，于本庙供奉灯烛。翌日再诣庙内，焚香拜谢，收取其所陈盏器，内一连几案，担动弗克得离。于是儆其社众，届三月清明日，皆来祈祷，百请不起。众再祝白:“如此灵异，必欲复修斯庙乎！然经费浩大，非众难成，可赖尊神随社缘化否？”语毕，或闻盏器琤然，似然所请，取之随手，略无痕迹。自后社众析而为四，于各社随缘抄施，所至之处，舍财施利者风应云合。既而鸠材命工，虽备而财不匮；仝心协力，虽动而用不劳。凡为工役者，稍有怠嫚（慢），或见缟色钜蛇于工役所蟠屈翘首，如董厥功。工众悚惧，不复嫚（慢）易，即化而不见。如此儆寤者非一。自元贞二年春经始，至大德元年丁酉夏告成。正、献二殿榱桷翚飞，池、舞两庭檐楹轮奂，压栏、楹柱、池甓，悉更之以石。期年之间，刮目一新，何成效之速耶？盖因民仰其兴云雷，苏农望，施霖雨，垦民生，民重其祠，永其祀，而报其功；又足以见应变无穷，神化周遍，济斯民功德之大故也。初夏越八日，四社纠首，增村众社，义城□、丁店□、大宁郭等，来谒予为记。仆应之曰:“知化则善述其事，穷神则善继其志。予生平闻识寡浅，思致平凡，于此辞命，则不能也。”众皆曰:“缘去岁神灵显化，遍动诸社，今功告毕，恐后世无闻，但纪其实，请毋拒焉。”固辞不免，曰:“予何人哉，讵敢违命！”于是乎谨斋戒以罄鄙诚，率旧章以接闻见，故举其始末而详言之，刻诸翠琰，庶传永久。因系之以辞曰:

大哉乾元，体至中正。惟龙至神，上下无定。德合两仪，灵助万乘。将大有为，若合符应。唐室正治，神或象垂。欲福斯地，宅其所宜。废兴有由，否泰有时。民闻灵异，见义皆为。工者谨昚（慎），役者欢乐。营葺殿庭，翼飞错落。礼容庶羞，奠酹清酌。雨我公私，旱不为虐。润色未遑，来哲激昂。神明昭应，岁获丰穰。辅我皇元，福祚无疆。千秋万祀，庶将来不或忘。

大德元年五月朔日立

翼城县石匠马赟刊

增村白龙庙四社重修　增村社同永安□家庄修正献、二殿，舞楼撼玉，并压栏石柱、水池东壁具（俱）全。

○三五　芮城县芮王庙《芮王庙记》

| 简介 >

　　《芮王庙记》元大德元年（1297）刊。芮王庙位于山西省芮城县学张乡麻园村，现已不存。碑亦不存。碑文据胡聘之辑《山右石刻丛编》卷二十八移录。原注："碑连额高六尺一寸五分，广二尺四寸六分，二十四行，行五十六字，正书，额题四字，篆书。今在芮城县西十五里。"碑文记述了芮王及其庙之历史。其中"门楼高敞，献有殿，舞有庭，戏有台，与夫左廊右庑，塑像焕然"，则提及戏台、舞庭。（见胡聘之辑，《山右石刻丛编》卷二十八，清光绪二十七年刊本，江苏古籍出版社，《历代碑志丛书》第十六册，1998年，第103～104页。）

芮王庙记

前进士水谷何南卿东夫撰

云泽刘大节篆额

从仕郎宁夏府路同知灵州事樊彦书

　　尝闻鸢飞戾天，影流于庭，燕人以为雁，越人以为鸩，非视之不精，势之相去远而然也。今芮城西十五里枕崇冈，有芮王庙焉。考之载籍，芮君之实虽千载之上，可得而推尔。芮者，古初以草著名，故有芮氏焉。蔓延而有芮国也。当殷纣昏暴，虞芮二君争田，久而不平。时周文王为西伯，修德行善，二君曰："国无明断，西伯仁人也，盍往质焉？"入其境，行者让路，耕者让畔。入其邑，斑白不提□，男女异路。入其朝，□让为大夫，大夫让为卿。二君相谓曰："吾之所争，周人所耻。"退乃相让，弃为闲田。天下诸侯闻之，翕然归周者四十余国，是为文王受命元年也。芮本圻内锡封之土，乃食采之邑，故芮伯世为周之卿士，非特一人而已。巢伯来朝，作《旅巢命》，时则在武王；与六卿同受顾命，时则在成王；作《桑柔》诗以戒贪残，时则在厉王；与虢仲同□曲沃，时则在桓王。前后凡屡见之。所该者，四百余年。陆德明谓"非同姓不封"，姬姓也明矣。后世□以芮封国公号焉，矧伯而称王，律之以《春秋》之□，岂不如秦楚之僭？然卒则书名，葬则加号，亦《春秋》之书法。历代益远，中间岂无徽号之锡？按端拱、明昌二碑，皆谓古史称之为王，彼必有所据而□也。以是观之，疑者冰释。鲁桓公三年，芮伯出居魏，芮更立君。四年秋，秦师侵芮，反为芮所败。秦不胜其忿，其冬请王师凡九军，共围魏，是时周王之六军按兵不动。人不忘其德，为之立祠，抵今而存。况我芮君，昔以推让，天下感而宗周，作为式榖，民人皆被其泽，宜乎没世而祀之，礼所当然。是故转秦历汉，越唐跨宋，迄今而庙貌愈崇者，有由也。正殿榜曰"桑柔赉荫之殿"。赉者，以其能光晔于四境；荫者，以其能覆护于群生。冠以"桑柔"者，义取芮良夫之义也。门楼高敞，献有殿，舞有庭，戏有台，与夫左廊右庑，塑像焕然。梁开平初有朝旨，再立祠宇。周显德间敕命，又加重修。宋端拱□诏毁天下淫祠，此庙不废，以谓设古帝王之像故也。每岁清明、中秋，享祀不忒。旧崇奉香火之社者，凡十有一，独故任存而不改，余皆窜易其名。日月逾迈，修毁不一，孰能缕数之邪？后自古城庙迁于此地，止用五社之力焉。夫民者神之主也，神本依人而行，果能祭之如在，何而不灵？可以占年而祈谷，可以请雨而乞晴，可以禳灾而祷嗣，此皆神之所司也。民和而岁丰，神降之以景福，如影响之应形声，谆谆乎毫厘之不差。若夫仗剑现宋帝之宫，霖雨退西狄之寇，活焦枯之稼而殿重兴，救张弟之厄而露台建，此自有石碣具存，不复赘云。

大元大德元年岁次丁酉秋七月中元日

百户郝翔　王祐　张全　吕瑄　并阖社人等立石

管领芮城河东等县蒙古军马奥鲁官牙哥

儒学教谕程元吉

典史秦忠

芮城县主簿兼尉兼管诸军奥鲁李诚

敦武校尉芮城县尹兼管诸军奥鲁劝农事郭在

敦武校尉芮城县达鲁花赤兼管诸军奥鲁劝农事□□□□□安西府等处采石提领天平马通并男彦温刊

○三六　吉县南柯楗村后土庙《重修后土庙记》

| 简介 ⟩

《重修后土庙记》元大德七年（1303）刊。碑高 255 厘米，宽 75 厘米，厚 15 厘米，笏首，碑阳额正书"重修后土庙记"，碑阴额题"碑阴"。后土庙位于山西省吉县中垛乡南柯楗村，碑存庙内。碑阳记述了重修后土庙的缘由及过程。碑阴则记录了此次重修中的各位功德主。碑阴中记载："正殿五间四椽，五部栱枓，左右神祇。庙宇、舞庭并三门□旧完备。"（见樊晓君，《吉县南柯楗村后土庙舞楼及戏碑考》，《中华戏曲》，2016 年第 53 辑；冯吉平、阎雅梅主编，《三晋石刻大全》（临汾市吉县卷），三晋出版社，2017 年，第 60 ～ 63 页。）

| 碑文 ⟩

重修后土庙记

登仕郎吉州判官张撰

大平县北李村石匠□□□刊

　　窃以人君之于天下也，封泰山以告成，禅梁父而报本，告成于天，报本于地，古

吉县南柯樾村后土庙《重修后土庙记》碑阴拓本

吉县南柯樘村后土庙《重修后土庙记》碑阳拓本

今之通制也。《礼》曰："能御大灾则祀之，能捍大患则祀之。"伏惟后土之神，遵考旧典，昔在共工氏□芳裔也。是时敷政九州，克平水土，灾患既御，黎民底绥，是以后世□德报本，春秋二戊配社致祭焉。又闻乾称父，坤称□，后土之祇乃皇天之配，载负山河，蓄□□□，博施济众，德厚功隆，尤甚于平水土也，宜乎普天率土，绘像守庙而禋祭之。粤自后汉武帝元鼎四年，立后土祀于冀□汾阴之上。是岁六月，上因巡祭，得宝鼎于祠旁，帝嘉之，荐见宗庙，作宝鼎之歌，颁行诏旨，以彰有德。盖以人君诚敬，降之奇祥佳瑞，岂非神□验欤！□□国有家者，尚欲躬亲谒祭，况于凡民乎！今之□□鄙夫，不究其本，劳役肢体，匮竭资财，构不急之淫祠，荐无名之神鬼，妄求妖怪，以保全安，滋惑甚矣。□孔子所谓"非其鬼而祭之，谄也"，复何补益哉。恭惟后土，□附祀典，可谓正神矣。顾兹吉郡之南楒何村之经界，高峰崒崒，乔木阴森，中有亘古后土神灵之祠，丹青剥落，庙貌攲倾，梁摧而蛛蛛腾空，瓦解而鸳鸯失序。乡人云集，共捐白璧之资；梓匠鸠呼，咸构丹霄之殿。不逾期月，厥工告成。正寝、廊□、圣仪、铅饰，粲然一新，可谓荣河祖庙之行宫也。非天人赞叶，岂能如是乎！使土居之民，不失瞻企，或雷雨愆时，祈禳休咎，得尽申告之情也。每岁至于暮春□风光胜丽，花卉争妍，乡遂邻□，携酒献牲，因之祭而欢呼，乘其间而游赏，绮罗□错，箫□沸天，群英毕至，少长咸集，虽会稽、山阴之娱不过此也。一日，耆旧和等，惠然而来，悉诣州廨，跪而言曰："弊村后土之祠，摧圮岁久，营缮既完，第恐风雨浸渍，将来复致零替，使之不夯□□□□□□以俟后人相胥继踵，革故鼎新，绵绵不朽，是所愿望。"郡官允许，极□善□而求文于予。予虽不敏，敢逃鄙俗之讥诮耳。铭曰：

大哉后土，上配仓旻。涵育万物，拯济斯民。

□□□□，□□□□。□□四海，如拱北辰。

生民被厄，如问迷津。殿宇倾□，革故惟新。

□□萧索，瑞霭氤氲。阴阳不□，□□□□。

□□致祭，黎庶谆谆。□□□□，阖境无伦。

山水秀□，地僻民□。沃土辟垦，黍稷盈囷。

守分安业，□□□□。耕者让畔，和光同□。

□□□□，□□昏晨。童子怀惠，野雉来驯。

庶几君子，文质彬彬。跻入寿域，附凤□麟。

善哉风化，安可沉□。□□□□，□□□□。

州吏李涣　武珪　张昱　尚思敬　张□谦　郭从善

吉州吏目王

登仕郎吉州判官张

承事郎吉州同知事□

奉政大夫吉州知州兼管诸军（阙文）

武略将军吉州达鲁花赤兼管（阙文）

大元大德七年岁次癸卯孟（阙文）

| 碑阴 ▷

后土（阙文）　本州前安定县主（阙文）

盖闻为造化之功者，乾坤莫大；报生□之德者，宗庙无如。夫惟后土之祇，是乃皇天之配，载山河而不重，利品物以咸亨；实应地以无疆，终丧朋而有庆；孰测舍弘之量，难明博厚之诚。茂绩□兹，明禋可废？窃见彼槛何村之佳处，有大宁殿之故基，欲效力以重修，奈无金而可办。仰群贤之毕赞，庶胜事之能兴。凡预同盟，请题芳号。谨疏：

一　修庙宇间数、地亩、四至

正殿五间四椽，五部栱枓，左右神祇。庙宇、舞庭并三门□旧完备。计庙地八亩□□。东至大道，西至刘宣差、崔万，南至柴润，北至刘宣差。四至分明。内常吉施路台地一亩七分。

一　众社人等

本村柴和布施钞两定

维那头众社下人柴英　郑信　李彦　崔和　柴贵　刘清　郑□　王玉　王英　常吉柴清　王璘　崔宝　柴润　崔万　费海　刘兴　贾秀　柴喜　柴敬　强信　张庆　王泽安元　费进　白进　白玉　白荣　关才　白颜　柴坚　郑禄　安进　柴彦　关山　张千崔美　关三　白润　强进　李思温　贾成　柴和　柴安

本村朱贵、长男朱思义布施牛一只，钞定半

本村刘宣差、孙男刘思恭、贤孙刘彦挥布施庙地三亩

本村常庆、侄男常添布施马一匹，计钞十定

一　本村施钞人等

李宽钞十二两　柴广钞八两又五两　柴美钞十五两　崔安童钞十二两　刘贵钞
□□□

一　外村施钞人等

北落村寄住人马宽甫施钞七定　文显施钞二定

内阳社张恭施金盆一个

曹判村崔彦施马一匹

杏駈村赵珪施牛一只

西盈村安海　强进　强顺　强彦

神祇村乔全

吉州在城张义　张三

柏封村郭社长　强大

安平村庚和　贺兴　庚信　庚智　□海　强美　赵千

至顺村陈里正

南平村毛进　王信　刘义　杜庆　毛四　毛世荣　燕大夫

白项村白春　白四　宁才

峇家岭张兴

南章村贺义　李彦　王恩　王顺　张伯川　杜忠

要西峇四

下叠村刘全　李全　强玉　高二

上叠村穆选

维那头八名崔善　费进　安□　郑润　李仁　柴富　柴宽　刘温

助功人张荣　王□　柴□　王千

施碑身碑座人南章村任美等　　小青村冯珍　冯仁等

大元大德七年岁次癸卯四月初二日庚申立碑记

〇三七　高平市张庄村轩辕庙《轩辕庙题记》

| 简介 ⟩

　　《轩辕庙题记》元至大三年（1310）后刊。碑高 35 厘米，宽 45 厘米。轩辕庙位于山西省高平市城区南城街道办事处张庄村，碑存庙内。题记叙述本里殷姓善士修缮轩辕庙内殿宇等情况，其中有"正殿三间"，院"中有舞楼二间"。（见常书铭主编，《三晋石刻大全·晋城市高平市卷》，三晋出版社，2011 年，第 67 页；王潞伟，《上党神庙剧场研究》，中国戏剧出版社，2016 年，第 90 ～ 91 页。）

| 碑文 ⟩

轩辕庙题记

　　至大三年，社□殷朝进重修。至今年远，风雨淋落踈朽，圣像有崩摧之状，朔望失观瞻之礼。本里寿官殷子名者，其□人则尚有全美之意，生男殷大宽等七人，孙殷腾汉等一十四人，重孙二人。况祖继孙承，世之空有。又况衣食丰美，金帛绵绵。倏峯一善，特发诚心，纠合家眷，同共舍财。市备□植砖瓦，拜各色工资匠价，尽系独备。其构正殿三间，东西斜殿各二间。前有五道殿二间，广禅侯殿二间。中有舞楼二间，三门三间，并两廊房，裹角俱各完备。既以落成，刻竣于石，永传不朽为记。

　　时□□国（阙文）立石　高智錂

○三八　渑池县昭济侯庙《重修昭济侯献殿舞亭记》

| 简介 >

《重修昭济侯献殿舞亭记》元至大三年（1310）刊。昭济侯庙位于河南省渑池县，现已不存。碑亦不存。碑文记述了茹义成重修昭济侯庙献殿舞亭之事。此据民国十七年《渑池县志》石印本录入。（见《中国地方志集成·河南府县志辑》第六十六册，民国十七年《渑池县志》石印本，上海书店、巴蜀书社、江苏古籍出版社，2013年，第671～672页。）

| 碑文 >

重修昭济侯献殿舞亭记

雷豫教谕

韶峰之巅有雷公昭济侯庙，庙南古有献殿，仅余故基。五里川社长茹义成重构殿亭，以备拜享，既而落成，欲纪于石，命子茹春介邑士上官辅之，款余为记。豫谢不敏，众佥曰："子于邑，师席有年，每祈于神，躬诣祠潭者屡矣。闻而书之，不若见而书之者为审，无以为辞。"豫曰："豫居沮十八年，莫知雷公之因。名正则言顺，可得闻乎？"众曰："考其所由，未详何代。世传清泰之朝，因济雒都旱，敕封曰'昭济侯'。侯之德泽，以福是邦，亦已久矣。"予曰："兹乃封侯之迹，非名也。豫闻多知曰：雷乃天地二气相和，阴阳相击而成也，故神为天地之子。汉光武建武九年，封为雷伯。余尝涉诸典谟，唯《易经》八卦以震为雷。雷之为道，司天地之威刑，为风雨之总帅，主发泄乎阴阳。以是推之，自有天地，然后有日月；有日月，然后有雷雨，各从其类。观乎《象》辞：'雷雨之动满盈'，天地解而雷雨作，其义然耳。谓如尝岁，自仲春发声之始，当萌生起蛰之仁，鼓滋稼粒民之德。及风雨沛行之际，凡尔群黎，未有不闻乎威灵也。旱而致祷，每施霈泽，风雨雷电，威益赫然。世称曰雷公，亶其然乎？"众皆曰："唯。"予忆大德五年，春夏不雨，邑尹马征仕斋沐诣祠，冒暑恳祝。即夕，云霭山麓，甘澍普沾。余辈信宿廊下，俟雨稍霁，徙尹步蹑遥岑，投峡扪崖，并流穿洞，方造灵潭，悚临潭侧，两崖相拱，上彻云霄，下极渊水，湛碧黯然，信为神龙幽潜之窟也。乃小求勺水，冒雨还邑，雩祭三日，余复偕往，送水及山，霖雨又倾。若非马尹祷之精诚，曷能感侯之昭应若此迅速也耶。近岁邑簿赵将仕贰政之初，终夏苦旱，公亲备牲牢祭祠下，不衍三日，膏泽下民。自是每逢暵旱，屡祷弗违。钦哉我侯，居叠嶂邃谷间，其能滋苗沃旱，易俭为丰，特嘘吸之顷。度其神功莫测，与天地司其雨泽，胡敢妄祈而渎亵者乎？神之灵应若此，莫可得而缕数也。簿乃崇其昭应，于正殿之左，创建三官圣堂、斋厨之室。凡为祈祷，首自天地，祷及于神，循理于顺，妥侯以宁，神仪侍容，罔不毕备。继而宣差不花，钦崇灵贶，孚惠群黎，亦迪虔诚，绘图双壁。噫！诸公之志，敬仰于神，果其诚乎？余因拜享祠下，观其殿亭巍然壮丽，诘问茹公一里人也，方其经管，儆工募役，运水登山，不惮心力，众资勿敷，唯于家给，沨境之人，若公者难矣。自今而后，俾四方祈祷之人，登斯殿亭，挹崤函之风景，极洛谷之云烟，庙貌恢宏，画图天然，诚沨境之甲观也。神人宁无胥乐于心乎？众皆曰："善。"豫曰："然则请书此而为之记。"

〇三九　长子县房头村灵湫庙《重修灵湫庙记》

| 简介 >

《重修灵湫庙记》元皇庆元年（1312）刊。残碑高 64 厘米，宽 64.5 厘米，厚 26.5
厘米。灵湫庙位于山西省长子县房头村。该碑现存庙内，为平行四边形残碑。碑文记述
了灵湫庙的来历、北宋政和元年获敕庙号的经过，以及在县尹赵公良号召下重修灵湫庙
之事。碑文中有"正殿五楹""五（舞）楼三楹"之记载。光绪八年《长子县志》卷七
收录全文。（见《中国地方志集成·山西府县志辑》第八册，凤凰出版社、上海书店、
巴蜀书社，2005 年，第 315 页；申修福主编，《三晋石刻大全·长治市长子县卷》，三晋
出版社，2013 年，第 71 页；王潞伟，《上党神庙剧场研究》，中国戏剧出版社，2016 年，
第 91 页。）

| 碑文 >

重修灵湫庙记

粵闻圣人云："鬼神之为德，其盛矣乎！"视之而弗见，听之而弗闻，体物而不可

长子县房头村灵湫庙《重修灵湫庙记》残碑拓本

遗，所谓干事之诚也。况我灵湫大神，乃赤帝之嫡女也。按《山海经》云："精卫衔木石，以填东溟，化为灵异之鸟。"此其因也。唯序《列仙传》云："其神师侍赤松之仙，受服水玉，乃获长生久视□神不死之道，而得飞升，永镇其灵源也。"始自政和辛卯夏四月，元阳为沴，邑令王大定祷之而雨，以其状闻奏前朝，乞赐庙号，敕曰"灵湫"。大建祠宇于发鸠山之左。历代致祭，民以为常。至国朝大德癸卯岁，天地不位，方舆震动，梁栋倾圮，盖十有八九者，绝曩日之丕观，良可悯也！况将仕赵公良，自大德九年二月内是赴任之日也。越明年夏五月，亢极不雨，苗则槁矣，秋种不下，民坠涂炭，庶几无所告。公恳然为念，不遑将处，而访居民及耆旧有德者宜祷在境何神。众民咸举皆以灵湫三圣公主行殿下可祷。公敬斋戒沐浴，更五日，而及四日应时，大垂滂霈，阖境沾足，室家相庆，而赞将仕之德至美者也。惟历任三载之间，祈祷无不响应。公异日就于神之本庙下，敬行香火间，对乡社耆老等询谋，金同而言曰："于斯庙貌，昔因地震，丹青剥落，基址颓毁，垣墉不完，圣像泯然，而衣冠不鲜之甚者也。"公恳为一愿，念昔在任之日，欲葺其事，公务烦冗弗能及也。于今任满得代，祗受敕命再除河间路知事，欲之，尚有神愿未毕，弗敢弃而去也。惟处官之闲暇，而力甚乏，虽出其家泉以给其费，奈独能成此巨采而已矣！尚赖邑侯众公，同心叶力，助翼其事。起于岁之夏初而毕之季秋也。复饰正殿五楹四檐，有加其轮奂，圣像绘塑，金碧灿然。暨五（舞）楼三楹，创作青琐，施以五彩，是公心所造之妙也。至于殿宇飞翚之状（壮）丽，腾蛟起凤，而门暨牖，悉涂以丹雘。惟庙之内外，规仪完具，无纤翳之尘垢，尔虽前朝创建，弗可及也。岁在皇庆元载孟冬上旬有四日，邑教谕王谦亨记并书及篆额。

进义校尉晋宁路长子县主簿兰英

征事郎（阙文）

承事郎晋宁路长子县尹兼管本县诸军奥鲁劝农事任鼎

敦武校尉晋宁路前长子县达鲁花赤兼管本县诸军奥鲁劝农事兀都蛮

忠翊校尉晋宁路长子县达鲁花赤兼管本县诸军奥鲁劝农事八都儿

〇四〇　壶关县北黄村龙王庙《重修龙王庙记》

|简介〉

　　《重修龙王庙记》元延祐二年（1315）刊。碑高 80 厘米，宽 110 厘米，壁碑，青石质。龙王庙位于山西省壶关县辛村乡北皇村，碑存龙王庙正殿内。碑文记述了关瑭、马亨、苗忠三人同心协力重修龙王庙之事，碑附捐财施物之助缘人姓名百余人，其中有"舞楼维那刘信、牛实、马忠"的记载。（见段建宏，《上党古戏台的时空分析》，《长治学院学报》，2009 年第 26 卷第 3 期，系首次公布全文；张平和主编，《三晋石刻大全·长治市壶关县卷》，三晋出版社，2014 年，第 30 ~ 31 页；王潞伟，《上党神庙剧场研究》，中国戏剧出版社，2016 年，第 91 ~ 92 页。）

|碑文〉

重修龙王庙记

石匠黄山王赟　董元刊

　　夫龙王者，神其正直而威灵，实宜实绘；庙或衰倾而缺坏，以经以营。从来祠宇，

壶关县北黄村龙王庙《重修龙王庙记》拓本

爰在郊关，系先人于宋绍圣三年创立庙貌，迨我大元国朝圣躬诏旨，载在祀典者，岁时享祭。有北黄马兴鸠工集木，重修正殿，厥后维那苗兴上加瓦甓，檐饰丹青。是日，本村耆艾人等至诣瞻仰，关瑭、马亨、苗忠相谓曰：上有金碧檐楹，下无砖石基址，若不共成，往废斯事。三人协意同心，命工成造砖石，经营一载，厥绩乃成。请予，固不敢辞，斐然直书其事，姑记岁月云耳。时延祐乙卯孟夏望日，本县阴阳教谕王天义谨题。

舞楼维那刘信　牛实　马忠

基址维那关瑭　马亨　苗忠

助缘人金山寺福顺　　社长苗温　关旺　关整　牛成　马温　马潮　任才　关瑄　关迁　关坚　苗福　苗贵　苗坦　马金　郭甫　郭旺　马信　马德　马玉　牛荣　马瑄　张潮　关显　张琼　关十一　关用　苗全　苗恭　苗迁　苗添　苗玉　苗万　马贵　马展　张川　小张大　关琼　关玉　关俊　张温　张三　关潮　关美　关德　郭忠　马政　张福　马安　牛琼　马小大　马海　苗瑭　马大　刘原　刘四　张二　关直　关万奴　关大　苗边　郭福　马义　马福　马定　马唐　马换　马七　牛全　赵大　马颜　马甤

砖匠南黄路敬

○四一　襄汾县崇山卧龙祠《重修卧龙祠记》

| 简介 ▷

　　《重修卧龙祠记》元延祐三年（1316）刊。卧龙祠位于山西省襄汾县陶寺乡塔儿山，现已不存。碑亦不存。碑文据胡聘之辑《山右石刻丛编》卷三十一移录。原注曰："碑连额高三尺五寸五分，广二尺三寸五分，十九行，行二十八字，额题六字，均正书，今在襄陵县。"碑额为"重修卧龙祠记"。碑文记述了元大德七年地震之后，诸位善士重修卧龙祠之事。碑文中提及修建乐亭之事。（见胡聘之辑，《山右石刻丛编》卷三十一，清光绪二十七年刊本，江苏古籍出版社，《历代碑志丛书》第十六册，1998 年，第 184 ～ 185页；冯俊杰等编著，《山西戏曲碑刻辑考》，中华书局，2002 年，第 91 ～ 94 页。）

| 碑文 ▷

重修卧龙祠记

　　风雨时而年谷登，此有国之上瑞，生民之至愿也。奈天人气同，刑政攸宜，则阴阳弗戾。人疾痛则呼父母，穷极则依神祇。方雨泽愆期，苗槁而种不入，当□是时也，君不能禁其民之流离，父不能恤其子之冻馁，则相率而乞怜于山泽之神，谓神祇"我之君父"也。安知上下之悬，幽明之异，□□亲若咫尺，诚意一格，死者苏，生者畅，祠而奉之，殆非淫且谄也。维崇山卧龙行祠，值大德辛卯□，郡邑屋无孑遗，此独赚其左右腋。议缔构之，蔑有唱率者。张相里李忠、李信、杨泽、赵瑞，安李里张和，南张里张寅，管老刘诚，慨然曰："进止一言，何浮沉岁月为！"遂奔走阖境，延耆旧，谕："卧龙神明，占雨者以是为准。山或无云，虽阴不雨，犹洞、赵之取信霍岳也。且千金之子，尚焕厥栖，吾徒居安食饱，岁时一奉香火之虔，曾否视祠宇之陋乎！"座上莫不壮之，且坚厥志，各探囊中有以助，至五千余缗。讫功，而积犹有□傍周乐亭之未逮者。于以见天下无不可成之事，无不可动之众，顾义之与志何如耳。今我民待食以生，我稼待雨以茂，为之宫室之杰，牲醪之洁，丝竹之节，固未足答神惠，其于义则宜也。愿文其实，予因作迎送二章，俾侑奠云。其迎神辞曰：

坎坎兮鼓鼖，□长簫兮风凄凄。我之疾痛兮，□君父焉依。疾蠲痛释兮，非神孰贻。神之未降兮，我心孔悲。神之降止兮，毋遄其归。

其送神辞曰：

风和雨时，神意愉愉。云车俨驾兮，雷电先驱。□自东及西兮，浓绿万区。神之福我兮，终始弗逾。我之奉神兮，神其灼诸。

延祐三年五月　日

蒙溪后人寓堂张思敬撰并书

东秦卫宁刊

○四二 芮城县岱岳庙《岱岳庙创建香台记》

|简介〉

《岱岳庙创建香台记》元延祐五年（1318）刊。碑高50厘米，宽50厘米，方形壁碑。岱岳庙位于山西省芮城县东，现已不存。该碑现存芮城县博物馆。碑文载："夫岱岳行宫，置诸芮邑之东，雄建魏宫之左。殿宇廊庑，献台舞庭，庙貌之设昔皆备具，惟香台阙焉。里人王玉、张仲琇，谨启丹诚，同成胜事，窑爨成砖，命工磋砌，经营尤谨，不日而成"。（见《中国戏曲志》（山西卷），文化艺术出版社，1990年，第563页，列表简介；车文明，《露台的兴衰》，中国台湾《民俗曲艺》1996年第99期，详述，并附碑文；冯俊杰等编著，《山西戏曲碑刻辑考》，中华书局，2002年，第95～97页。）山西师范大学戏曲博物馆藏该碑拓片。

|碑文〉

岱岳庙创建香台记

□□侠书

伏以人仰神而降福，谨恳虔诚；□托间以为灵，必获阴佑。夫岱岳行宫，置诸芮

芮城县岱岳庙《岱岳庙创建香台记》

邑之东，雄建魏宫之左。殿宇廊庑，献台舞庭，庙貌之设昔皆备具，惟香台阙焉。里人王玉、张仲琇，谨启丹诚，同成胜事，窑爨成砖，命工磋砌，经营尤谨，不日而成。呜呼！斯台既立，若不刻诸寸石以记其岁月，将来湮泯，无以光前启远者焉。古芮云泉刘仪谨志。

大元延祐五年岁次戊午秋七月晦日

　　□主本城王玉　　城南张仲琇立石

　　住持经士赵德谦

　　施石李□

　　砌匠虞乡尉杲　　洛京刘庭□刊

○四三　洪洞县广胜寺镇明应王庙《重修明应王殿之碑》

《重修明应王殿之碑》元延祐六年（1319）刊。碑通高 288 厘米，碑身宽 71 厘米，厚 33 厘米，螭首龟趺，额篆"重修明应王殿之碑"；碑阴额题"助缘题名之记"，碑题同额题。明应王庙位于山西省洪洞县广胜寺镇。该碑现存明应王殿前檐廊东侧。碑文详细记载了元代水神庙赛社演剧之盛况，价值极高。"询之故老，每岁三月中旬八日，居民以令节为期，适当群卉含英，彝伦攸叙时也。远而城镇，近而村落，贵者以轮蹄，下者以杖屦，挈妻子、舆老羸而至者，可胜既（概）哉！争以酒肴香纸聊答神惠。而两渠资助乐艺，牲币献礼，相与娱乐数日，极其厌饫，而后顾瞻恋恋，犹忘归也。此则习以为常。"（见刘念兹，《元杂剧演出形式的几点初步看法》，《戏曲研究》，1957 年第 2 期；冯俊杰等编著，《山西戏曲碑刻辑考》，中华书局，2002 年，第 97 ～ 100 页。）山西师范大学戏曲博物馆藏该碑拓片。

洪洞县广胜寺镇明应王庙《重修明应王殿之碑》拓本

重修明应王殿之碑

承事郎晋宁路赵城县尹兼管本县诸军奥鲁劝农事王刺哈刺撰并书
将仕郎晋宁路赵城县主簿崔友闻题额
本县孔村下郭信男郭玟瑛刊

赵城之为邑，其来尚矣。斯东有山，巉岩积而能大，峻而能乔者，霍岳也。其下有波汹涌，挠之不浑，用之不竭者，霍泉也。山之兴宝藏，育品物，主中之镇，崇德应灵，王爵褒封，皇帝遣使，岁时致祭，壮国阜民，兴云泄雨，非南山有台、有莱，兴乐贤之比，实能为邦家立太平之基矣。夫泉之始，渠曰南北二霍，而所由来者有渐也。其大如天如渊，泛涛不舍乎昼夜，溉田何啻乎亿余，济民岂不溥博者？兴而觱沸流淇，浸彼苞稂，奚又同时而语耶？南北二渠，七之而三，土人相传，此例比定，尝经朝庭争理数年而后已，见有丰碑在县可考。定其陡门、夹口、堤堰，设其渠长、沟头、水巡，俾富豪强不敢恣其情，次上中下乃得节其便。岁中值霖雨涨溢，防埂缺坏，验民之富贫，役力之多寡，即塞实之。颇有少缓而堕者，科罚无虚示也。而旧立条款，斑斑若日星，又谁敢增减一字哉！泉之北，古建大刹精蓝，揭名曰"广胜"，不虚誉耳。视其佳丽绝秀，非大雄能棲此乎？殿廊斋舍，仅可百楹，僧行称是，世祖薛禅皇帝御容、佛之舍利、恩赐藏经在焉，乃为皇家祝寿之所由。右松杉怪异，花竹参差，左山色重重，前水声沥沥，砌重而基峻，画栋含烟，珠箔蔽日，璘珣鸳瓦，璨烂龙文，金碧著乎榱题，镂雕鲜乎科栱，重檐翚而飞、直如棘者，明应王殿也。度其境，真降神之乡；语其方，尽祈福之地。惟王济黎元之利大也，非宫不可居；报家国之功深也，非王不可爵，钟其山名水秀，必如是而后得庶几也。询之故老，每岁三月中旬八日，居民以令节为期，适当群卉含英，彝伦攸叙时也。远而城镇，近而村落，贵者以轮蹄，下者以杖屦，挈妻子、舆老羸而至者，可胜既（概）哉！争以酒肴香纸聊答神惠。而两渠资助乐艺，牲币献礼，相与娱乐数日，极其厌饫，而后顾瞻恋恋，犹忘归也。此则习以为常。佥曰："古今之胜游嘉赏，根其人心所同然，设以厉禁莫能也。"此与"神之格思，不可度思，矧可斁思"不侔矣。缘其旧殿宇门廊像绘尤备，不幸至大德七年八月初六日夜地震，河东本县尤重，靡有子遗。《书》云："火炎昆岗，玉石俱焚。"奚尝有二哉！上下渠堰陷坏，水不得通流。当年十一月，渠长廊下郭髦，告蒙本路总管府，差委霍州倅李承务、县尹刘承事董其役，开淘依旧浇灌。至大德九年秋，本路万僧都宣差祀香，省会渠长史珪并本县官，将殿即便重盖。县委主簿申公提调，珪与南霍杜玉、胡福渠长鸠工，各量使水村分计置修造，富有者施财，贫薄者出力，创起正殿木装。始经营之也，时有寺僧聚提点亦尝施工，继而刘思直塑像结瓦，郭景信造门成趣。至延祐六年，渠长高仲信募工，殿内砌□造沙壁完备。南霍渠长王显、许亨同心津助，及山之僧妙潜添力赞成其事，焕然为之一新。谤者杜其万口，仲信切思之，曰："从草创讨论、修饰润色者，非出一手，恐久而湮没，刊诸金石，以寿其传，庶有激劝于将来。"府吏段士良屡注意，于是一日率老而德者史珪、郭景文、郭翊、高仲实、石克明、翟天锡、天宁宫提点赵思玄等，踵门求记于予。予辞之曰："吾家本东鲁泰山农业，滥得尹是邑，已及半任，殊无异政膏泽加民，于治体兼无小补，常有愧于同列。始习译字，不解作文。"恳至于再，聊采所见，故书之。仍系之以铭云：

惟中之镇，其山曰霍。德泽所生，养物溥博。岳麓涌泉，浩浩其渊。兴我国利，溉我民田。为浆愈疾，蕴秀含灵。岁时致祭，黍稷非馨。尽水之达，往古来今。地非爱宝，胜布兼金。相彼巨泉，非浊即清。远沾品类，大慰群生。兴于明时，摧于地震。殿宇以空，不余煨烬。前人草创，后继润色。一手难成，众皆竭力。大殿重檐，金翠光辉。美乎黻冕，绣裳衿衣。谚语大郎，王封明应。亿万斯年，永居广胜。

延祐六年八月初六日

北霍渠长高仲信　　渠司翟天锡　　水巡孔兴

南霍渠长许亨　　王泽　　渠司王温　　立石

广胜寺尊宿胜提点住持春讲主　　宝严寺尚座行开

登仕郎晋宁路洪洞县主簿刘思孝

晋宁路洪洞县尉贾邦杰　　典史郭景行

晋宁路赵城县尉许谅　　典史田广　　司吏赵宇　　王通　　冯居孝

将仕郎晋宁路赵城县主簿崔友闻

承事郎晋宁路赵城县尹兼管本县诸军奥鲁劝农事王剌哈剌

从仕郎前晋宁路赵城县达鲁花赤兼管本县诸军奥鲁劝农事麦力吉沙

○四四　长治县城关崔府君庙《灵惠齐圣广祐王新建外门记》

|简介>

　　《灵惠齐圣广祐王新建外门记》元延祐七年（1320）刊。崔府君庙位于山西省长治县城关，现已不存。碑亦不存。此碑为歌颂县尹率乡曲巨家新建崔府君庙外门而作。其中有"刲羊豕，具酒食，巫觋优乐杂然而前，祷谢日丰"之记载。碑文据《山右石刻丛编》卷三十二移录。原注："碑高三尺九寸二分，广一尺九分，二十一行，行四十五字，正书，今在长治县。"额篆"亚岳庙外门记"六字。（见胡聘之辑，《山右石刻丛编》卷三十二，清光绪二十七年刊本，江苏古籍出版社，《历代碑志丛书》第十六册，1998年，第196页。）

|碑文>

灵惠齐圣广祐王新建外门记

奉元路醴泉县儒学教谕上党贾志道书
潞州儒学直学李章篆额

　　王之祠，在所有之，为之显应王，为之亚岳。迨及元朝，钦崇典礼，怀柔百神，旷绝之祀无所不究，优封灵惠齐圣广祐王，载于祀典。王，祁州人，崔姓，子玉字也。唐初为滏阳令，又为长子令，太宗以梦见征，拜蒲州刺史。先，长子为府君时，有异政之称。适遇虎害，言一孝子被所食，以牒摄虎至，使伏其罪。民以为神，而祠事之，世之所传盖以此也。庙之在潞郡者，峙于东门之内，由古及今，封加享祭，恩礼不衰；远近之人，奔走祈祷，敬信不息，其灵验可知也。观其庙貌崇深，门墙坚整，像设俨然。其兴治之始末，具于参政杨中奉石刻，兹不复赘。惟于外门阙焉。上党县尹石承事□通甫，晋宁洪洞人，自临本邑，百姓乂安，五事备举，割鸡制锦之功，人难能也，真可谓栖鸾淹骥耳。终更之后，人尚思之。及于事神之礼，无不尽诚，率乡曲巨家张玘、贾以直、李温等一十七人，姓名具列如左，同谋协虑，输财于己，雇工于民，土木之费，楮币几四千余缗。创立外门，横跨通衢之上，云霞照映，金碧炫耀，轮焕翚飞，骇人之目，不惟壮神祠之气□，抑亦增乡里之光荣。经始于延祐戊午之春，落成于是年之九月也。玘等即以其事请予记之，辞不获已。窃谓《传》有之曰："有功于民则祀之，能御大灾则祀之，能捍大患则祀之。"夫郡县之良吏，血食一方者多矣，卓茂之于密鲁，仲康之于中牟，朱邑之于桐乡，召信臣之于南阳，未能有达之天下四方者，如王之祠，何其盛欤。呜呼！祀典之废久矣，人心所存□逃祸徼福在耳。其事神也，刲羊豕，具酒食，巫觋优乐杂然而前，祷谢日丰，乖礼越分，鄙俗相传，不以为过，岂事神之道哉！虽疾病请祷，古人之所不废，殊不知诚则感神，祭则受福，冥冥之间自有阴相。若夫悖理□欲，要求于神者，宁无愧乎？故有其诚则有其神，无其诚则无其神。惟王福善祸淫，御灾捍患，有祷辄应，功不为细，神千载而下，血食宜矣。噫！庙之兴废在乎人，则一门之役，固不得为全功，异时有全功任之者，安知其不自石尹等而□□？是可纪也，故为之书。

延祐庚申仲秋朔日前鄂州路崇阳县主簿上党进士李天禄记

管军百户张玘　武端　贾以直　李温　李公黻　王德　张思贞　樊信　苏敬　郑祯翰　裴良佐　秦郁　郭克恭　王德辅　郭温公　赵维恭　助缘武济民等立石

司庙人杨思敬

石匠提控王思仁　同男王温刊

○四五　高平市龙尾村东岳庙《龙尾乡重修东岳庙记》

　　《龙尾乡重修东岳庙记》元至治元年（1321）刊。碑高 163 厘米，宽 83 厘米，青石质，笏首，正书，额篆"重修东岳庙记"。东岳庙位于山西省高平市北诗镇龙尾村，该碑现存于东岳庙西厢房墙壁内。碑文记述众善士对东岳庙的历次维修扩建。其中记载"舞楼维那宋显"。碑文据王潞伟《上党神庙剧场研究》录入。（见王潞伟，《上党神庙剧场研究》，中国戏剧出版社，2016 年，第 92 ~ 93 页。系首次公布碑刻全文。）

|碑文⟩

龙尾乡重修东岳庙记

篆额书丹上党县南董村李荣

　　《易》曰："大而化之之谓圣，圣而不可知之谓神。"《洞冥记》曰："东岳，天帝之孙太昊氏，居东方，封泰山，主世间万物、人之生死之司。"盖天之生斯民，既有长育，莫不有所主焉，推其源则知其本。凡人生贵贱、贤愚、寿夭、痴聋、喑哑，所生气

高平市龙尾村东岳庙《龙尾乡重修东岳庙记》碑

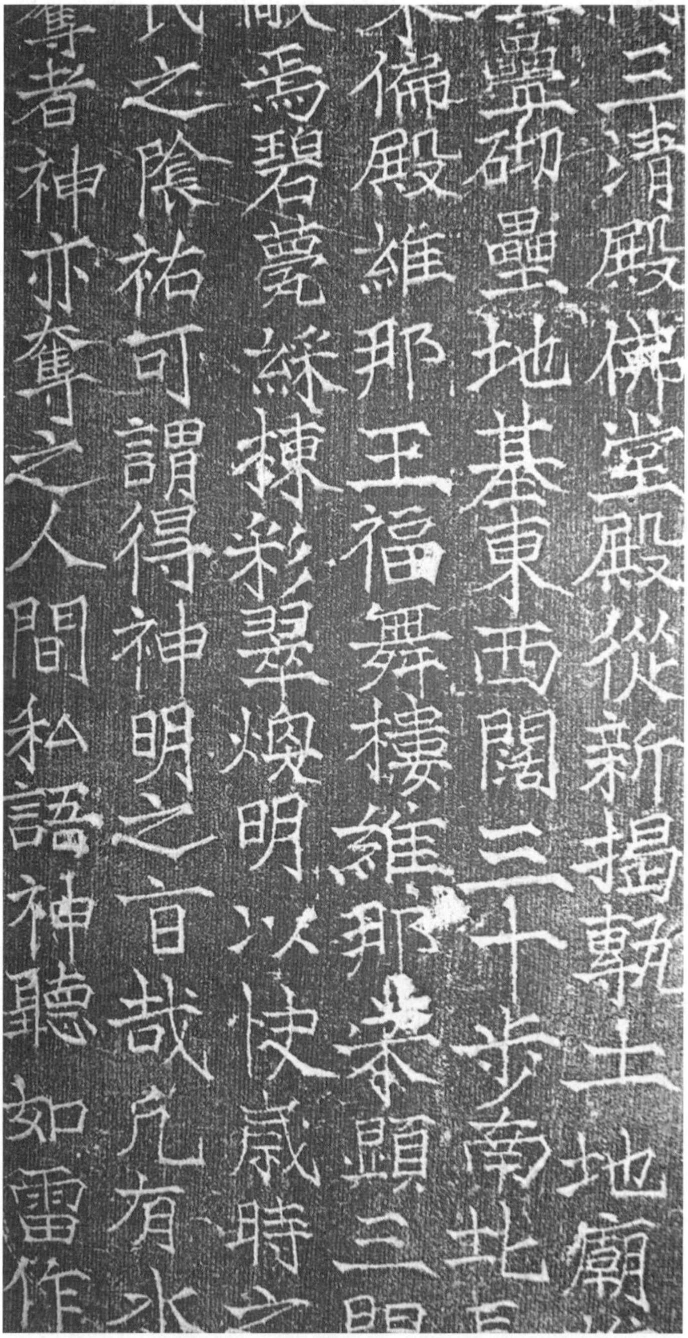

三清殿佛堂殿從新揭勒土地廟

舜砌甃地基東西闊三十步南北

偏殿維那王福舞樓維那秦顯三

焉碧瑩綵棟彩翠煥明以使咸時

民之陰祐可謂得神明之宣哉凡有水

傳者神亦奪之人間私語神聽如雷作

高平市龙尾村东岳庙《龙尾乡重修东岳庙记》碑局部

质之禀不齐，皆前生今世之所报也。今为贤哲，则前世之为善也；今世之愚贫贱，则前生之为恶也；痴聋喑哑，即前世误人巨奸大滑险伪人也。神明之化，设像欢人，导之以仁义，成之以礼乐，居之以富贵，使之为善，充其善性之本而复其本然之善耳。上至帝王公卿、府州司县之官，下至万民有生之类，莫不皆属所掌。由此观之，则七十二司百二十曹何由之所设也？自天地开辟，古今生死虽为常道，未有不为神司者焉。高平，泽之上县，春秋末为晋墟，赵廉颇、秦白起相拒之地，汉卫将军故封之邑。宋金人物辈出，衣冠之会，文章之薮，皆在此矣。龙尾去县四十里，村东有神山焉，曰卧龙，今栖神之地也。峰峦秀丽，叠嶂万状，绝壑千寻。濛濛翠吐日月于遥岑，渺渺晴岩锁云霞于朝暮。四时景物咸归造化之权衡，一气捞笼出自幽冥之主执。昔亡金泰和元年，前本村魏□因梦圣感，创建岳庙三间，全新塑像，绘彩妆严。至我皇元大德四年，庙为风雨摧坏，本村都录公姬崇纠领大小人户，重修东岳正殿三间，三清殿、佛堂殿，从新揭砖。土地庙维那李英，二仙庙维那姬谅、姬玉为庙地隘窄，大德五年作维那，搬载土石，庙南填垒砌垒地基，东西阔三十步，南北长亦如之。至大四年，维那李荣纠领人户，创建东西廊三十间，西偏殿维那姬珍，东偏殿维那王福，舞楼维那宋显，三门维那姬彬，五道殿维那姬玉，而作新焉。荐献之位，庖厨之所莫不备具，而其中敞焉。碧薨绿栋，彩翠燠明，以快岁时之祀，繄我圣帝陶镕生民之阴佑，可谓得神明之旨哉。凡有水旱，祈祷辄应，运生成、赞化育非外至，御灾干旱非久永。噫！好与者，神亦与之；好夺者，神亦夺之。人间私语，神听如雷，作善降祥，作恶降殃，善恶生死，吉凶祸福，非东岳其孰能此钦？义不获辞，故摭其实以书之，以示来者云尔。前高平县儒学教谕长平书院主人可斋宋鳞记。

大元国至治元年九月重阳日都维那姬明立石

石匠上党县南董村李福　男李荣刊

○四六　临汾市魏村牛王庙《牛王庙元时碑记》

| 简介 〉

　　《牛王庙元时碑记》清光绪二十四年（1898）重刊，原刊于元至治元年（1321）。碑高147厘米，宽74厘米，厚18厘米，笏头方趺，额篆"广禅侯碑"，阴额正书"百世流芳"。牛王庙位于山西省临汾市尧都区魏村，该碑现存牛王庙内正殿前。碑叙魏村牛王庙的创建，以及受封为广禅侯之经过，记录元时牛王庙的庙貌和祭祀演剧的热闹场面，为研究元代戏台与民俗演剧情形，提供了难得的文字资料。碑文云："今有乡赛二十余村，岁时香火益胜畴昔。其庙枕村之北岗，姑峰秀于前，汾水环于左，地基爽垲，栋宇翚飞，石柱参差，乐厅雄丽，远近士庶，望之俨然，敬心栗栗，罔不祗畏，实一方之奇观。目睹祀事，今罕有之。至于清和诞辰，敬诚设供演戏，车马骈集，香篆霭其氤氲，杯盘竞其交错，途歌里咏，伛偻提携，往来而不绝者，至日致祭于此也。"结合该碑另面《忆我西社》碑文首句"三王圣庙自昔元时至治初年"和元代戏台东石柱刻字"至治元年岁次辛酉"判断，《元时碑记》当刊于元至治元年（1321）。（见山西师范大学戏曲文物研究所编，《宋金元戏曲文物图论》，山西人民出版社，1987年，第60～61页；冯俊杰等编著，《山西戏曲碑刻辑考》，中华书局，2002年，第144～151页。）山西师范大学戏曲博物馆藏该碑拓片。

临汾市魏村牛王庙《牛王庙元时碑记》拓本

牛王庙元时碑记

锦城进士谯正撰文

汾左远尘子书丹

　　有天地覆载资焉，有日月照临属焉，有鬼神吉凶系焉，天地恩大而莫能报，日月之明运而莫能穷，鬼神之道灵而莫能掩。自古有功于国者，立庙以飨之，血食以祀之，四时致敬，祀典不阙，神之庇佑岂可胜纪，实在乎人之敬信耳。临汾县西北魏村牛王庙，历数十余载，神之世谱有自来矣。宋真宗祥符七年秋八月，驾谒亳州大（太）清宫，至一山名孤山店，其夜御驾宿于此，众马皆病。帝曰："异哉！"问土居之民此处有何神庙。居民答曰："孤山有神曰通圣郎君，祭之无不应也。"于是帝封为广禅侯，一行御马如故。有家存焉，历代享祭，降其后世祠而神之。今有乡赛二十余村，岁时香火益胜畴昔。其庙枕村之北岗，姑峰秀于前，汾水环于左，地基爽垲，栋宇翚飞，石柱参差，乐厅雄丽，远近士庶，望之俨然，敬心栗栗，罔不祗畏，实一方之奇观。目睹祀事，今罕有之。至于清和诞辰，敬诚设供演戏，车马骈集，香篆霭其氤氲，杯盘竞其交错，途歌里咏，伛偻提携，往来而不绝者，至日致祭于此也。喜其有祷必应，速如影响，灵应昭然，骇人耳目，神之功行，岂易量哉！一夕，信士大枣北孙继先、南羊村左仲文，暨和村张郁等访蓬毕（筚），谓予曰："牛王之祠祭祀久矣，其神妙不可测，合境受赐，六畜平安，将何以答神之休？"恳予为记，刊之琬琰，以传不朽。予固辞不允，自愧才疏识浅，老无所成，何以当充！但喜其好事，因抚其实而为之铭。

　　布施本庙地基人魏村皇老师

　　起盖牛王庙人交底村功德主都维那

　　老董事人魏村景提控　南羊村乔提控　东郭南王八郎　交底村郭一郎　和村张四卜东郭北郭百户

　　管社村庄开列于后

　　魏村　交底村　岭上村　西郭村　车辐村　山底村　亢村　梁家庄　吉家庄　土门村　大枣南　大枣北　南羊村　羊舍村　和村　东郭南　乔化村　徐村　阳皇村　南王村　太明村　吴村　官地里　太涧村　北王平　东郭北　潘家庄

临邑协兴源　丰泰号　洪邑长顺号　长顺炉各施钱五百文

补充典吏梦九樊锡龄经修原文

詹事府供事焕然张可章录文并书

津邑铁笔王艺通

住持杨炎春

时大清光绪二十四年岁维著雍阉茂菊月重刊立

忆我西社

三王圣庙自昔元时至治初年，由河东相分之际，同心者二十二社，合志者廿有七村。功程浩大，庙貌辉煌，其盛极矣。嗣后人心渐离，村社渐少。延至大清同治年间，仅存六社十五村。故虽历年以来，风雨飘摇，庙中之倾塌宜修、毁败宜理者，不一而足，无如公所空乏，赤手莫资。始远化于都京，近募于众社。幸神恩广被，人人乐解谪仙之玉佩，在在喜施济孤之黄金，因心为果，积少成多，京都募银二十七两，每社摊钱四十一千有零。于是光绪十三年买庙前平地二□五厘；十五年重修东茶房、西厨房以及乐亭中之棚；二十三年，修西庙门、南廊房、献亭西南厦角、乐亭东南厦角，且于献亭下辅立柱十根；二十四年，献亭下立栅栏，修东廊房、马房、庙门东边之墙，且重刻元时碑文于原碑。共费钱三百二十千有零。由是宫室巍峨，殿宇森严，倾塌者依然峥嵘，毁败者焕然新鲜。则四时敬神之俎□有从设，每年赴会之客商有所安，神人于此宜均悦欤！今当功成告竣，敢不刻铭于石，以俾姓氏流芳也耶！是为□。

魏村督工管老樊继俊　樊舒然　张辅廷　张焕然　樊梦九　樊于皋　樊继森　樊万金　樊大明　张子美　樊大楹　樊维玉　张耀光　樊士英　樊世松　樊继英　樊作义　樊大杰　樊永享　王起荣

羊舍村首事人张寿　张鹏威　杜占云　张彦威　安代宗　王立俞　张立纯　吴序文　尚世昌　杜习荣

西郭村奚其丰　杨逢泰　杨栖泰　杨玉珠　潘永安　刘希敬　杨协泰　杨思秀　杨

自顺　杨元泰

车辐村山底村辛登瀛　衡运开　衡运嘉　闫修德　衡长祥　张德元　衡以富　张云峰　张云汉　张逢亨　张永德　张生富　张世泰　韩受宠　韩登进　张继禄　翟兴业　张继周

和村陈玉璋　陈洪□　陈熙龄　王万安　杨利润　陈长福　陈兆泰　陈炳文　陈秉钺　陈德龄

潘家庄官地里潘居忠　张国□　潘大会　潘长珍　潘俊秀　李进俊　李进忠　李生云　李进春　李生端　刘长义　刘长盛　李俊祥

邑庠生耀光张铣撰

邑庠生砚田张秀升书

〇四七　沁水县下格碑村圣王行宫《修建圣王行宫之碑》

| 简介 >

　　《修建圣王行宫之碑》元至治二年（1322）刊。碑高 169 厘米，宽 73 厘米，笏头方趺，额篆"修建圣王行宫之碑"。圣王行宫位于山西省沁水县土沃乡下格碑村，碑存庙内正殿前。圣王行宫祀舜、汤二帝，当代俗称相公庙，乃音近而讹。碑文载："至大德六年甲寅（大德六年为壬寅，碑文误）（1302），复有本村徐恩、刘清等，继乃先之功，修建舞庭一座。累年以年，不时施工，金碧杂焕，檐甍翼飞，轮奂一新，使乡人望之，耸然知敬，无不交口称赞，中心悦服，盖有不期然而然者矣。"下格碑村为山区小村，比较偏僻，然而早在元代初期，在修建庙宇的同时，就"修建舞庭一座"，是元代戏曲繁盛的佐证，具有重要的研究价值。（见王福才，《沁水县下格碑村圣王行宫元碑及赛戏考》，中国台湾《民俗曲艺》1997 年第 107、108 辑；冯俊杰，《新发现的一通含舞庭文字的元人碑刻》，《中华戏曲》，1998 年第 21 辑；冯俊杰等编著，《山西戏曲碑刻辑考》，中华书局，2002 年，第 109 ～ 115 页。）山西师范大学戏曲博物馆藏该碑拓片。

沁水县下格碑村圣王行宫《修建圣王行宫之碑》碑阳拓本

沁水县下格碑村圣王行宫《修建圣王行宫之碑》碑阴拓本

修建圣王行宫之碑

晋宁路泽州沁水县儒学教谕河内猴励撰并书丹
本县尹前监修国史长史岐山完颜斡郎哈台篆额

昔尝生乎斯世，有大功德，而殁世之后，民怀思之不能忘者，惟圣帝明王也。亘古以来，载在祀典，庙享血食，使□下之人，齐明盛服，岁时伏腊，奔走豆笾，严奉祀事，则焄蒿悽怆，精气感通，洋洋乎如在其上，凡所请祷，昭然获应，捷于莩（桴）鼓影响，此神之灵明也。以至大庇天下，阴阳顺序，疫疾不作，风雨以时，年谷屡登，致彼四海，民人咸受福利，其为神之功德，能捍大灾，能御大患，莫大于斯也。今沁水县据鹿台之阳，濩泽之右，泽州之属县，为古之偏邑。去县之西南四十里许，有墅曰土沃。墅之东有山曰析城，西曰历山，丘峦突起，空翠蔚蓝，左右象设，极为形胜，宛若龙蟠虎踞之状，其枝峰蔓蝥，映带连接，形势岗脊，彼此相距。绝顶之上，有虞舜成汤二圣帝故行宫在焉。俯瞰平野，四望豁达，实幽邃之福地也。大朝庚戌年，春旱太甚，其土沃居民刘源、徐玉，相率邻近堡社耆老人等，同心露恩，景慕二圣帝祷雨救旱之德，乃以香币楽盛瓶器，敬诣祠下拜请，圣水果获满涌，甘霖沾足，遂使岁之凶歉，忽变为丰穰。此非能捍大灾，能御大患者乎？由是自中统二年辛酉，其刘源、徐玉偕格碑李惟贞，羊茹安德、刘聚，台亭程贵，宿场杨□，大兴王德等，咸舍己财，鸠工募役，因就墅东古迹护国显应王之遗址，创构虞舜成汤二帝之行宫。其正殿三楹，设二帝之圣位，东西二室，左为护国显应王之祠，右为义勇武安王之庙。廊庑厨库，布置严整，兼标拨赡庙地土。岁时致祭香火不缺，每遇岁旱祷则应之，是以怀神之德，食息不忘焉。至大德六年甲寅（大德六年为壬寅，碑文误），复有本村徐恩、刘清等，继乃先之功，修建舞庭一座。累年以年，不时施工，金碧杂焕，檐甍蘙飞，轮奂一新，使乡人望之，耸然知敬，无不交口称赞，中心悦服，盖有不期然而然者矣。昨承踵门来请为记，仆窃任教职，材力鲁钝，获睹盛事，不敢固辞，忘其鄙陋，粗述始末，俾刻诸石，庶赞成功一二云耳。

时大元至治二年岁次壬戌五月戊辰朔廿五日

率首刘清　徐恩等立石　　石□盖信刊

教谕缑励　　典史张鼎　　司吏赵通　薛蔚　郭君祥　孔遵道

晋宁路沁水县尉郭从信

将仕郎晋宁路沁水县主簿衡季平

进义校尉前晋宁路沁水县主簿焦世荣

从仕郎晋宁路沁水县尹兼管本县诸军奥鲁劝农事完颜斡郎哈台

承事郎晋宁路沁水县达鲁花赤兼管本县诸军奥鲁劝农事明里普华

从仕郎前晋宁路沁水县尹兼管本县诸军奥鲁劝农事甄良弼

承事郎前晋宁路沁水县达鲁花赤兼管本县诸军奥鲁劝农事记住

〔碑阴〕

晋宁路户差房人吏徐天和

赡庙地土一所，东至高堰下杏树堰，南北取直□□□至窑院下高堰，西至河，北至高堰，外至下格碑李惟真。四至内约地三十余亩，施主土沃村刘原□□，同施主下格碑李惟真。

土沃村徐催　解英　徐容　王福　□□　□□□　张顺　冯思　徐五　徐进　王显
王玉　王韫　王盖智　王忠　冯成　陈成　徐敬德　翟明　翟玉　杨德春　刘郁
刘荣　王怀德　郑泰　刘定　刘义

宿场王福　杨福　杨进　付荣　杨成　付三　张平　甄德全　王恩　王贵　杨春

台亭程显　程斌　程□　张容　程献　程忠　程广　张八　张荣　张福

羊茹安珍　刘信　刘通　连成　景三　刘清　安大　安四

□兴乔安　王珪　柳兴　张信　乔□　乔恩　王贵　王荣　王成　王七　高忠
高二

南王□李二　元实　郭政

中格碑李思孝　李思恭　李思义　李六　李世英　李成　李百□　刘海

上格碑孙显　孙荣　孙贵　李英　续贤　孙山　高顺　续进　孙和　王福　张和
沈政　李聚　李海　续茂　沈信　张德明　朱（阙文）

下五泉郑祚　孙德　王琛　孙六　石顺　胡佑　柴显

中五泉席恩　王宁　□荣　李钦　王珍

杏子高林　柴□广　高贵　高平　高六

西羊李□　□□　张达　李赟　李坚　王用　张五　张六　张小二　张小七

上五泉席德　席义　安平　赵显　赵福　赵全　冯兴

交口张德

南羊王义　王四

可封王德　尉顺　王二　壬进　王通　芦进　□二

下格碑李惟真将前项□庙地四至内施地三处，约壹拾亩：庙东□下一处，三亩；窑院前一处，三亩；西崖下一处，四亩。

○四八　高平县米山宣圣庙《有元泽州高平县米山宣圣庙记》

| 简介 ▷

　　《有元泽州高平县米山宣圣庙记》元泰定二年（1325）刊。宣圣庙位于山西省高平市米山，现已不存。碑亦不存。此据胡聘之辑《山右石刻丛编》卷三十三移录。原注："碑连额高三尺六寸二分，广一尺九寸，二十三行，行三十七字，正书。额题'宣圣庙记'四字，篆书。今在高平县十里。"此碑为米山等五十九里乡校重塑孔子圣像而作，怀念宋代道学家程颢，肯定新任县尹郭质重视教育而取得的成绩。同时表露出反对淫祀及嬉优伶的风气，对民间歌舞戏剧则持轻视的态度。（见胡聘之辑，《山右石刻丛编》卷三十三，清光绪二十七年刊本，江苏古籍出版社，《历代碑志丛书》第十六册，1998年，第 217 ～ 218 页。）

有元泽州高平县米山宣圣庙记

前监察御史儒林郎金淮西江北道肃政廉访司事宋翼撰

乡贡进士恒山牛□学书

儒学教谕龙岗□贞篆额

明道先生殁几三百年，泽潞里馆岁昵淫祠而嬉优伶，才乏俗浇，识者兴叹。由金源而来，庙貌仅存者九而已。向翼教授怀孟北归，始记勾要；召为应奉翰林文字，又记釜山；继为修撰，又记河西。窃喜吾乡士人，可与为善，复叹今之守令，无循良以兴起之也。英庙临御，制诏台察，岁举守令。延祐七年，澄城簿郭质来宰是邑，政治大行，惟善以教稽之，大复米山等五十九里之文馆，像圣揭虔，光辉盛德，如瞻前仰高于阙里也。泰定元开甲子，皇上肇开经筵，赐进士以公服之春，翼以御史出金淮西风纪，归展先垄于高良米山。里人牛用、张顺、赵良辅、牛忠、牛信、郭祥、赵世杰等曰："吾里虽陋，家计之余三百。今尹兴学，盍倡鬐从。肖圣人天公，并绘十子于正室，以待礼奠。敢请记诸丽牲，以示不朽。"噫！圣天子崇儒重道于其上，贤百里承流宣化于其下，凡为人之子弟者，当念在上之恩，朝夕黾勉，从事于经，希贤希圣，出则忠国，处则孝家，则乡校为不虚设矣。若夫炫词章，徼利达，孜孜于趋时，非翼之敢所知也。既以答用等，俾入于石，用谂方来，且以识程子之后，有能弘其道者，以备太史氏传循吏之张本云。质字彦文，真定人。是年七月日记。

晋宁路高平县典史郭忠

晋宁路高平县尉刘信

将仕郎晋宁路高平县主簿张仁

承事郎晋宁路高平县尹兼管本县诸军奥鲁劝农事□□

敦武校尉晋宁路高平县达鲁花赤兼管本县诸军奥鲁劝农事任普

泰定二祀冬十一月上浣四日立石

石匠礼门□石

〇四九　芮城县东吕村关帝庙《创修露台记》

　　《创修露台记》元泰定五年（1328）刊。碑高 42 厘米，宽 62 厘米，方形壁碑。关帝庙位于山西省芮城县东垆乡东吕村。该碑现嵌于关帝庙山门舞楼中门过道东壁。碑文载："芮邑忠孝乡东吕社，故祀□昭惠灵显真君，殿宇雄壮，庙貌俨然，廊庑昔皆具备，惟有露台阙焉。里人蒙古恬蛮谨发赤诚，愿为胜事，特舍所费之资，命工爨砖琢石，经营创建，不日而成。"碑文中"惟有露台阙焉"，说明露台已成为神庙中不可或缺的建筑。（见许世杰，《晋南戏剧舞台碑文选录》，《蒲剧艺术》，1981 年第 3 期；冯俊杰等编著，《山西戏曲碑刻辑考》，中华书局，2002 年，第 120 ～ 121 页。）山西师范大学戏曲博物馆藏该碑拓片。

｜碑文｜

创修露台记

　　伏以鹓鸶遥空，乃望风而飘举。人祷其神，必获荫而降福。夫芮邑忠孝乡东吕社，

芮城县东吕村关帝庙《创修露台碑》拓本

故祀□昭惠灵显真君，殿宇雄壮，庙貌俨然，廊庑昔皆具备，惟有露台阙焉。里人蒙古恬蛮，谨发赤诚，愿为胜事，特舍所费之资，命工爨砖琢石，经营创建，不日而成。於戏！斯台既立，若不刻诸于石，恐以岁时绵远，无能光先启后，聊且真书，以识岁月云。泰定五年暮春中旬九日，□怡后人刘士昭谨志。

修台人恬蛮　母塔海氏　妻舍舍　男□□　女儿□□

大元戊辰岁次

砌匠许德成　王信刊

○五○　正定县《真定路学乐户记》

| 简介 ▷

　　《真定路学乐户记》元至元四年（1338）刊。额篆"真定路学乐户记"。真定路学位于河北省正定县，现已不存。原碑于 2000 年 8 月 29 日出土于正定县中医院南侧工地，距地表 2 米深，2006 年公布。碑文记录真定路为儒学设立礼乐生（户籍属礼乐户）78 户，其中礼生 33 人，乐生 45 人，用于每年仲春二月、仲秋八月在文庙祭祀孔子时行礼、奏乐。本次立碑，是为了让真定路学乐户名单以及免除他们赋役的规定勒之坚石，保存久远。乐户是中国传统社会中的一种贱民，专门从事吹弹歌唱以及戏曲、舞蹈等表演。这是乐户的一般情况。此碑证明，在元代，出现了一类不属于贱民的庶民乐户，叫"礼乐户"。他们不仅享受着正常人的权利，可以应试、做官，甚至还有免去赋役的特权。《常山贞石志》卷二十二、光绪《正定县志》卷十一《学校》录碑文。（见崔伟丽、郭玲娣、樊瑞平，《正定发现的欧阳玄撰文碑》，《文物春秋》，2006 年第 4 期；马春香，《〈真定路学乐户记〉补释》，《文物春秋》，2007 年第 6 期；车文明，《元代"礼乐户"考》，《文学遗产》，2005 年第 5 期。）

正定县《真定路学乐户记》碑拓本

真定路学乐户记

翰林侍讲学士通奉大夫知制诰同修国史兼国子祭酒欧阳玄撰

赐进士及第奉议大夫监察御史李齛书

正议大夫御史台治书侍御史徐奭篆额

　　镇阳郡学礼乐生通七十有八户，郡刺史之所陈请，肃政使者之所建明，省台部之所详定，既复其户，凡诸征繇无所与于有司矣。教授赵璧、学正孙诚、学录宋举惧岁久籍漫，谋寿诸石，乃砻坚珉，具梗概，请于郡人春官侍郎苏君天爵，访玄司成之馆，征辞以记之。玄与苏君俱以礼乐为职事者也，记可辞乎？按郡学始建，置乐生十有六人，春秋二仲上丁释奠犹用俗乐。延祐五年改作雅乐，增置四十有五人。至顺二年援乐生例，请设相礼及诸执事者，又置礼生二十有五人，寻增置八人，然后声容文物烨然，最圻内诸郡。夫三代以来，学校之制，学者入学无不学礼，亦无不学乐，当时弟子员即礼乐生也。更秦废坏，汉叔孙通以鲁三十生及其弟子百余人，起朝仪于野外，益州刺史王襄命王褒作《中和》《乐职》《宣布》等诗，得郫县何武与成都杨覆众等习之，宣帝以为盛德之事，召武等赐帛，此礼乐生昉见史传者也。今镇阳为河朔上郡，户口繁夥，有司拔一二于千百，以备一郡制作之美，是岂小补哉！矧叔孙生之徒，皆起家拜爵为郎，何武它日仕至三公，人材自此涂出亦未可量也。余感苏君敬共桑梓之意，故以远者、大者进而勖之。户在录事司者二十有三，曰陈惟仁、李荣祖、程宣差、武秀实、耿顺和、黄兴、和仁、曹仙、康天益、郭荣祖、傅聚、刘进、赵亨、赵樗、梁聚、郭从、刘郁、李盛、闫恭、宋仲禄，若陈兴户之杨德新、谢宝户之王弘毅，皆在是数焉。在真定县者十有五，曰董子政、李演、刘成、张斌、秦温、孙爵、郭秉忠、张德、李文成、靳用、李顺、张青、谷德、闫德、王祺。在栾城县者曰陈用、王庆，在藁城县者曰刘□、李信，在平山县者曰李好古、李楫，是三县皆二户。在古城县者赵杰，在无极县者吴贯，是二县皆一户云。

至元四年戊寅闰八月辛亥记

　　宁昌王节摹勒　　鹿泉刘守信刊

○五一　高平市中坪村二仙宫《大元国泽州高平县举义乡话壁村翠屏山重修真泽行宫之记》

| 简介 ⟩

　　《大元国泽州高平县举义乡话壁村翠屏山重修真泽行宫之记》元至元五年（1339）刊。碑螭首方趺。碑身高 145 厘米，宽 70 厘米，厚 22 厘米。二仙宫位于山西省高平市北诗镇中坪村，碑现存于二仙宫山门过厅下。碑文先记述了冲淑、冲惠二真人之身世来历，自幼至孝，采饵仙药，白日飞升等事迹，其后则叙述重修二仙宫之过程。其中有"创盖舞楼一座"之记载。（见常书铭主编，《三晋石刻大全·晋城市高平市卷》，三晋出版社，2011 年，第 79 ～ 80 页；王潞伟，《上党神庙剧场研究》，中国戏剧出版社，2016 年，第 94 ～ 97 页。）

| 碑文 >

大元国泽州高平县举义乡话壁村翠屏山重修真泽行宫之记

郭良撰

张彦书

李从道额

自古仙登羽化者，特受异气，禀之自然，非力学所可至。故吸沆瀣，餐朝露，乘云气，御飞龙，呼乎物境外，绵日月而不衰也。若赤松、王乔之属，是已处于昆之室，一陈其嵩岳之巅，或随风雨上下，或驾凫鹤往来，后人有追之而俱去，望之而不到者，神仙之事，岂虚言哉！俗子或谓上□得道，形解变化，轻举紫□者，事如诞妄，蒙窃惑焉。殊不知西王母外之戴胜也，青鸟为使；穆公女之吹箫也，丹凤来迎。周王见之于异代，秦祠之于当时，前哲遗尘，显载□□。繇是观之，则流妄惑之说，不待辩争，断可以破尔。吾乡二真人，世传相辅之子，生而神奇，自幼致孝，眇然复有绝俗之志。既笄而山居，因遇异人，教以采饵灵药之法，遂隐形于石室。又云天赐红衣，袭服之，而白日飞升矣。虽其语不经，见搢绅者弗道，然而余尝于乡先生状元登第中靖大夫赵安时处，得太常寺墨碑本，中录《二仙五瑞记》，考之颇有可据者。乃唐昭宗乾宁元年，布衣上殿张瑜所纂，云大唐广平郡乐公之二女，灵圣通□，古墟任村人也，号紫团，川连赤壤，石关有之，上望立庙久矣，亦不知几托年世。化现时但以素首金钗之迹，洞口长存红裳绣履之仪。山曲屡见，无有远通，嶜□士庶奔□奉祠者不可胜计。时俭求之即丰，岁旱求之即雨，祸盈福谦，靡差毫百者，众果服信而有征。尔吾瑞者，盖是年春祈之际，巫女通言，二神女要重葬先代之父母。其父讳山石、母杨氏，云藏骨在樱桃郊。村人寻访其处，月回为指踪山间，取石，有白蛇现。在石之日，有仙鹿引车地之时间，空中有哀声。于时士豪刘刚、王美合掌，幼数□指辈，葬之村南二里地。后黄巢之乱，此地独免屠烧者，非神相之力乎！又宋之方成于西□也，军士偶乏食，有神女鬻饭以给数万人者，累日釜鬶常满，挹之不怯，竟莫测其所由来。或怪而问之，曰："我非恒人也，即晋阳之二仙女也。以未有功于民，故于斯而济国耳。"言讫不见。兹事尤异，竟播泽潞之间居士也人之口，诚不谬焉。推此数端，神应功德，昭然著见，宜乎明号，脱有阴阳交冲淑真人、冲惠真人，榜曰"灵真之观"，纪在祀典，庙食无穷。泽北邑泫水东乡，天佑末年建立行祠，居民岁时致祭，朔而又朔，终而复始，靡有旷阙，神亦以此飨。然□□□□泰之人，罔不庆赖，则之长陵女子之神，合幔骇言闻。夫人之□祠，深溪之泉，背随城而面太行，肘天党而履龙井，堆牧翠岫，稠迭四围，桑柘平原，已塞其贵。重念二圣灵迹碑文，往往罕记其祥，使后之君子难为考信。仆□□此而显录之，庶作古文。里中众耆老行游疃右翠屏之山，坐于真泽庙前，四顾观览，看山外之山。坐之良久，翠庵叹而言曰："仰观山河胜概，东带长川□岸，桑土农耕之家何可胜数？"因而指示曰："列于寅方，镇于癸位。"见山形蠡险，上有佛塔巍峨，偃蹇乔松，势若老龙之壮；嵽嵲怪石，形如猛虎之蹲。乃法玉山□南，卓立七村之山，上有龙潭，干旱祷而为雨。背有蟠溪凤凰头，上立佛堂。下有七贤庄，四时花柳青红，溪流东去。西有武峰之山，上立胡王□。背靠翠屏，山巅磊落，突兀危峰。上有灵觊之王祠，前有真泽之大殿。屏山之阳，武□之背，中有东西之路，有石蛇伤人，遇则天之有感，将石蛇断之。今得大道通行，乃石蛇古道也。西北有马头双峰，岚光接岫，森森寒松，流水带冰青漱玉，晚山衔日翠描金。双峰也，古有仙人之旧迹，□城隍之故宫。祥云常绕卧龙岗，瑞霭镇迷千佛岭，乃古话阴之征邦也。言既录毕，余应之曰："诚哉！此景可拟潇湘故事，为八景图。"因于同志本村大小人户，齐发愿心，自施□财，将正殿重修壁画。创盖挟殿、塑像壁画。□盖两廊二十间，壁画、塑马二疋。创盖舞楼一座，三门三间，五道殿一座，太尉殿，太保殿，前后大小门窗二十余合。里外基阶墁砖，排□俱全。至今补修三□，□才完备。凡为民者，修立宫庙，奉事神祇，斋戒严肃，意诚而神至，德归厚矣。今立石标书祀典，□其圣迹，使后代识其功目，知此伦排名姓，彰□先□之德。至今岁次己卯，至元五年仲冬十二月日，社长秦弘、乡司郭良立石。

司吏李思恭　陈仕利　张芳贵　李宗彦　邢思恭

贴书郭好礼

晋宁路高平县典史侯彬

晋宁路高平县尉王士钦

进义校尉晋宁路高平县主薄田祚

承事郎晋宁路高平县尹兼管本县诸军奥鲁劝农事李友闻

敦武校尉晋宁路高平县达鲁花赤兼管本县诸军奥鲁劝农事伯帖木儿

○五二　长治县五龙山五龙庙《有元潞州知州张公重修会应王庙记》

| 简介 〉

　　《有元潞州知州张公重修会应王庙记》元至正三年（1343）刊。五龙庙位于山西省长治县五龙山，为遗址复建。碑已不存。碑文据胡聘之辑《山右石刻丛编》卷三十六移录。原注："碑高六尺四寸五分，广二尺七寸，二十七行，行六十三字，正书，今在长治县五龙山。"据其格式，额篆为"重修会应王庙记"七字。碑文记述了潞州知州张景岩祷雨"灵应"，后捐俸为倡，鸠工庀材，重修庙宇之事。碑载"舞榭腾丹臒之妆"，舞榭即指舞楼。（见胡聘之辑，《山右石刻丛编》卷三十六，清光绪二十七年刊本，江苏古籍出版社，《历代碑志丛书》第十六册，1998年，第289～290页；冯俊杰等编著，《山西戏曲碑刻辑考》，中华书局，2002年，第123～127页；王潞伟，《上党神庙剧场研究》，中国戏剧出版社，2016年，第97页。）

有元潞州知州张公重修会应王庙记

前河东贡元高平元凯书

征事郎晋宁路襄垣县尹兼管本县诸军奥鲁劝农事闫仲荣篆额

奉议大夫晋宁路沁州知州兼管本州诸军奥鲁劝农事韩鹏书丹

传曰:“天子之制,诸侯庸节,节莫差于僭,僭莫重于祭,祭莫重于地,地莫重于天。”故常祀则天子祭天,诸侯祭土,旱干则天子雩上帝,诸侯雩封内山川百神,节也,非僭也。雩而不雨,则书“闵雨”也;雩而雨,则书“喜雨”也。闵雨而与民同其忧,喜雨而与民同其乐,其惧天灾、恤民隐之意深矣。若夫视民之忧乐为己度外事者,岂为民上者之道哉!潞郡在春秋时列爵惟子,其五等之侯国乎!郡于巽维隋山,天作其封内之山川乎!凡遇旱而雩者,必于是乎在焉。山有庙貌,以奠神居;神有尊爵,以称王号,碑石崭然,班班可考。其深居翼翼,端拱巍魏,雷霆风雨,晦冥变化,有不可得而名言者。故历代崇祀,以为雩祷之所。至正辛巳冬,冀宁张公用台荐来典是郡,越明年壬午夏,阖境告旱。公戚然曰:“士当先天下而忧,后天下而乐,闵勤之职,其不在兹乎!”乃戒寮寀,省牲币,涓吉旦,雩于祠下,灵贶响应,岁则大熟。又明年岁癸未,当春夏之交,弥月不雨,公有忧色,雩而复应。于是官吏庭庆,商旅途歌,农夫野抃,咸谓将见有年、大有年,特书、屡书之也。乃以三月己丑恭谢祠下,顾瞻庙貌,檐倾壁败,堵陨甃阤,甚非所以展礼神之敬,乃属其僚吏而告之曰:“夫有雩必应,庇荫一方,神之于人,惠至渥也。祠宇之坏,其可坐视?”遂捐俸为倡,众皆翕从,下逮邦民,罔不悦随然。但以山高水涸,重烦民力为虞。时则有若上党监县,实从公行。公谕之曰:“山泽通气,理之自然。神其有灵,必获阴祐尔。其为我祷之。”翼(翌)日,倾悃致词于祠之前,相地再拜,浚不数仞,井泉奔出。一时观者且喜且愕,曰:“古人有刺山泉飞,拜井水涌者,斯其近之矣。”然后监县公受命莅事,董功役,课章程,周旋惟谨。外则墉垣百堵,版锸并兴,增卑窒郄,檐瓦圬镘。次则应门内门,高下相抗,螭陛叠玉,兽镮铸金。中则正殿郁磐,长廊回合,阴虬负栋,阳马承阿。华扁烂金碧之署,舞榭腾丹雘之妆,轮焉奂焉,目眩神褫,瞻者谓鲸海珠宫,鳌峰贝阙,飞堕人间世也。然以其非观省之所,于乾之维,度其间旷,构亭三楹,题以“观稼”,规模位置,绰有思致。详具郡士李庭遹之记,兹皆不书。凡鍜斫镘墍,抟埴设色,追琢版筑之工,俾僦直如其素。故公无羡费，人无留力，匠无余技也。造端于孟夏之初，告终于仲秋之末。一乡之氓，亦未尝释陇亩，而公之志始得焉。所谓先天下而忧，后天下而乐者，舍我公，其谁欤？是年秋百嘉就实，万宝告成，乡人将盛合乐而落祭之。耆老刘仲等谨状其事迹，来谂予曰："惟幽则有鬼神，明则有礼乐，合神人，贯显微，理一而已。今公既崇庙貌，葳祀事以酬神惠，苟不播颂声，著金石，以报公德，岂礼也哉！矧夫神相有道，天诱其衷，祠之坤维，贞珉涌出，金声玉质，不假人为。"求予为记，以贻将来。谨按《鲁史》以告之曰："僖公，鲁之贤君，其见于经，不雨而书，雨而书，圣笔不少假贷。然修泮宫，复閟宫，奚斯董役，史克作颂，于圣人则绝笔焉。盖书者，美其有志乎？民事不书者，喜其不劳乎民力。酌古准今，其揆一也。观我公之既雩而雨，则当大书以侈美之；观我公之维新庙貌，则当作颂以歌咏之，夫何间然之有！且前政视祠宇摧圮为余事，往往皆囊克栖载而归。今公以庙貌兴废为己任，祗得屹片石于无人之境，厥惟艰载。自今其往，尔民之游于斯，息于斯，祈且报于斯者，摩挲是石，尚当如召伯之棠，莱公之柏，而爱重之，斯可矣。"故书。公名埜仙布化，讳景岩，瞻甫其字也。监县公名欲讷思，色目哈见鲁氏。督功人吏，上党李希贤也。

至正三年秋九月吉日耆宿南董韩□□　　北董王思温　　郭堡郭才等立石

司庙王立

县吏邢义　闫居仁

吏目郝恕　　州司吏李奉先　杨思温　晋仲明

提调官敦武校尉前上党县达鲁花赤欲讷思

征事郎上党县达鲁花赤护都普化

敦武校尉晋宁路潞州判官王景颜

奉议大夫晋宁路潞州知州兼管本州诸军奥鲁劝农事张埜仙布化

武德将军晋宁路潞州达鲁花赤兼管本州诸军奥鲁劝农事沙的

工师郭义　　玉人王温刊

○五三　白水县冯雷村雷公亚父庙《重修雷公亚父庙记》

简介

　　《重修雷公亚父庙记》元至正十二年（1352）刊。雷公亚父庙位于陕西省白水县冯雷镇冯雷村。该碑现已不存。碑文记述雷公庙之灵应，里人赵思诚、高林等重修雷公庙之事。此次重修"又创起两廊、乐楼一十七楹"。此据罗振玉撰《金石萃编未刻稿》卷下移录。原注："碑长六尺五寸，宽二尺七寸，共二十五行，每行三十五字，陕西白水。"碑文正书，额篆"重修雷公亚父庙记"。（见罗振玉撰，《金石萃编未刻稿》卷下，民国七年上虞罗氏石印本，江苏古籍出版社，《历代碑志丛书》第八册，1998 年，第 542 ～ 543 页；李修生主编，《全元文》第五十八册，凤凰出版社，2004 年，第 667 ～ 668 页。）

碑文

重修雷公亚父庙记
乡贡进士彭衙潘恳撰并题额书丹

　　盖闻灵显于世，泽施于民，而又御灾捍患，圣天子必为之制之以祭祀，封之以爵位，建之以祠宇，使之奠位一方，以为民之岁时祈福之所，此诚故邑雷公亚父神之谓也。原神之出而记未载，询诸故老而语相符接，生而正直，化而为神，吾彭衙之土神也。当县之东，地逾半舍，里曰雷祥。祥，讳也，今曰公，即神之家庙也。人昔见曳杖于阡陌，须眉如霜，素冠苍衣，逍遥相羊，而莫知其谁何，恭睹厥像惟肖。噫！此神之显化，适意于田园之境也耶？境内蝗食民之禾稼，祷之而蝗自除；寇窃民之财物，祷之而寇即获，以至俾瘴者言。实有济于斯民，谅无祷而不应，此真不负天朝加封致祀之美意也。里人赵思诚、高林等，嘅其年深，历宋逾金，庙貌颓毁，瓦裂椽疏，风雨不能蔽，牛羊牧践而已。于是遂勤羸体，共起虔诚，会众会议，鸠钱督工，市诸材木，通力并功。旧殿欹者正之，败者易之，又创起两廊、乐楼一十七楹。既又点垩施青，垩瓦塍壁，洎门庭、垲庀、缭垣无不毕整，使其檐牙高啄，金碧相辉，像设俨然，侍卫恪然，未逾数月，轮奂一新。观天（夫）地域埂垲，树林蓊郁，远则睹云烟之开合，面揖金粟，背倚黄龙，左环洛水，右控神峰；近则愕走虬以盘蛟，冈原为之翼拱，沟池为之傍依。巍巍焉，辉辉焉，恍若广寒之天府，蓬瀛之仙宫，真一方之胜境，有气象之万千。非徒为观视之美，使过之者有所参礼，而居民千百世献诚之地也。经始于庚岁夏，落成于冬。思诚等欲勒诸石以垂永久，恳予为记。予因而固让曰："君等之功，易故登新，变瓦砾荆棘为福场，非一朝一夕之计，实绵远而流芳。彼见义不为者，固不可同年而语也。予何人哉，敢赞神之德泽，君之是功耶？"其请愈坚，辞不获已，姑书兴造之始末，继之以诗曰：

瞻彼神祠，彭衙之东。寥寥年深，荆棘之丛。修增旧制，气象尤雄。峻极于天，曰神故宫。民被德泽，御盗捕虫。乐我农业，黍稷获丰。瘖者复言，灵其有通。拟周班爵，明王之封。主我邦土，亚父雷公。我仓既盈，我庾惟充。岁时香火，报神之功。石著光辉，万世无穷。

时大元至正十二年岁次壬辰十一月望日立石

扶蒙樊亨弟樊贞刊

本村高政施钞一十两

〇五四　平定县蒲台山灵瞻王庙《灵瞻王庙碑》

| 简介 ▷

　　《灵瞻王庙碑》元至正十三年（1353）刊。碑身高 164 厘米，宽 93 厘米，厚 23 厘米；碑首为笏头，高 74 厘米，已与碑身分离；碑身右下角断裂。灵瞻王庙位于山西省平定县蒲台山，现仅存遗址。该碑现存于灵瞻王庙遗址。此碑为蒲台山瞻王庙而作，所记元代迎神赛会场面，具有很高的戏曲及民俗史料价值。碑文云："四月四日□享庙上，前期一日迎神，六村之众具仪仗，引导幢幡宝盖、旌旗金鼓与散乐社火，层见叠出，名曰'起神'。明日，牲牢、酒醴、香纸，既丰且腆，则吹箫击鼓，优伶奏技。而各社各有社火，或骑或步，或为仙佛，或为鬼神，鱼龙虎豹，喧呼歌叫，如蜡祭之狂，日晡复起，名曰'下神'。神至之处，日夕供祀惟谨，岁以为常。"这些记载，对了解金元时期一般村落的宗教活动，了解祭祀仪式、民俗与戏剧的兴起、传播、繁荣发展的密切联系，都具有十分重要的文献价值。（见冯俊杰等编著，《山西戏曲碑刻辑考》，中华书局，2002 年，第 127 ～ 133 页；杨太康、曹占梅，《三晋戏曲文物考》，中国台湾财团法人施合郑民俗文化基金会，2006 年，第 305 ～ 312 页。）山西师范大学戏曲博物馆藏该碑拓片。

平定县蒲台山灵瞻王庙《灵瞻王庙碑》

灵赡王庙碑

前中书左丞 吕思诚撰文题额并书

蒲台山灵赡王庙，前有巨石如帽，既崇且广，上有池天成，蒲生于中。遂（虽）甚旱，水未尝竭，故蒲之丛郁然，翠润可爱，是以名其山云。四月四日□享庙上。前期一日迎神，六村之众具仪仗，引导幢幡宝盖、旌旗金鼓与散乐社火，层见叠出，名曰"起神"。明日，牲牢、酒醴、香纸，既丰且腯，则吹箫击鼓，优伶奏技。而各社各有社火，或骑或步，或为仙佛，或为鬼神，鱼龙虎豹，喧呼歌叫，如蜡祭之狂，日晡复起，名曰"下神"。神至之处，日夕供祀惟谨，岁以为常。祭之日，或时有露湑然生蒲上，圆若水晶丸，忽尔飞缀树端。又有黑蛇蜿蜒而出，金睛紫舌，盘绕几筵，吞烟吸酒。金大定间，东山赵怀允之记曰："初因天旱，有数童子戏祷石下，见露从蒲生，雨遂霈足。后有祷辄应。宋时与嘉山石瓮相并封，封曰'灵赡'。"今庙额曰"王"，是□亦在金宋之间乎？神有二，或曰犹东岳之炳灵也。每见祭时，又具献物望石瓮山拜，岂以石瓮险阻不能上，合祭于斯乎？耆老等曰："我国家承平百年，民物丰阜。时或有旱暵之沴，以红罗幂瓶口置石上，而拜于下，或即时有露，或一日二日，或至连日终不得者。露既湑然而出矣，须臾不见下瓶，而探其中已满溢，迎置坛所，随行而雨。其或不恭，泠然飞去；又或蛇出，直入怀中，以惩不恪。此则共闻共见也。"惟山之蕴，能兴云致雨，神发著见，天地之分，有山之初而然也，因此童子之诚，而相因至今。人以为神之初也，川沉而山庋，礼也，庙焉而享，尊而亲之也。六村之众，亦不知其所从来矣。传曰："深山大泽，实生龙蛇。"《易》曰："山泽通气。"露生蛇出，又何为怪！但水自入瓶，何其神哉！《易》之象，乾曰天行，坤曰地势，坎曰习坎，艮曰兼山，震曰洊雷，巽曰随风，离曰明两，兑曰丽泽。盖自震而坎、而艮，天行也；自巽而离、而兑，地势也，莫非乾坤之所为也。曰习、曰兼、曰洊、曰随、曰两、曰丽，惟乾与坤但曰行、曰势，而未尝有所分也。《说卦》云健也，顺也，动也，入也，陷也，丽也，止也，说也，性情也；为天，为地，为雷，为风，为水，为日，为山，为泽，形体也。夫所谓主宰者，出乎震，齐乎巽，见乎离，役乎坤，说乎兑，战乎乾，劳乎坎，成乎艮。《系辞》云："精气为物，游魂为变。"故知鬼神之情状，屈伸往来，造化功用之谓乎？其曰神也者，妙万物而为言者也，斯其至矣。或曰阴阳错行，天地大骇，有雷有霆，水中有火，乃焚大槐。又曰自有宇宙，便有此山。世曰山者地之物，以所见者言之也。至月风雷雨自地出也，世曰月风雷雨天之物，以所见而言之也。盖亦有所本欤？且平定属冀宁，在地则为赵魏之交，在天则为昴毕之分，彼其唐风化德，雨师降灵，山川之秀，民物之茂，又不在于兹乎？刻石著辞，昭示永久，孰曰匪宜！于是干河人匠提领王仲美之子小提领让、平潭□□义、西河冯成甫与赛鱼李教谕裡，相与纠率六村分社，社各有瞳，瞳下分人，人各有长，并勒于碑阴。其别处好事君子来者，或前或后，从便而书。乃先列本州之官吏者，敬所统也。敢再拜而为之诗曰：

　　青青者蒲帽石巅，帽石屹立神宇前。时虽大旱水不涸，神之神兮不可言。蓦尔有人祷其下，蒲上津津露湑然。倏忽变作水晶圆，望之飞上□□悬。有时有蛇出几下，矫首吐舌来蜿蜒。红纱方幅幕瓶口，瓶口满溢理何玄。随行下雨云雷合，桃江相接流长川。枯槁须臾起生意，吉蠲之报年复年。年年乃至四月四，六村父老来骈阗。再拜献享神祠下，一心无二亦无偏。灵瞻之瞻岂惟此，肤寸而出应普天。惟此六村为最近，尊而亲之情且专。子子孙孙借荫庇，更望笃生哲与贤。上为国家下民物，无疆之休惟绵延。琼瑶山拱不敢前，狮子山立不敢连。神之来兮神之去，雨□旭日开晴烟。

　　时至正十三年岁在癸巳四月吉日　六村耆老人等立石　庙官范津

　　平定州同知和尚　　判官沙的　　吏目王宁瑞　　司吏王宜　郑德辉　邵希道　刘士贤　张凤仪　侯贤甫　任继诚

　　石匠李泰　李显　男思忠　文质门人杨子珍　张诚等刊

　　石匠刘亨甫　□□□门人时伯臣　魏仲玉

○五五　万荣县西景村东岳庙《施缘功》

| 简介

　　《施缘功》元至正十四年（1354）刊。费卜撰。碑高 32 厘米，宽 100 厘米，厚 32 厘米，原砌舞厅石基。东岳庙位于山西省万荣县汉薛镇西景村。该碑现存于山西省万荣县解店镇东岳庙内。（见卫聚贤，《元代演戏的舞台》，《文学月刊》（北平）1931 年，第 2 卷，第 1 期。墨遗萍，《记几个古代乡村戏台》，《戏剧论丛》，1957 年第 2 期；夏杨，《河东现存宋、金、元舞台碑碣资料辑校与浅说》，傅仁杰、行乐贤等编《河东戏曲文物研究》，中国戏剧出版社，1992 年，第 244 ～ 258 页；山西师大戏曲文物研究所，《宋金元戏曲文物图论》附录碑文，山西人民出版社，1987 年，第 68 页；冯俊杰等编著，《山西戏曲碑刻辑考》，中华书局，2002 年，第 133 ～ 135 页。）山西师范大学戏曲博物馆藏该碑拓片。

万荣县西景村东岳庙《施缘功》石拓本

施缘功

施缘功德主本老王二、男王□□，同发善心，于岱岳庙内舞厅周遭压基台石四面，般载施功众村人等，愿各人春安夏泰，秋吉冬祥。时甲午年壬午月甲子日功毕。

石匠西胡村费卜

景仓官施钞十两　景小待诏施钞五两　卫庸德施钞二两半　柳李二施钞二两半

费卜

大元国至正十四年五月初三日撰

〇五六　大同市雷山润济侯祠《□□感应碑记》

| 简介 >

　　《□□感应碑记》元至正二十一年（1361）刊。润济侯祠位于山西省大同市雷山，现已不存。碑亦不存。此据胡聘之辑《山右石刻丛编》卷四十移录。原注："碑连额高三尺一寸三分，广一尺五寸六分，二十行，行三十九字，正书。额题'□□感应碑记'，篆书。今在大同县。"碑文记述至正二十一年春旱，值久不雨，总兵官中书暨有司职事祷于润济侯祠下而辄应之事，并于"七日丁卯，陈祝币，具三牲，行三献之礼，张伎乐百戏，谢拜祠下"。（见胡聘之辑，《山右石刻丛编》卷四十，清光绪二十七年刊本，江苏古籍出版社，《历代碑志丛书》第十六册，1998 年，第 370 ～ 371 页；冯俊杰等编著，《山西戏曲碑刻辑考》，中华书局，2002 年，第 135 ～ 139 页。）

□□感应碑记

中书分省照磨杨元礼
中书分省右司员外郎祥□□书
中书分省左司员外郎陈别□□□□篆额

　　至正二十一年，岁次辛丑，春泽沾濡，豆麦遍野，将欲秀实，值久不雨，民心忧疑。总兵官中书暨有司职事，咸以祈祷为务，雨将作而复散者累日。大同分中书司左右司官，相（阙）言曰："得雨以为□民也。总兵官军马供给动以万计，一歉则共失之，计公税□□□矣。吾侪虽□（阙）恭，岂得不□诚恳于神，以求纾目前之忧乎？"五月十一日癸酉，率同列斋沐，祷雷山润济侯祠，相下（阙）词□净设香几，律期于三日之内，必遂所请，当备牲醪以酬神惠，绘像以肃其威仪，立石以纪其本末。若祷而不应，是神居其位，而未能御灾捍患。《礼》：旱干水溢则变置社稷，亦当行国法，以彰神之不灵也。翌日壬戌晡时，澍雨如注，彻夜达旦，霁而复雨。苗稼畅茂，四民欣忻，人人□□可免饥馑□忧□□之苦也。七日丁卯，陈祝币，具三牲，行三献之礼，张伎乐百戏，谢拜祠下。既而命元礼叙事勒诸石。乃尝读《周礼·春官》，小祝掌小祭祀，将事侯□祷祠之祝，以祈福祥。逆时雨□□□弭灾兵□□交□□□□□□礼行之久矣。夫风雨雪霜，天地之所□也；山川薮泽，鬼神之所伏也。故风雨雪霜之不时，则岁有饥馑，人有疾病。祷于山川薮泽而除之，是风雨雪霜果为鬼神所有也明矣。夫天之高也，地之厚也，非天高而不可自理，地厚而不可自运，依于鬼神而能然乎！盖天地之间，山峙川流，孕灵毓秀，同一气耳。而人之精神诚意，与天地鬼神相感应者，亦一气耳。大同城四十五里许，山名曰雷山，山神号曰"润济侯"，不知始于何时，而建祠称号□亦有进矣。凡旱必祷□□祠则辄应，是山□□□□□神之□□人之□□诚意又因神而见之。□汤之祷于桑林而雨周，□□克殷而年丰，袁安决楚狱而甘雨滂沱，郡守祀孝妇而旱不为灾。由是观之，雨旸愆期者，□不□人事之失（阙）不由人事之□□□□□天人之理吻合而无间者，盖可见矣。历年（下阙）。

○五七　祁县北团柏村汤王庙《祁县□□镇重修汤王庙记》

| 简介 >

　　《祁县□□镇重修汤王庙记》元至正二十五年（1365）刊。汤王庙位于山西省祁县峪口乡北团柏村，现已不存。碑亦不存。此据胡聘之辑《山右石刻丛编》卷四十移录。原书注云："碑高二尺八寸五分，广一尺九寸六分，三十行，行四十五字，正书。今在祁县。"额篆"重修汤王庙记"。标题"镇"上二空，当是"龙舟"二字。碑文记述镇守本地总兵官王溥出己资重修汤王庙之事。其中"毕功之日，设乐设币，以妥以侑"含有戏剧演出信息。（见胡聘之辑，《山右石刻丛编》卷四十，清光绪二十七年刊本，江苏古籍出版社，《历代碑志丛书》第十六册，1998年，第379～380页；冯俊杰等编著，《山西戏曲碑刻辑考》，中华书局，2002年，第139～144页。）

祁县□□镇重修汤王庙记

将仕佐郎顺宁府宣德县主簿何世禄撰

□□□□□□□□□□□□书

登仕郎冀晋二路北关捕盗官段芳篆

　　自古圣帝明王之有天下也，泽及于生民，功施于后世，故必载在祀典，历代崇奉，报德报功之无穷□详□□□前王不忘。《大学》传曰："君子贤其贤而亲其亲，小人乐其乐而利其利。"此以没世不忘也，其斯之谓欤！夫殷汤，三代之圣王也，奉若天命，继承道统，成功盛德，光映典坟。以至桑林之祷，精诚格天；雀网之祝，惠及庶类。其仁民爱物之意，千古之下宛若生存，宜乎名登祀典，万世血食，普天率土，严立庙貌，岁时之致祭，民庶之祈请，永永不能忘也。洪惟我国家敦礼明教，牺牷致币，其崇德报功之意，殆无阙典。古祁龙舟谷口，为并州冲要之巨镇。南通怀卫，北接燕代，东西雄据之势，控引乎太行恒岳之险，山川之秀，民物之夥，他邑未可侔也。本社原建汤王之庙，地基高敞，临水面山，左翼后土之神祠，右陪圣觉之佛殿，上压三孤之绝顶，下临大驿之通衢，峰峦耸翠，俨若屏列，烟云唵霭，变态不常，蔚四时之佳致，豁眼界于无穷，使顺时之登览者，而或凉风一襟，皓月千里，恍若仙凡之永隔，迥不知其人间有盛暑，天上有蓬莱也。词人骚客固尝播之歌咏，以写其泉石烟霞之趣，而寓其幽栖旷逸之情，实为古祁东南之胜境焉。比年以来，征役不息，兵火之际，荡毁无余，而汤王之庙摧圮尤甚，荒芜不治，渐有年矣。今岁在乙巳，幸蒙总兵官太傅中书左丞相□文林郎河南江北等处行中书省理问官王溥，来斯镇守。下车之后，严号令，信赏罚，兴礼教，恤穷匮，未及月余，军民获便，疆境晏然。镇遏之暇，睹其旧贯，慨然有感于怀，即输己财，命工葺理，摧圮者而完整之，剥落者而绘饰之。经营中度，措置有方，俨庙貌之尊严，复檐楹之壮丽，金碧交辉，丹青炳耀，威仪文采，焕然一新。尤且不□民力，不夺农时。自六月兴役，至八月始落之。毕功之日，设乐设币，以妥以侑，神有依而民有仰，其崇德报功之意，为何如也？昔唐贤相狄公仁杰，毁天下之淫祠，惟置有功于民者则祀之，故能特书于前史，垂誉于无穷。盖其操心正大，见理明彻，而有此卓然不惑之举。余王公当戎马之际，未遑他役，而不惜己财，不惑邪议，特兴功于殷汤圣王之庙，使正祀有缋，典礼无亏，诚可以继仁杰去邪存正之盛举，斯亦好贤尚德之君子欤！其志诚可嘉也。然则与其树功于一时，曷若流芳于永久而为愈哉！本社耆宿□□□等，深怀其惠，欲彰盛美，遂遴选坚珉，用传不朽，摭其实，求予文以记之。固辞不获，乃敬而述之，以颂扬其功德之万一云。其铭曰：

琪宫环峙兮山之阿，峰峦叠映兮郁嵯峨。烟云晻霭兮木森罗，睹昔时之壮观兮真仙窠。遇时之不淑兮将奈何，有美一人兮惠且和。驻旆于兹兮扬恩波，悯圣庙之摧圮兮增吁嗟。输己财为葺理兮成功多，仪文中矩兮礼无讹。继前贤之用心兮其德同科，纪盛美于坚珉兮亘万古而不磨也。

时大元至正二十五年岁次乙巳十一月十六日立石

祁（圣讳）李居仁刊

明代戏曲碑刻

〇五八　平顺县东河村九天圣母庙《东谷社增修武（舞）楼记》

　　《东谷社增修武（舞）楼记》明洪武十二年（1379）刊。碑高 47 厘米，宽 51 厘米，壁碑。九天圣母庙位于山西省平顺县北社乡东河村，碑现嵌于该庙正殿西墙之上。碑题"东谷社增修武楼记"，但就主神九天圣母的身份、碑刻所记的庙貌及现存建筑看，此庙没有也不会有武楼，"武"当为"舞"同音之讹。碑文载："屡修屡补，俨然可畏。惟有斯楼基址未完。一旦，耆宿常蒲谓众曰：正殿巍峨犹足瞻仰，楼址残缺可无补修乎？"说明此次增修当是之前某次重建舞楼的扫尾工作。其碑虽然小且陋，但记载了九天圣母庙舞楼明代乐章的发端。（见冯俊杰，《平顺圣母庙宋元明清戏曲碑刻考》，《中华戏曲》，1999 年第 23 辑；冯俊杰等编著，《山西戏曲碑刻辑考》，中华书局，2002 年，第152 ～ 153 页。）山西师范大学戏曲博物馆藏该碑拓片。

东谷社增修武（舞）楼记

　　潞之东有里曰东谷，间有九天圣母祠。祠之建，始于唐而修于宋，迨今千百余年矣。殿宇檐廊，岁久日深，风雨为之侵凌，鼠雀为之喧扰，里人屡修屡补，俨然可畏。惟有斯楼基址未完。一旦，耆宿常蒲谓众曰："正殿巍峨犹足瞻仰，楼址残缺可无补修乎？"于是捐己资，因众力，不期月而石花绚烂。欲纪其事以志后来，谒予学舍求其文。余嘉常蒲诚好善之君子，事神之礼既重，则事人之礼可知矣。故弗辞，以纪其事之本末云。潞邑贾立谨为之记。

大明洪武十二年十二月日

　　本村常蒲　并男常时□　常时义立石

　　助功人王潮　王才广　王彦良　王友中　王仲安　王友成　王仕正　王宝　孙海靳□稳

　　书丹人本村秦景唐

　　玉工东禅程仕进　王都庄李伯恭

〇五九　新建县黄源村《宁王圹志》

| 简介 |

《宁王圹志》明正统十四年（1449）刊。碑高 91 厘米，宽 91 厘米，墓志铭。该墓位于江西省新建县黄源村，1958 年出土。楷书，22 行，满行 22 字。志石现藏江西省博物馆。碑文主要介绍宁王朱权生平。[见陈文华，《江西新建明朱权墓发掘》，《考古》，1962 年第 4 期；陈柏泉编著，《江西出土墓志选编》第六编《明藩王系墓志》（宁藩墓志）"166、宁献王朱权圹志"条，江西教育出版社，1991 年，第 446～447 页。]

| 碑文 |

宁王圹志

王讳权，大明太祖高皇帝第十六子，母杨氏。王生于洪武十一年五月初一日，二十四年四月十三日册封为宁王。二十七年三月二十三日之国大宁，永乐元年三月初二日移国江西南昌府。王天性惇实，孝友谦恭，乐道好文，循理守法。皇上绍承大统，以王至亲，恩礼加厚。而王事上，益谨弗懈。正统十三年九月十五日以疾薨，享年七十有

新建县黄源村《宁王圹志》拓本

一。讣闻，上感悼，辍视朝三日，赐谥曰献，遣官致祭。先是豫营坟园于其国西山之原。比薨，以正统十四年二月二十一日，葬焉。妃张氏，兵马指挥张泰之女，先薨。子六人：长庄惠世子磐烒，次未名，皆先卒；次临川王磐烨，次宜春王磐姚，次新昌王磐炷，次信丰悼惠王磐煤。女十四人，俱封郡主。孙男八人：宁世孙奠培，临川长子奠垆，宜春长子奠增，镇国将军奠埻、奠垒、奠堵、奠壏、奠埦。孙女十二人，封县主四人，余在室。曾孙十人，未封。於乎！王以帝室至亲，藩辅老成，进德之功，逾老不倦，敬上惠下，始终一诚，比之古昔贤王，殆不多让。正宜藩屏朝廷，永膺多福，而遽至于大故，是固有命。然福寿兼全，哀荣始终，亦可以无憾矣。谨述大概，纳诸幽圹，用垂不朽云。谨志。

正统十四年二月二十一日

○六○　河津市连伯村后土庙《重修后土禹稷庙记》

《重修后土禹稷庙记》明景泰元年（1450）刊。碑高 158 厘米，宽 72 厘米，厚 23 厘米，额篆"重修后土禹稷庙记"笏首方趺。后土庙现存山西省河津市阳村乡连伯村，碑存庙内。碑述景泰元年景克荣一家倾资重修后土庙，重修其乐楼等事，为考察该庙剧场沿革提供了依据。（见霍建瑜，《河津连伯村后土庙明代舞楼碑刻考述》,《中华戏曲》，2000 年第 24 辑；冯俊杰等编著，《山西戏曲碑刻辑考》，中华书局，2002 年，第 159 ～ 161 页。）山西师范大学戏曲博物馆藏该碑拓片。

碑文

重修后土禹稷庙记

大明正统十有二年，诏示天下郡邑乡村，或有古迹庙祠倾颓，悉皆修理。我圣朝无非使人尊崇礼仪，以厚风俗而已矣。兹者，县制（治）西南隅，里曰连百，乡曰梁许。百里有坤柔圣母、禹稷贤君及历代忠臣良将庙宇一区。亘古遗迹，建于龙岗之巅，北

河津市连伯村后土庙《重修后土禹稷庙记》拓本

椅（倚）三级，南对孤峰，左襟汾流，西拒黄河。山川美丽，罗列分张，地势雄伟，巍镇中央，云葭咫尺，千里在目，胜概绝伦，清幽无二。惜乎原其所自，先人失识，不知兴于何代，无由可稽。延年绵远，岁月湮没，殿堂疏漏，圣颜剥落，乔木耸矗，廊庑倾颓。嗟哉！胜境嵯峨，神祠萧条。每遇春祈秋报，三社拜香，面觐行礼，耆庶之众，空有踊足之叹，而无刻骸之忱；徒有应讹之言，而无舍财之意，公微私胜，面从心异。时有本社景氏表贵字克荣，素志于斯，每怀靡及，幸蒙皇恩，陡然情兴感激。于是私家会议，昆仲子侄阖门同心，熙熙暭暭，发一念之丹衷，起千般之计策，至诚恳切，真实无伪，罄施己资，涤虑洗心，斋宿庙中，夏不避暑，冬不惧寒，踵门拜谒，善劝董督，顷刻无怠。是以乡者薛恩等，亦行愤志，轮次在庙，同寅协和，互相赞助，鼓舞作兴，人皆悦从。有资者施以钱谷，无财者效以工力，心无畏惮，咸来趋事。不逾数载，重修正殿三楹，香亭一座，献亭五楹，乐楼三楹，外门三楹，廊庑二十餘间。陶铄脊兽，补塑神像，金妆彩饰，显耀辉光，无一不具，隆古制度，焕然鼎新。功缘有次，三乡士庶诣予馆下，属文镌石，予辞不已。呜呼！昔之修营，或易一瓦，或更数椽，仍旧补凑，然而易完易朽，随成遂败。非若常人之情，始勤终怠，公之赤心，虑始虑终，如金石之坚，鼎镂之固。后之君子，诚能体公之心，继公之志，述公之事，又从而歌曰：胜境苍苍，河汾汤汤，相续无替，愈久悠长。以是为记。

景泰元年岁在庚午冬十二月下浣良辰

河津县知县张济　　县丞张恺　王时学　　主簿郭坦　　典史赵礼　庄纲

儒学教谕李孜　　训导文明

前庚子科乡贡进士赵璘撰文

前贡士任蓝田知县王禧书丹

前癸卯科乡贡进士杨峙篆额

助缘堂宅舍人张纯

工房司吏张清　　兵房典吏陈升　　典吏陈辛

在庙协助乡老袁智　姚三　黄忠　薛玉　宋十　李仕方　张讷　薛亨　孙真　师伯通　景威　何顺　李顺　杨纲　景彬　郭云　师敬文　薛贵　李恩　王名　陈志刚　张泽　路政　郭英　景顺　郭贵　郭祥　王聚　李温　景恕　韩温　尉本

黄村里匠人史俊镌石　郭敏　孙广　张勤等立石

○六一　吕梁市离石区后瓦村古坤庙《重修后土圣母祠记》

┃简介┃

《重修后土圣母祠记》明景泰七年（1456）刊。碑高 133 厘米，宽 55 厘米，厚 18 厘米。笏头，略剥。碑阳额篆"重修后土圣母祠记"。古坤庙位于山西省吕梁市离石区后瓦村，碑现存庙内正殿廊下。碑文记载本都善人吴冲、吴健孝等倡议及修建献殿的经过，碑阴则有"乐人刘四同、室韩氏，吴海、吴旺、郭翱、李选"的记载。山西师范大学戏曲博物馆藏该碑拓片。

┃碑文┃

重修后土圣母祠记

上清三洞五雷经箓王府右卿五雷伏魔使行诸司院府事臣孙□际恭闻皇天后土乃天地至尊之圣，诸天朝礼，万神归瞻，盖后土皇灵地祇，实万民之□母，众圣□□。谨按道藏，□□常居九华玉阙、七宝皇房，承天禀命之期，主阴执阳之柄。道惟尊而□私，□□德□□□。于□□□□效法□□□育，坤元之美流行，品物生成之。母道之仁，岳

吕梁市离石区后瓦村古坤庙《重修后土圣母祠记》拓本

渎是依，山川咸伏，大悲大愿，大圣大慈，承天效法。后土皇灵地，祇琼□□□□，人世祠庙皆然。州之东三里而近青阳都瓦窑坡古迹后土圣殿，至灵有感，地秀人□，□□□军。太阳升霞之度，□□东□环翠而来朝。右有三阳云凤山，乃宋希夷祖师了道升真之仙乡。三清宝阁，万圣琳□□□，斋坛雷声显应，若众真□蓬岛紫府之清都。凡民祈祷，立彰昭应。南有白马仙渊之洞，龙神化现，请雨甘霖。周围九凤之山，其根原而一气连珠，从□方而相朝。其形凤翼，前丹凤之朝阳，北靠吕梁山之弗远，巍雄万丈。先贤有道禹圣治水而经临，前王避暑之境，系地脉□□通其形势。大圣庙重兴，先于景泰六年之春，有本都善人吴冲、吴进孝等因为朔望而焚香，对众而议曰：本庙缺少献殿，可以修建乎？众皆欢悦而应诺。于是同发诚心，采伐木植，烧造砖瓦，选日兴工。同一志之修营，无他意之有慢，尽心竭力，一载完成。时有阴阳生吴仲禄暨吴中建本庙崇宁真君祠在焉，壮观一境之神光，享万年之奉祀。□好善之人有以感通，增百福之门庭，免万祸之灾咎。《书》曰：作善降之百祥，作不善降之百殃。祸福之报，如影随形，信不诬矣。俾同备众善之人，亦足以感发善心而同跻于仁寿之域。予乃三阳之拙道，静坐草庵，众谒征文，再三固辞弗获。予嘉其志，始述其胜缘，命匠砾石为记，以彰其善，而勉诸奉善之人必以其心为心，庶无负于道矣。《易》曰：积善之家必有馀庆。而知众善人者修建圣母殿宇，其身各获富寿，将见其各家子孙之蕃衍，庆流后裔而无穷，岂有涯哉。钦祝：

皇基永固，道德兴隆，文武忠良，四时顺序，五谷丰登，风调雨顺，民安物阜。

时大明景泰七年岁在丙子九月上旬吉日

天坛羽客清虚志元元生撰

本州儒生薛泰书篆

奉训大夫知州范寅　　承务郎同知高儒　　从仕郎判官周祥　　登仕佐郎□目张□羽　　阴阳典术吴□

本村纠首吴冲　吴进孝　李厚　吴赟　吴鉴　吴中　吴贵　吴合　吴聚　李进广　吴□　李进义　吴进原　吴进发　李刚　李福　吴印　吴闪　吴仲彬　吴仲钦　吴进让　吴进善　吴进□　吴进□　吴□　吴进□　吴坚　吴□　□□□　□□□　□仲福　李□　李□　郭□□　吴□□　□□□　□□□　吴章　□表　吴志　李冲　李英　李增　王胜　吴贤　李鉴　李太□　李志刚　吴文贵　吴文选　□□□　吴文栋

本州青龙东都石匠贺□　男贺□□

重修圣母庙功德碑

本村后土圣母庙地基东西阔□拾尺地至高□

助庙底石条柱底功德人李进义　　助理人李进广　男李文

纠首施钱扶□□吴印室王氏　男吴仲方　吴仲质　十哥儿侄　吴仲福　吴仲彪　吴仲□　□□□　吴三哥

施钱扶梁阴阳官吴琮　室张氏　庄氏　男吴骠　吴寿　吴仲义　孙吴□消

施钱扶梁人吴振　室李氏

纠首扶梁功德主□仲禄　室李氏　杨氏　父吴绰　母杨氏　崔氏　郭氏

功德人吴进原　室张氏　李氏　男吴纪　室张氏　孙□□□□□□□

起盖献殿扶梁人父李海　李源　母白氏　张氏

功德人李进广　室冯氏　杨氏　男李文　李进孝　室任氏　男李淳　室郭氏　孙男李□

□小□　李进义　室高氏　男李章　李震　李福　室白氏　男李文仲　李文威　李文

撵玉东□里外功德主吴冲　室王氏　男吴巨廉　吴巨青　吴巨文　孙吴子刚　吴子□　吴子□　吴子宣　吴子良

助献殿石条人吴进孝　李进广　吴进让　李进义　吴中　吴进义

起建纠首功德主吴进孝　室郭氏　男吴恺　男妇李氏　孙男吴永倡

撵玉正面功德主吴学　室贺氏　男吴进云　吴进雷　吴进威　孙男吴安定　吴茂　吴馗　吴王奇儿　吴福胜　吴□　男安

撵玉西□功德主李珍　室宋氏　男李志青　李志德　孙男李壮丁　李壮勇

撵玉南面功德主吴□□　室李氏　王氏　男吴仲信　吴仲翱　□吴仲彬　室王氏　男吴迪　吴孝

泥瓦献殿功德主吴□　室栗氏　男吴仲青　男女（妇）冯氏　孙男吴□迁　侄男吴进干　长男吴鹿儿　吴包□

撵正□□面功德主吴升　室郭氏　男吴仲陈　侄吴仲让　吴仲诚

撚□□外面功德主吴□　室冯氏　吴矛　吴宣　吴唐

助铺□□表墙功德人吴闪　室男□矛　吴池男□□□　吴文□□

撂兽瓦匠李铎同　室□氏　男李文振　李文栋　　□□□

助碑包埋功德人吴通故　男吴□钦　吴仲仪　承愿

丹青孙志宁　男孙泰　孙斌

乐人刘四同　室韩氏　吴海　吴旺　郭翱　李选

木匠安郴　安磐　安庆

总□首吴冲　吴进孝

立石□□庙女善人 王□青

阴阳人吴印书

生员吴雄书篆

□□□□□

○六二 阳城县刘西村府君庙《创塑圣像之碣》

| 简介 >

　　《创塑圣像之碣》明成化五年（1469）刊。碑高 123 厘米，宽 56 厘米，厚 17 厘米，笏首，碑阳额篆"创塑圣像之碣"。府君庙位于山西省阳城县芹池镇刘西村，碑存庙内。碑文记载"重修正殿、舞楼、三门、板棚、东西两廊"和"创塑圣像三尊：正位神农炎帝，左位吴王圣帝，右位广禅侯之神"之事。（见段飞翔，《阳城县古戏台调查与研究》，山西师范大学 2014 届硕士学位论文。）

| 碑文 >

创塑圣像之碣

本里社学教读吕日新撰
李温书丹

　　盘古初分，起立天地清浊二气，清气上升圆为天也，浊气下降方为地也。天地相合，乾坤造化，一动一静，动者阳也，静者阴也。阴阳而偶，配成其三元、八卦吉凶之兆。中有三才，乃人生而最贵。始有三纲五常、人伦大德之礼，起之三皇。伏羲，神农，黄帝，人根之祖，历代相传，到今四千余矣。切思本境古迹，村名曰刘村，镇名曰则。当本镇芦水河南，有山名曰虎峰，卧虎之形。山下有泉水美味，二井深渊。后唐明宗同光四年改天成元年，岁在丙戌，因泉敕建此寺，名曰灵泉也。修寺已后，本镇人民不安，因建府君庙宇、三清殿堂，与寺对冲相压，本镇人民方息，到今数百余载。远年以来，因见庙宇久被风雨，推败倒塌，木植朽坏，有本社维那首老人刘公字镐，诚心举意，久舍功夫，率领本社人等，挨次轮流，用功重修。正殿、舞楼、三门、板棚、东西两廊，俱各修理，复旧重新。切见西殿五谷神牌之位，春祈秋报。稷是五谷之神，五土发生五谷，皆氏食土之利，养民之道。公广发愿心，施舍资财，请到本县丹青王斌，创塑圣像三尊：正位神农炎帝，左位吴王圣帝，右位广禅侯之神。自天顺八年七月内用功起手，至成化元年九月初三日开光工毕。从今已后，保佑本境年年风调雨顺，岁岁五谷丰登，愿保各人家门吉庆，人口添增，田蚕倍利，六畜孳生，盈仓谷麦，永远康宁。今将本社出备功缘舍财施主花名开列于后。

　　　　　　　　　大明成化五年岁在己丑季春三月二十五日立石

　　维那首刘镐
　　本里丹青李兵
　　大宁里石匠王万刊

○六三　稷山县南阳村法王庙《法王庙创建舞庭记》

| 简介 >

　　《法王庙创建舞庭记》明成化七年（1471）刊。碑高 143 厘米，宽 59 厘米，厚 14 厘米，笏首方趺。法王庙位于山西省稷山县稷峰镇南阳村，碑现存庙内正殿前。碑记法王庙创建舞庭之历程，碑阴附庙貌图，中绘戏台，题榜"乐楼"，额正书"重修法王庙记"，并线刻真武神，下方为龟蛇相交。此为明代前期因创建戏台而专门竖立的一通碑刻，透露出古代戏曲观念转变的信息，因明代戏台尚存，碑阴又刻庙貌图，特标志"乐楼"，遂成为图、文、物并存的罕见戏曲文物，其价值不可轻视。（见廖奔，《晋南戏碑偶录》，《戏曲研究》，1987 年第 22 辑；车文明，《稷山南阳法王庙明代创建舞庭及庙貌图碑考论》，《中华戏曲》，1999 年第 23 辑。）山西师范大学戏曲博物馆藏该碑拓片。

| 碑文 >

法王庙创建舞庭记

　　南阳为邑之巨里，人多乐善尚义，尤笃于事神。善士李文远蕃岁于本庙朝夕躬奉香

稷山县南阳村法王庙《法王庙创建舞庭记》拓本

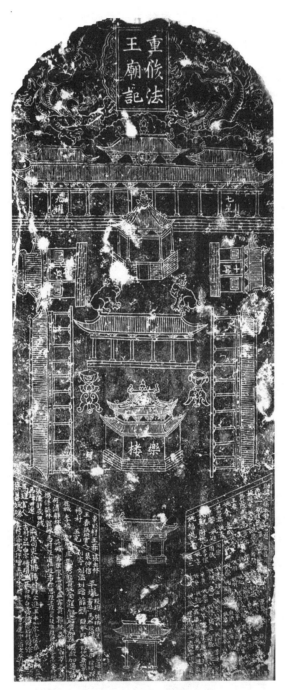

稷山县南阳村法王庙《重修法王庙记》拓本

火，尝会里中长者议，欲于正殿前建舞庭一座，佥曰："宜。"暨向善多士协衷致力，纂缘乐就。材料既备，乃请良工。而梓匠苏姓名亨者，欣然应曰："吾注意于斯已久，愿尽心竭力为之，不求其偿。"遂树舞庭三架转五，规模雄壮，制作工巧，帘隅整饰，无或尚焉。于是以陈列乐舞，奏格明神，有不宜哉？兴工于成化辛卯之仲春，落成于成化乙未之季夏。佥谓厥工既毕，当有以昭永远。而本村周瑾，亦好善者，躬诣北山之巅，求取美石，付之能匠，磨礲成碣。爰俾不肖，敬录造意兴缘之始末，勒诸石表，庶使后之乐善君子有所观感云。

　　　　　　　　　　　　　　成化七年岁次辛卯月建仲春乙未日

　　本县儒学生马宗海撰

　　本村张谦书

　　知县张谅　　县丞张衡　　主簿杨庆　　典史苏　　儒学教训俞　　致仕官席文贺端

　　儒学生马儒　段明

　　维那头姚达　张康　姚翊　姚益　姚学　张禄　周忠　姚深　姚选　姚四　姚峻姚铎　姚付华　姚付昌　姚宁　姚秀　姚增　姚敬　姚通　黄兴　九姚五　黄盛　张义姚十三　周义　周虎　周祥　原安　原盘　原显　王坦　梁茂　梁有　闫盛　周瑾　姚鸾　姚盘　原高　中姚璘　姚广　姚有

　　宁闰刊

　　黄士真画

〇六四　阳城县刘西村府君庙《重修府君祠记》

|简介⟩

　　《重修府君祠记》明成化十五年（1479）刊。碑高 115 厘米，宽 61 厘米，厚 15 厘米，青石质。府君庙位于山西省阳城县芹池镇刘西村，碑存府君祠西侧殿廊下。碑文载："厥祠之建，未知其始于何代，力于何公。但舞亭石柱、正殿座后而有大定、至元幸而存焉。亦不知其创耶，重耶？"（见卫伟林主编，《三晋石刻大全·晋城市阳城县卷》，三晋出版社，2012 年，第 31 页。）

|碑文⟩

重修府君祠记

儒学廪膳生员刘儒书撰

　　夫凡物有盛衰，有兴废，此理势之必然也。然其所以盛衰兴废者，亦未尝不本于人焉。切（窃）见阳城县北四十里，临流而聚芦者，曰刘村，盖取其民姓而目为名义也。芦之少右当乾岗之巅，巍然而面其南者，护国灵显贞君之祠。厥祠之建，未知其始于何代，力于何公，但舞亭石柱、正殿座后而有大定、至元而幸存焉，亦不知其创耶，重耶？庙貌圣像历世既久，不无损坏。时有耆民刘公讳镐，一旦集本社余众行香毕，彷徨西顾，喟然对众语曰："本社祠像缺残者，吾尝修补之，虽未尽美，聊成规矩。今正殿与夫子孙祠甚至剥落，敢请尔辈，可复修乎？"众皆乐从公。于是先纳己资以倡斯事，厥后富以财而贫以力，源源而来。由是绘饰神像，威灵赫赫，登斯境而瞻仰者，靡不凛然而起畏敬之心。功始于成化七年之孟夏，落成于仲夏之终。又□两廊狭隘，与正殿弗相称，旧平房两椽各五架，今更为四□□□亦如之，并相对耦，取其羽翼之也。功始于成化之乙未，落成于孟夏之辛巳。山棚四□，井□垂花，其高约百尺，历年久矣，风雨所摇，木植朽腐，势至倾颓。公之心惶惶不宁，欲一己资独力厥功。而于兴功之初，闻风而至者百余人矣！咸曰："莫非王事，何独贤劳？"殆见舍资献巧者，诚如子来趋父事也。于是通力合作，□旧更新，山节藻棁，不五旬而举矣。功始于成化己亥之孟夏，落成于季夏之丙戌。以至□行神祭器之类，无一而不用工修理之。仰而视之，高堂大殿上下吞吐，乐壁回廊彩耀光辉，□然一新而无复遗恨矣！然而深其宫、洁其室，非但观美故也，正欲神栖此地，斯土是□焉。公之用心仁矣哉！今功将毕，本社居士李清鼎辈恐其世远，人士泯其公绩，是以嘱予为文以广其传。生自揣春秋四六，薄识浅见，不能尽其公德业心力之盛。固辞弗获，姑述其事之始末，正所谓□太山者，第能画其形而乌能画其高也，可胜叹哉！

龙集大明成化十五年岁在己亥季秋吉旦立

本社耆老刘镐施银四两

〇六五　阳城县下交村成汤庙《重修下交神祠记》

《重修下交神祠记》明成化十八年（1482）刊。碑高170厘米，宽88厘米，笏头方跌，额篆"重修下交神祠记"。成汤庙位于山西省阳城县河北镇下交村，碑存庙内献殿。该碑历述该村自正统乙丑年（1445）至成化十三年（1477）间历次重修汤王庙的经过，重点表述"风俗之美，由人材之隆"的思想，赞扬该村培养和造就人才的突出成就，其中提及正统乙丑年（1445）重修舞楼之事。（见冯俊杰等编著，《山西戏曲碑刻辑考》，中华书局，2002年，第173～175页。）山西师范大学戏曲博物馆藏该碑拓片。

阳城县下交村成汤庙《重修下交神祠记》拓本

重修下交神祠记

赐进士出身嘉议大夫浙江按察使匠礼后学杨继宗撰

乡贡进士文林郎汝阳县知县本里后学原宗礼书丹

乡贡进士河南息县儒学训导本里后学原宗善篆额

析城之东有下交。下交之地，山水奇秀，居民稠密，南北两河，中夹大阜，自东徂西，合为一水，因名下交。今兹析城，即《禹贡》所载之析城也。大阜之上，中创神祠，为一乡祈报之所。春祈百谷之生，秋报百谷之成，人民富庶，享祀丰洁，八蜡通而岁事顺成，所谓"匪且有且，匪今斯今，振古如兹"是已。祠庙总若干间，有年久倾颓者，有空缺未造者。正统甲子春，里生鱼鲸植桂二株。越明年，里人原大器、孙郁、许真、卢岩，重修舞楼。成化纪元，原大用辈重修广禅侯祠。十有二年，原宗禄辈创建佛殿三间，兼塑佛像五尊。十有三年，原大亮、原宗仁、原宗禄、原礼、原英、孙敖、席步、席扩、孙志学、孙志端、原昙、原景、原内、原乾一十四人，皆乡党之拔萃者，睹成汤、黄龙、关王殿三间倾颓，神像剥落，同心协力，重修补塑。落成，问曰："祠神左右隙地，未曾起造，可建否乎？"佥诺曰："善。"遂东建白龙并太尉殿共八间；西建行廊及门楼十有三间。昔之倾颓者咸重修之，剥落者悉补塑之，空缺者整创建之。厥功克备，焕然一新，足以事神佑民，可传后世。请为记，以纪其实。予应之曰："下交地灵人杰，敬神向善，人知孝弟，俗尚廉耻，为仁义之区，礼让之党也。"虽然，不有先觉，孰开后人？遡厥所自，风俗之美，由人材之隆。前代已远，不复暇论，洪惟圣朝人材，由科目而出者，有曰鱼渊、原矩、原璿、原杰、鱼鲸、原宗礼、原宗善也；由胄监而出者，有曰原亨、原宗纯、原宗敏也；他如孙瑄、鱼泰亨、原宗泰、原宗敞者，又皆由吏胥而出也。渊为新泰教谕，鲸为汝宁训导，父子举人也。璿先典教，后升县尹；杰登进士，历宦宪长、方伯、左侍郎、都御史，卒于尚书，兄弟举人也。宗礼令汝阳，宗善训息邑，先后登科，亦兄弟举人也。宗善，璿之长子，克继先志，亦父子举人也。亨为山东费县宰，乃宗禄之祖。瑄为陕西镇安幕，乃志学之弟。潼关驿宰宗敞，管城驿宰宗泰，与宗禄亦伯仲也。泰亨任武安驿宰，渊之孙，鲸之子也。矩系里人，原岳父，恬退不仕。宗纯、宗敏又皆未用之贤也。今宗禄、志学辈贤而种德，富而好礼，敬以事神，率由人材中渐摩而成也。礼义由贤者出，讵不信夫！且乡人助缘稍觉列名碑阴者，若此其盛，而原、孙、鱼三氏为尤盛，犹唐之崔卢，晋之王谢也。后进忝而为儒者，曰宗哲、曰应奎、曰应宿、曰卢伦、曰鱼泰雍、曰应清、曰应轸、曰应阶、曰应麟、曰卢仁者，又皆科目可待之士也。将见人材辈出，神祠愈崇，礼让愈兴，风俗愈美，远而弥昌，久而弥芳，而一乡之盛，绵亘千古，又非止今日之盛也。百岁之后，必有贤如韩柳能记之者，又岂若予之拙而直哉！

大明成化十八年岁在壬寅秋九月吉旦立

维那头原宗禄　原大亮　原宗仁　席宽　孙志学　席扩　原昙　原英　孙敖　原景
孙志端　原礼　原乾　原内　原敏

石匠上间牛铎镌

〇六六　泽州县辛壁村成汤庙《创建礼乐楼记》

| 简介 〉

　　《创建礼乐楼记》明弘治十四年（1501）刊。碑高138厘米，宽68厘米，笏头，额篆"创建礼乐楼记"。成汤庙位于山西省泽州县大东沟乡辛壁村，碑现存山门东侧。碑文记述成汤庙创建礼乐楼，"用主礼乐以事神"之事，称神庙舞楼为"礼乐楼"，显然是受明代理学思想之影响，强调戏曲的礼乐教化功能。［见樊淑敏，《泽州成汤庙明代乐楼碑刻考》，《中华戏曲》，2000年第24辑；冯俊杰等编著，《山西戏曲碑刻辑考》，中华书局，2002年，第179～180页；王丽主编，《三晋石刻大全·晋城市泽州县卷》，三晋出版社，2012年，第133页。］山西师范大学戏曲博物馆藏该碑拓片。

| 碑文 〉

创建礼乐楼记

　　夫物遇时亨，人逢运泰。且木犹栌樗，匠石不顾，而徒多市众之观；圣并颜曾，通达未通，而岂遂干城之志？所谓道自人弘，物因时□矣。泽城之西距三□馀里，有社曰

泽州县辛壁村成汤庙《创建礼乐楼记》拓本

辛壁，背山临流，土淯民富。厥中古有成汤庙，乡间茸理，代有其年。左接民居，起敬□宫墙之下；右依琳馆，瞻眺于咫尺之间。殿宇巍峨，扉户曜目，廊庑掩翕，宏厂重深，肇自金大定二十一年也。内有苍松两株，周逾合抱，高出环丛，□幕境域之家，望览四围之远，根源莫测其宗，盘薄不□□□。尝闻父老相传，宁山建卫之初，官采不果所从。迨弘治辛亥间，宗枝爱才□□□□求未谐，强欲亲伐。梦警居民，翌旦，老稚拥□，阻缓而还。忆树□□有神司之，安能□是哉？耆老李贵议众曰："此树见危，居民必险。"率领二十馀家，就此创建礼乐□□，栏护四傍，用主礼乐以事神。社众响诺，自斯校力者子来，施财者云至。□于辛亥之冬，成于辛酉之夏。尔来十载经营，络绎不绝，其用功也深，费财也广，恐久泯□□社□议众等刻诸坚铭，属予为志。予云林晚生，稽□不备，曰：帝圣有四，汤居一也；仁周九有，亘古遵崇，敬之当也。木有万品，惟□最佳□之先也。礼乐乃郊神天，严肃如也。凡人情莫不欲安而去危，趋利以避害，祸福安危，神以□之，精祷必感。《传》云：神以人而血食。庙宇森备，直□俨然，神有依栖。鼎俎□乐，礼楼克成，则人所敬。庶使神明司察，而福岂无归宁？故不辞愧叙，谨假管□且叙以告□者云。

时弘治十四年岁次辛酉闰七月吉日

云林幽居子清河宗秀九撰并书

判官德平胡聪

工□□□吏李子通

本村人知需王宣　吕陷

典吏王璋

奉训大夫泽州知州钱唐陆伟

段殷　□□

〇六七 襄汾县城隍庙《襄陵新修城隍庙记》

《襄陵新修城隍庙记》明弘治十五年（1502）刊。碑高 170 厘米，宽 75 厘米，额篆"襄陵县新修城隍庙之记"。城隍庙位于山西省襄汾县襄陵镇，该庙现仅存钟鼓楼，碑存庙内。碑文载："成化丙午岁，河南西平张侯良弼由进士来知县事，廉而有威，凡所施设，一以惠民为主。越明年，无废不举，无利不兴。视兹庙之圮也，乃经之营之。既新其旧，而于正殿之前，仍增治献殿三间，殿之左右耳房各三间，仪门外乐楼五间，皆重檐累拱，绘以五彩。"〔见李世祐监修，刘师亮总编辑，《襄陵县志》，《中国地方志集成·山西府县志辑》第五十册，凤凰出版社、上海书店、巴蜀书社，2005 年，第 272 ～ 273 页；高建录主编，《三晋石刻大全·临汾市襄汾县卷》，三晋出版社，2016 年，第 67 页。〕

|碑文〉

襄陵新修城隍庙记

赐进士第奉议大夫兵部郎中邑人邢霖撰并书

襄陵县城隍庙，在县治西南二里许。不知建自何时，门前断碑磨灭，莫可考究。神

襄汾县城隍庙《襄陵新修城隍庙记》拓本

有塑像，邑之民凡遇灾疠必祷焉，事有犹疑必祷焉，无不响应。旧宇惟前后殿、两廊、仪门、二门而已，且岁久而圮。成化丙午岁，河南西平张侯良弼由进士来知县事，廉而有威，凡所施设，一以惠民为主。越明年，无废不举，无利不兴。视兹庙之圮也，乃经之营之。既新其旧，而于正殿之前，仍增治献殿三间，殿之左右耳房各三间，仪门外乐楼五间，皆重檐累拱，绘以五彩，辉煌逼人。又于二门外，再治两搭并厦舍共四十七间。且曰兹屋之作，吾将有待也。□逾年而告成，凡构材鸠工，百费皆募得于邑民之乐施者，初未尝强之以势。一日，侯乃榜于众曰："吾邑僻在太行脉山之麓，汾水之阳，舟车所不通，商贾所不至，凡百民用，莫能相资。每年四月二十一日，盍于此庙立会，俾民交易，以通有无，会五日乃止，率以为常。而前再治诸舍，宜为居货之所。"于是远近闻者，及期各携所有，翕然以来。会之日，丰修神祀，市有禁令，货不征税，其视解州、曲沃诸郡邑之会，规度盖有不侔者。既毕事，各相称便，维时则弘治五年也。未几，侯以内艰去任，相继为县者再，更代而得今虞城李侯，自卑又能益修其政，大补前人所未备。五年之间，其所兴举成就，凡有裨于政而利于民者，不可胜举，民甚德之。盖二侯者，其心同，故其惠民之政同，而民之感之也亦同。辛酉冬，原督工老人刘纲、贾兴辈若干人，乃用李侯之命发书于霖，请志之以昭永久。霖惟天下之善为民牧者，莫不有及民之惠，惠而不见其费，惠斯博矣。初张侯之图新是庙也，不费于公，不劳乎民，而且推之于政，俾民均沾，各得其所之利。语曰：因民之所利而利之，斯其惠不甚博也哉。吾李侯者，则又能以张之心为心，益修其事，相继善守之而不废，使后之为政者，亦能以吾李侯之心为心，相继善守之，庶斯图之不朽也。

弘治十五年岁次壬戌夏六月之吉

赐进士第文林郎知襄陵县事虞城李高　　县丞元城乔兰　　主簿睢州铁仲源　　典吏泰康吴森等立石

〇六八　灵石县峪口村河东公祠《重修河东公祠记》

| 简介 >

　　《重修河东公祠记》明弘治十七年（1504）刊。碑高 145 厘米，宽 75 厘米，厚 21 厘米。额篆"重修河东公祠碑记"。青石质。笏首。河东公祠位于山西省灵石县夏门镇峪口村，已毁，碑现存峪口学校。碑文记载重修河东公祠各殿之事，并"建楼三楹，祭享之日，伶人奏乐于上，以和神人"，可以看出，当时亦创建了舞楼。[见任兆瑞主编，《三晋石刻大全·晋中市灵石县卷》，三晋出版社，2010 年，第 26 ～ 27 页。]

| 碑文 >

重修河东公祠记

貌不出土□亲官邑人吴佩书镌

　　灵石邑城西去一舍许，里曰子夏。里之南旧有庙一所，像大贤卜子夏于中，里人春秋祀之。岁久浸坏，弘治癸亥春，义官牛宁、屈达，里之望族也，慨然欲修治。先出己资，以倡尚义者，众皆乐从，捐施恐后。未几，百费咸备，乃择工匠兴作。自正殿及两庑、墙垣，朽者易，颓者补，弊者绘，阙者增，重修后土圣母殿、五岳圣帝、城隍、药王、子孙、广禅侯祠、灵显真君、商山圣母、武安王庙。复于庭之中央建楼三楹，祭享之日，伶人奏乐于上，以和神人。门垣既崇，启闭有钥，牧竖、樵子不得游嬉于内，远近瞻望，庙貌森严，金碧辉映，焕然一新。工既毕，宁介其姻友司训张君廷器诣学，请予记之。按《史记》李克言："魏成东得卜子夏，文侯师事之。"《通志》记寓贤子夏晚年退居西河教授，后世因追封河东公。墓在河津县，书院在汾州。祠有五，一在灵石子夏里。盖魏都安邑，灵石亦魏地也。当时游西河必尝经此，后人思其教，荣其过，故立祠名里，示不忘也。夫圣贤之教，扶持人纪在万世，有天下国家者，隆尊崇报祀之典，固所宜也。而穷乡僻地亦能敬仰，沐风而思祀之，可见吾儒之道灌溉于人心者，曷尝有间哉！虽然，子复有告焉：立祠祀贤，固感其教矣；苟感其教而不淑诸身，则亦徒感耳。必也于集众释奠之时，睹其像则思其教，思其教必检诸躬：吾里之人果敦孝弟乎？果崇礼让乎？务谨其所已能而勉其不足，俾蔼然仁厚之俗兴，则立祠之本意得矣。若徒为观美玩乐之所，则反为亵焉耳，尚其念哉！是为记。

赐进士出身南京督察院右副都御史邑人吴珉撰文

赐进士出身工部都水司主事邑人裴继芳篆额

弘治十七年岁次甲子孟冬上浣日

募缘重修义官邑人牛宁　男牛天保　牛天佑　义官邑人屈达　男屈时中　屈时和立石

〇六九　万荣县解店镇东岳庙《重修子孙神母殿堂记》

｜简介 >

《重修子孙神母殿堂记》明正德五年（1510）刊。碑高 146 厘米，宽 68 厘米。东岳庙位于山西省万荣县解店镇，现为万荣县博物馆所在，碑存馆内。碑文简述解店东岳庙正德初的一次重修过程，因碑中记有古代神庙中较少提及的"看亭"，故在古代剧场史研究上具有很高的价值。（见车文明，《中国神庙剧场中的看亭》，《戏曲研究》，2013 年第 1 期；冯俊杰等编著，《山西戏曲碑刻辑考》，中华书局，2002 年，第 184 页。）山西师范大学戏曲博物馆藏该碑拓片。

｜碑文 >

重修子孙神母殿堂记

洪惟国朝建立神祠，本为生民。盖人敬神而知礼，神佑人而获福，理之自然。今有解店镇古建立东岳天齐大生仁圣帝行宫一所，前后殿宇，年远疏漏。有临晋县善士王兴，谨诚虔心，与众社人等恒心商议，各愿施财，将正殿、三门、看亭、两廊，并创建

万荣县解店镇东岳庙《重修子孙神母殿堂记》拓本

地藏王圣像。殿宇陆续修理，共计五十餘间。未曾立石。兴再观正殿后子孙神母殿堂三间，兴拜告众社人等，各舍资财，多寡不同。兴请匠作从造琉璃宝眷，工毕，就于殿檐刻石，将各社施财善士花名于于万斯年而无磨云。

大明正德五年冬十月吉日

善士王兴立石

室人许氏眷匠银五两　买息银五两五钱　石匠银六两　共银一□（？）　龙门黄□
男黄锦材□八钱、银五钱　买同银五钱　木匠银五钱　买石头银二钱十八两二钱（？）

泥水匠阎尚伦　　铁匠黄仲良　黄□　　庙官畅胜　　本庙住持道士　徒□二才

○七○　晋中市榆次区城隍庙《城隍神庙碑》

| 简介 >

《城隍神庙碑》明正德六年（1511）刊。城隍庙位于山西省晋中市榆次区城内东大街中段北侧，碑已不存。碑文首先追述洪武二年封榆次城隍庙"监察司民显佑伯"之事，后梳理建修过程，其中"正德六年……起楼于阁之北面，为作乐之所。"［见车文明，《20 世纪戏曲文物的发现与曲学研究》，文化艺术出版社，2001 年，第 38 页；俞世铨、陶良骏总纂，《榆次具志》卷十三，《中国地方志集成·山西府县志辑》第十六册，凤凰出版社、上海书店、巴蜀书社，2005 年，第 488～489 页。］

| 碑文 >

城隍神庙碑

金中夫邑人

洪武二年正月，太祖高皇帝平定九州，畏怀八□，世已隆治，乃颁恩于鬼神之有关于民者，而崇封号于榆次城隍曰"监察司民显佑伯"。其制曰："榆次县城隍，聪明正直，圣不可知，固有超于高城深池之表者。世之崇于神者，则神受于天者盖不可知也。兹朕临御之初，与天下更始，凡城隍之神，皆新其命。眷此县邑，灵祇所司，宜封曰'监察司民城隍显佑伯'。显则威灵丕著，佑则福泽溥施，此固神之德，亦天之命也。司于我民，监于邑政，享兹典祀，悠久无疆。"夫圣祖拳拳扶世爱民之意超轶隆古者，至矣。旧祠在北门迤南善政坊东，地形隘窄，庙貌敝陋。维时宣德六年正月，尹县者惧无以妥安神栖，遂迁于县治东南。向为正殿三楹，东西庑各三楹，大门一楹。至成化十二年三月，先大父及诸老辈，复迁殿于后七八丈许为寝殿，新建显佑殿五楹于前。金碧翚翼，一邑壮观，鬼神歆享，人民和乐。弘治七年，乡民李选辈叹殿宇虽隆，而廊庑颓陋，乃复经营，为两庑二十八楹以翼之。弘治十年，符吉辈又于殿之迤南、当神道正中为阁，而两廊合抱焉。正德四年，王嵩辈于阁道迤南为门五楹。是廊也，高敞弘丽，合矩中规，举坠拾敝，宛若成算，盛哉。正德六年五月二十七日，告成于神，牲肥酒芬，人敬神悦。流贼猖獗，奔腾太行，蹂躏平阳、泽潞。霍山、韩侯岭之险，纵横出没，无敢撄其锋者。至榆次南三十里，贼声言将由榆次往井陉之东。是时烽燧连举，杀气飚烈，人无惧意，安若平时。贼竟东入八赋岭，由辽州而去。后有自贼所来者，言贼问路，有赤衣人指此路，而曰实城隍之灵。向使无保障之灵，有如是哉。于是左桂原、李引道辈欲报神惠，起楼于阁之北面，为作乐之所。象二十四神于两庑，分司善恶，并殿阁皆绘饰焉。东庑之南曲北向者，为斋宿所，所之西即东角门；西庑之南曲北向者，为牲馔所，所之东即西角门。阁南、东、西为守庙之舍。高卑不乖，内外完好，百十年未就之绪，一旦焕然全美。固神之灵明有警惕齐民之心，亦大耆茂知同心协力之成也。功毕告成，内外焕美矣。于嘉靖六年，孙文质、崔琮辈于庙之南空处，立屏以蔽之。十二年，赵弘、符彦明辈又于东西竖牌坊各一座，东曰保障，西曰昭假。金谓中夫邑人也，宜记之。记之曰：庙地南北长三十三丈五尺，东西阔一十三丈八尺，中殿庑楼阁总六十楹。於戏，为记以应，俾镌之石，为后日考信云。

〇七一 微山县马坡村《梁山伯祝英台墓记》

| 简介 ⟩

《梁山伯祝英台墓记》明正德十一年（1516）刊。孟子五十七代孙孟元篆额。碑高184厘米，宽82厘米，厚33厘米。该碑于1952年、1995年曾被发现，后出于保护的目的被重新埋于地下。2003年10月此碑重新出土于山东省微山县马坡乡马坡村，现存于微山县马坡乡政府院中。碑文主要记述在时任南京工部右侍郎、奉敕总督粮储的崔文奎的主持下，为重修梁祝墓而立此碑。该碑是目前国内发现的梁祝墓中立碑时间最早、记载梁祝故事最翔实的碑刻。（见郑亦桥，《梁山伯祝英台墓碑出土记略》，《文物参考资料》，1957年第9期；张士闪，《山东民间文化背景下的梁祝故事——关于济宁马坡〈梁山伯祝英台墓记〉的民俗学分析》，《齐鲁艺苑》，2005年第2期。）

梁山伯祝英台墓记

丁酉贡士前知都昌县事古郏赵廷麟撰

文林郎知邹县事古卫杨环书

亚圣五十七代世袭翰林院五经博士孟元额

　　《外纪》二氏出处弗详，迩来访诸故老传闻，在昔济宁九曲村祝君者，其家巨富，乡人呼为员外。见世之有子读书者，往往至贵，显耀门间。独予无子，不责其贵，而贵里胥之繁科，其如富何？膝下一女名英台者，聪慧殊常，闻父咨叹不已，卒然变笄易服，冒为子弟，出试家人不识，出试乡邻不识。上白于亲，毕竟读书，乃振门风，以谢亲忧。时值暮春，景物鲜明，从者负笈过吴桥数十里，柳荫暂驻，不约而会邹邑西居梁太公之子名山伯。动问契合，同诣峄山先生授业。昼则同窗，夜则同寝，三年衣不解，可谓笃信好学者。一日，英台思旷定省，言告归宁，倏经半载。山伯亦如英台之请，往拜期门。英台速整女仪出见，有类木兰将军者。山伯别来不一载，疾终于家，葬于吴桥迤东。西庄富室马郎，亲迎至期。英台苦思：山伯君子，吾尝心许为婚，第无父母之命、媒妁之言，以成室家之好，更适他姓，是异初心也；与其忘初而爱生，孰若舍生而取义。悲伤而死。少间，愁烟满室，飞鸟哀鸣，闻者惊骇，马郎旋车空归。乡党士夫谓其令节，从葬山伯之墓，以遂生前之愿，天理人情之正也。越兹岁久，松楸华表，为之寂然。俾一时之节义，为万世之湮没，仁人君子所不堪。矧惟我朝祖宗以来，端本源以正人心，崇节义以励天下，又得家相以之佐理，斯世斯民何其幸欤？时南京工部右侍郎前督察院右副都御史奉敕总督粮储新泰崔公讳文奎道经，顾兹废圮，其心拳拳施于不报之地，乃托阴阳训术鲍恭干。昔有功于张秋，升以奉禄，近有功于阙里，书以奏名，授今兹托，无用其心哉！载度载谋，四界竖以石，周围缭以垣，阜其冢，妥神有祠，出入有扉，守神祠有役。昔之不治者，今皆治之；昔之无有者，今皆有之。始于十年乙亥冬，终于今岁丙之（子）春。恭干将复公命，请廷麟具其事之本末、岁月先后，文诸石。不得已而言曰：土（上）帝降哀，不啬于人，惟人昏淫，丧厥贞耳。独英台得天地之正，气萃扶之倩淑，真情隐于方寸，群居不移所守，生则明乎道义，没则吁天而逝，其心皎若日星，其节凛若秋霜，推之可以为忠，可以为孝，可以表俗，有关世教之大，不可泯也。噫！垂节义于千载之上，挽节义于千载之下，伊谁力欤？忠臣力也。忠臣谁欤？崔公谓也。不然，太史尝以忠臣烈女同传，并皆记之。

正德十一年丙子秋八月吉旦立

卷里社林户　符孜

石匠梁圭

○七二　泽州县湖里村二仙庙《重修佛殿并二仙庙记》

| 简介 >

《重修佛殿并二仙庙记》明正德十三年（1518）刊。碑高 155 厘米，宽 76 厘米。二仙庙位于山西省泽州县高都镇湖里村，碑存庙内。碑文记述佛教及二仙来历并乡耆原文秀等重修佛殿、二仙殿等各殿及"舞楼一所"，以备"岁时祭肴奠桂酒，式歌旦（且）舞，答神之休，以报之礼"。（见樊秋宝主编，《泽州碑刻大全》卷三，中华书局，2013年，第 114 ～ 116 页。）

| 碑文 >

重修佛殿并二仙庙记

本州知州王监撰文

陵川知县葛惠篆额

本州云释香自然书丹

高都镇仪官王朝　邢福德　李子政　李杰　卫友直　刘玥　李武　原伦　李仁

下川里马宣

东平里仪官韩锐

章东社刘得

夫三光丽天，亘万古而常辉；百川到海，同一味以立名。三圣垂教，应机随方，其兴也尚以（矣），其来也久以（矣），并行于世，化成天下。以迹议□，以理推一，不可得而亲疏焉。孤山圆法师曰：三教如鼎，缺亦（一）不可，诚古今如对论也。故不可思欲之心，佛之出世，而为心者。人皆善，必去其恶，助人以福，必修其行，岂有异乎？在昔周昭王时，有光来照殿庭。王问何瑞，太师苏由曰："西方有大圣人生者。"遂以其事记勒诸石，埋于南郊。至汉明帝甲子永平七年辛酉，帝梦金仁（人），问诸群臣，蔡愔善知其所奏前事，王疑其言，即令二人于南郊，掘见，悦，敕遣王遵等一十三人西访仙法，至大月氏国，而遇□腾法兰，持苡白□□释迦像，迎至洛阳而立，始中国之也。弛弗治，历既久，基址颓圯。天顺戊寅年间，有本社乡耆原文秀重建佛殿三间、三教圣像，一缘已讫，于后历记隋唐以□。

夫圣人之制祭祀也，所以使民祭鬼神而知所报于神乎。《记》曰："川泽能出云为风雨、见怪物，皆曰神。"载在祀典，为万世之法。二仙之来，传记未详灵踪，以谓广平郡乐氏二女登仙为也。历唐迄经我朝，在载祀且千，血食兹土。迨政和之君，赐号冲惠、冲淑真人，庙貌愈崇，民愈敬矣。呜呼，非有大阴得（德）于民者如是？旧庙在壶关县境，其或旱干水溢之变，螟蛉蟊贼之灾，民诣庙所□之。□为风雨、见怪物而曰神者欤？四方编户不远百里而往祀之，此乡诸老以崎岖登陟之劳，极请于神。然曰比年以来阴阳和，风雨有，人物□阜，必修其行，岂有异乎？在昔唐宋年间，有古迹二仙庙，记流崇信，向久而愈盛，无不举焉。今泽□剧邑，邑之东北四舍许里，其村曰胡里。村中□二仙庙，山名（明）水秀，川坦土膏，嘉木森，居民错比，真一郡壮观之境也。古迹二仙殿与（宇）一所，岁久凋零，每至风雨，镇立于是。乡耆文秀思庙之毁□："汝等以为何？"迨我圣朝，于弘治丙辰年间，其文秀庀徒择日，征工就功，莫不廷息而执用月，采取木植，惜致砖瓦，不故经营。前后所置□□□二仙殿三间，创建三官殿三间。黄王河创建龙王祠三间，四圣殿三间，四帅殿三间，子孙祠三间，僧房四间，三门三间、舞楼一所，□□□殿一所，观音殿三间，兼立两廊二十四间。前后四面砖表咸墙□矣牢致岁久而不毁，传万世之名。工讫，立记于弘治辛酉年间。其文秀用心久远，□是□群出俗之气像，无矜高特己之襟怀。龆龄之岁，礼二仙之圣像，岁守净瓶，持新入室，威仪有节，行业非远近，人心无不悦者。其文秀思飞云□□知岁时祭肴奠桂酒，式歌旦（且）舞，答神之休，以报之礼。然以天下平定，岁时丰稔，上以成天之威力，下托二仙之圣可□而不得□□□以成，当同心扶立碑传于不朽，暇日同固，永为记耳。

大渊正德戊寅□蕤宾月中旬冀涧伍记

本社乡耆原文秀（阙文）　男原宗美　原宗礼立石（阙文）

〇七三　介休市后土庙《□□献楼记》

| 简介 |

《□□献楼记》明正德十四年（1519）刊。碑高 317 厘米，宽 88 厘米，厚 17 厘米，笏首方跌，额篆"创建献楼之记"。后土庙位于山西省介休市，今为市文管所驻地，庙貌保存完整，碑存庙内。此碑记载正德间改建乐棚为献楼之事，改建后的戏楼至今完好无损。（见冯俊杰等编著，《山西戏曲碑刻辑考》，中华书局，2002 年，第 187 ～ 188 页。）山西师范大学戏曲博物馆藏该碑拓片。

| 碑文 |

□□献楼记

后土庙旧有乐棚三间，因其敝坏矮窄不堪，正德丙子春，邑耆梁公讳智等，欲建楼广阔而重修之。奈城下有三清观，与乐棚相近，建楼乐愈高而神愈下，可乎？士民薛君雄谓众曰："改三清阁筑基，与献楼同合为一，中则分之。起三清圣像于崇楼之极，前列万圣朝元，后奏献以奉后土，则神上而乐下，使人心安而神妥也。"众如其言。本庙道

獻樓記

后土廟舊有樂棚三間因真骸壞矮窄不堪正德丙子春邑耆梁公諱智等敬建樓廣闊而重修之崇城下有

三清觀與樂棚相近建樓樂愈高而神愈下可平士民薛君雄謂眾曰改三清閣築基與獻樓同合為一中則

分之起

三清聖像於崇樓之極前列萬聖朝元後奉獻以奉

后土則神上而樂下使入心安而神妥也眾如其言本廟

道士張德深告請四方賢士共建斯樓梁公施白金數百餘兩以董其事由是施財百數者數十人十數者百

餘人五數者數百人兩數者不下千餘人也遂拯綿山之木卜日鳩工以建崇樓朱富者施其財貪者助其力如

工者闕其巧三載之功費也大美是樓也上接雲霄下連中鎮金碧丹彩覆簷深遂則神有所依洋洋乎如

在其上如在其左右也人心以安知所畏敬而至誠足以感神明也過客來實致奉祀或登眺東瞻漢郡林宗

之巨塚西觀唐助國聖母之神祠宋潞公之墓道南觀綿峯麓晉介之推之茂末北望汾水之汪洋敦不曰敬而

美哉斯樓誠一方之勝景也屬余記之蓋閭燔柴以起天座埋以祭地起建崇樓敬神之至也神之享曰敬而

己魯論有云吾不興祭如不祭余信斯言也

大明正德十四年歲次己卯中秌之吉邑人強恕子郭海東之撰并書及題額

慶成王府殿下
儀賓建壁
道士張德深

全立石

介休市后土庙《□□献楼记》拓本

士张德深，告请四方贤士，共建斯楼。梁公施白金数百馀两，以董其事。由是施财百数者数十人，十数者百馀人，五数者数百人，两数者不下千馀人也。遂采绵山之木，卜日鸠工，以建崇楼。夫富者施其财，贫者助其力，工者斗其巧，三载之功，其费也大矣。是楼也，上接云霄，下连中镇，金碧丹彩，覆檐深邃，则神有所依，洋洋乎如在其上，如在其左右也。人心以安，知所畏敬，而至诚足以感神明也。过客来宾，或奉祀，或登眺，东瞻汉郭林宗之巨塚，西睹唐助国圣母之神祠、宋文潞公之墓道，南观绵峰麓晋介之推之茂木，北望汾水之汪洋，孰不曰：美哉，斯楼！诚一方之胜景也。嘱余记之。盖闻燔柴以祀天，瘗埋以祭地，起建崇楼，敬神之至也。神之享，曰敬而已。《鲁论》有云："吾不与祭，如不祭。"信斯言也。

大明正德十四年岁次己卯中秋之吉

邑人强恕子郭海东之撰并书及题额

庆成王府殿下奇湏　奇潳　奇激　表枧　表榉　表椌　表枳　表柷　表桓　表槀　表棶　仪宾李廷奎　校尉李钦

承事郎知介休县事王天祐

阴阳学署印生李侃

都功德主梁智

纠首梁温　梁冠　梁原　梁彝　侯冠　赵胤　梁忍　梁带　赵文增　梁池　梁万钟　罗章　薛雄　梁珍　董惟精　郭经　侯文　梁绘　梁儒　梁甫　梁强　董环　梁巨海　梁时熙　李洪兰　梁又新　梁实

本庙道士张德深

石匠大宋里吉公敬　仝立石

○七四　阳城县下孔村成汤庙《重修土地庙记》

| 简介 >

　　《重修土地庙记》明正德十六年（1521）刊。成汤庙位于山西省阳城县凤城镇下孔村，碑已不存。碑文载："五谷之祠建之于左，土地之祠树之于右，列看楼于兑方，起崇门于离方，规模深远，气象森严，此齐圣广渊之庙所由完焉。噫！年深岁久，雨浸风摧，新者久而淬之，旧者久而腐矣。正殿三楹，一修于义官城（成）鼎，再修于耆老郝敬东。西看楼推旧为新者，有郝坚、程通焉。"（见山西省阳城县下孔村志编纂委员会编，《下孔村志》，世界华人艺术出版社，2001年，第 355 ~ 356 页；段飞翔，《阳城县古戏台调查与研究》，山西师范大学 2014 届硕士学位论文；王潞伟，《上党神庙剧场研究》，中国戏剧出版社，2016年，第 132 页。）

重修土地庙记

吏部听选国子生邑人郝满书撰
本县儒学生白巷杨佩篆额

县治正东约十里余有大聚落，前临斩绝之涯（崖），后枕崔峨之岭，东接万丈之沟，西倚千泽之涧，四周险阻，八面崎岖，有天然寨堡之形势也。在古之时，缘孔姓者居多，故名之曰孔寨镇□□□□□中寰。自太和八年，岁次大旱，民不聊生。上而官司，下而里社人等，斋戒沐浴，精白一心，祷于析城成汤之神，即得既沾既渥之雨。呜呼！□成汤，其生也，六事自责，祷于天而消七年之旱；其没也，英灵不昧，应民祷而腾百川之雨。思（恩）惠广大，德□□□□。斯邑创建成汤庙，以为万年报祀之所也。不特是尔，五谷之祠建之于左，土地之祠树之于右，列看楼于兑方，起崇门于离方，规模深远，气象森严，此齐圣广渊之庙所由完焉。噫！年深岁久，雨浸风摧，新者久而淬之，旧者久而腐矣。正殿三楹，一修于义官城（成）鼎，再修于耆老郝敬东。西看楼推旧为新者，有郝坚、程通焉。五谷一祠易小为大者，有程重、吉铭焉。正德十有三年，岁在戊寅，社首成宪、郝子刚者，正旦祭毕，质余曰："土地之祠圮坏久矣，欲重修理，恐德不足以服众，身不足于率人，可与否与？"余应之曰："地之神在府则有府土，地之神在州则有州土，地之神在县则有县土，地之神在里则亦有里土。地之神秉祸福之权，妙报应之速，非谄神、非谄祀，可有而不可无，可敬而不可亵之神也。《礼》曰'设坛建壝'，《易》曰'享帝立庙'。修废补坠，诚盛举也。"于是成宪、子刚为之首，继而成琦、成恺为辅，同心协力，共成兹举。将见一邑之众，乐于奉神而不吝所有，喜于趋事而罔惮其劳。有钱谷者舍其钱谷，而充工役之需；有材木舍其材木，而胜修理之任。岁经三载，工始完成。栋宇巍峨，轮奂有鲜明之状；樀题高耸，而金碧极辉煌之美。庙貌森严，英灵赫奕。观之者起为善去恶之心，仰者动迁善敏德之念，是上有功于神而下有功于民矣。夫创始于前者，继述于后者，其功小哉！若宪与子刚者，种种周密，尽善尽美，其事虽为重修，功实倍于创始。宜勒□珉，以为永羡。

大明正德十六年岁在辛巳仲春朔旦立

西社首郝鳞　成宪　成皋　郝斌　成岩　成兰　成玑　郝原　成琏　成琦　郝子刚

舍人程仁　成伟

义官郝芳　郝韬

老人郝蕙　成倌

梓匠冯子贤

石匠王村成玖玉刊

〇七五　万荣县解店镇东岳庙《解店泰山庙重修记》

| 简介 >

　　《解店泰山庙重修记》明嘉靖元年（1522）刊。碑高 162 厘米，宽 79 厘米，厚 17 厘米，笏首方趺，额正书"重修泰山庙记"。东岳庙位于山西省万荣县解店镇，现为万荣县博物馆，碑存庙内。碑文载，东岳庙"庙之前献享有亭，乐舞有庭，翼以两廊，启以重门，规模制度，既雄且伟，古今号为名祠焉"。（见冯俊杰等编著，《山西戏曲碑刻辑考》，中华书局，2002 年，第 193 页。）山西师范大学戏曲博物馆藏该碑拓片。

| 碑文 >

解店泰山庙重修记

　　万泉城北一十五里许，有镇曰解店者。镇之东隅有泰山庙，其地势高亢明爽，面山背阜，左稷右陵，胜概斯萃，冲气攸钟，而庙貌独存。庙之前献享有亭，乐舞有庭，翼以两廊，启以重门，规模制度，既雄且伟，古今号为名祠焉。考邑《志》不载始创之时，惟见大元大德重修之，景泰改元又重修之，天顺改元又重修之。嗣是而还，撑倾补

万荣县解店镇东岳庙《解店泰山庙重修记》拓本

鏬，仅延岁月，未有大兴造者。以故屋老瓦落，阶颓墙仆；廊房寝室，左支右持；檐柱门扉，东依西倚，甚不足以安神灵而壮观视也。正德九年秋，乡耆贾华、李庆等谋欲鼎新之，托其事于石英等，事未竣而卒。正德十年春，乡耆畅著、付景春等复托其事于南贾村解继宗等。时本镇吴尚彬并周杰为府掾者，亦与谋焉。由是征工僦巧，购巨材于邻壤，陶良甓于庙次，老者新之，落者补之，颓者砌之，仆者筑之。廊房增以新廊五楹，而缺者以备，檐柱易以石柱一十三根，而朽者以坚，以至殿、亭、门、寝，悉加葺理，饰以丹臒，缭以周垣，金碧煌煌然，轮奂翼翼然，规模制度焕尔一新。工既讫，佥谓不可无述以昭示后来，乃征余文以为记。余惟诸侯祭封内山川，大夫尚不可僭，况民乎？泰山在鲁地，固鲁侯应祀之神也，今天下之民，乡为之祠而里为之像，若应祀焉者何哉？余尝求其故矣，民知有祸福而不知有名分。盖□泰山严严之气象，上摩青苍以掩霭，下压后土之鸿庞，封之足以壮皇图，登之足以小天下，出云物，钟神秀，而生物之功莫盛焉，故咸以为修祠肖像，所以报其功焉耳。此因袭之弊，无足怪者，而诸公之意亦有不可尽少者焉。孔子曰"敬鬼神而远之"，可谓知矣。今屈力殚虑，夙夜寅清，几乎敬矣；而岁时春秋，又不过一祈一报而已，不类于远耶？能敬且远，虽谓之知亦可也。于是乎记。

嘉靖元年岁次壬午秋七月吉旦

文清公五世孙庚午科乡进士龙门薛华书

平远薛谨

稷山县下迪镇石匠张儒

〇七六　新绛县阳王村稷益庙《重修东岳稷益庙之记》

│ 简介 ⟩

　　《重修东岳稷益庙之记》明嘉靖二年（1523）刊。碑高 343 厘米，宽 90 厘米，厚 21 厘米，螭首，额篆"重修东岳稷益庙之记"。稷益庙位于山西省新绛县阳王镇阳王村，碑存稷益庙正殿前。碑文记载了东岳稷益庙之历代修建过程："绛坤隅柏壁之阳，峨嵋之阴，巍然而突镇乎阳王之墟者，东岳稷益庙也。罔知肇自何代，元至元间重修，正殿旧为三楹，国朝弘治间恢复为五楹，增左右翌室各四楹；正德间复增先门三楹，献庭五楹，舞庭五楹。缭以周垣，架以长廊，隐以佳木，百工殚巧，金壁摛辉，宛乎舞雩之幽致，而轮奂之美谅过之。"（见延保全、赵志华，《新绛县阳王镇东岳稷益庙戏剧碑刻及赛社民俗考论》，《中华戏曲》，1999 年第 23 辑。）山西师范大学戏曲博物馆藏该碑拓片。

新绛县阳王村稷益庙《重修东岳稷益庙之记》拓本

重修东岳稷益庙之记

诰封朝列大夫宗人府仪宾郡人周尚文撰文

奉直大夫知陕西陇州事乡进士郡人杨泽书丹

赐进士奉直大夫刑部河南清吏司郎中郡人陶滋篆额

绛坤隅柏壁之阳，峨嵋之阴，巍然而突镇乎阳王之墟者，东岳稷益庙也。罔知肇自何代，元至元间重修，正殿旧三楹；国朝弘治间恢为五楹，增左右翌室各四楹；正德间复增先门三楹，献庭五楹，舞庭五楹。缭以周垣，架以长廊，隐以佳木，百工殚巧，金壁摘辉，宛乎舞雩之幽致，而轮奂之美谅过之。是举也，乡耆王耀、王昌、王成、王果奋庸于其前，尹亨、王琦、王佑、张鏊、杨儒、王珣润色于其后，率从四社居民之愿，计地税出资以赞费，故其富丽若此。嘉靖癸未夏，掾官王珙甫携诸耆始以成事速予记。往观焉，祗谒之馀，仰见先郡守济宁徐侯手志其梁，予乃指而告之曰："惟皇建其有极，立之司牧，而皆为民也，斯盖生民之本，而若等亦知作者意乎？当尧之时，洪水泛滥，黎民阻饥，几于鱼鳖，故舜咨四岳，举禹作司空，益烈山泽，稷播百谷，然后水土以平，兽鱼咸若，民乃粒食，庸非生民之本而可不知所报乎？我皇祖定鼎之初，首发事神之策，严幽明之分，爰命有司，设山川社稷之坛，岁时祀之。迨今圣天子龙飞纪元之始，辄修三礼，肆类于上帝，望于山川，遍于群神，其为民报本之意先后一揆，可谓至矣。是故神人以和，万邦作乂，凡覆载间稍有血气之属，莫不忻悦仰戴，以为复际唐虞三代之治者，良有以也。予尝以藩戚使贺于廷，获近日月之光，亲睹禋祀之盛，而感遇亨嘉之会，於戏！休哉！既而省亲于山之东，登泰山之颠，遡九川之源，始知孟子小天下之言信不我欺。已而归休乎吾绛，北吊虞官之墓，西瞻后稷之亭，历览诸山川形胜，暨诸田谷丰穰有无。化居又知《书》称禹贡而益稷佐其成功，岂曰小补之哉！载之祀典，以享今日之报，崇也固宜，抑不能无疑焉。季氏旅泰山而孔子犹讥之，况此非其地，而凡民顾可谄事乎？夫鬼神无常享，享于克诚。季氏以一己之私僭诸侯之礼，而诚安在哉！彼苍苍蒸民，孰不欲生，生必本于稼穑，稼穑非山川以宁得乎？今观是乡之民，富庶而致敬乎此，盖其报本之心出于至公，而祈福之念生于可欲，非若九黎乱德，家为巫史，而反致祸灾荐臻者。吾知神依人而血食，人敬神而知礼，其幽明感应之几捷于影响，何灾之不可御，患之不可捍！由是而□然于安居乐业之中，以享斯世承平之福于无穷焉者，亦诚而已矣，又岂季氏夸淫于一时者之可例论哉！言东岳而不及他者，岱为五岳之宗，他皆统其中矣。徐侯，有司牧之责者，安知其意不出于此邪？"金曰："唯。请书之。"遂不避往谬，而僭为之记。又系之乐歌以遗乡人，俾声于庙庭，侑牲璧云。其词曰：

神胡为兮独据东，麾群岳兮从龟蒙。眷稷益兮故土，兴云雨兮慰农。

祖乎周兮如在，荐嘉谷兮酬夫至爱。歌生民兮侑尊，德配天兮无外。

虞衡兮是位，若予兮庶类，嗟莫报兮神之惠，俨朱虎兮熊罴，烈风雷兮坛墠。

右《迎神》三章，二章四句，一章五句。

霍之南兮汾之浒，惟神集兮喜觋舞。肆肴蒸兮椒浆，神之归兮何许。

驾飞龙兮璇空，璆锵鸣兮西东。俯蓬莱兮莫止，超禹迹兮无踪。

无踪兮奈何，俾勿坏兮遗《九歌》。信神功兮不坠，时煮蒿兮山阿。

右《送神》三章，章四句。

大明嘉靖二年岁次癸未秋九月初三日立石

稷亭薛聪镌

○七七　三门峡市湖滨区塘凹村香山东岳庙《重修塘凹村东岭庙宇碑记》

| 简介 >

《重修塘凹村东岭庙宇碑记》明嘉靖四年（1525）刊。东岳庙位于河南省三门峡市湖滨区高庙乡塘凹村，碑存庙内。碑文主要记载了马家河塘凹村东岭圣母庙因火灾与自然因素损坏殆尽。后在耆老侯铎寺倡议之下重修。此次大修过程中重修了献殿、乐楼等建筑。（见杨健民编著，《中州戏曲历史文物考》，文物出版社，1992 年，第 216 页。）

| 碑文 >

重修塘凹村东岭庙宇碑记

马家河□里塘凹村东有岭，巍巍高□，挺拔丘陵，名曰香山。顶前有东岳之庙，后有圣母之殿，东廊有香山子孙之宫。庙之东西松柏茂盛，殿之前后林木乔挺。于嘉靖二年岁次癸未孟春月上旬廿日偶尔火焚，圣母之殿烧毁煨尽，岑楼跌落，墙壁倾□，神像耳□风雨损坏。本村耆老侯铎寺恻然有动于衷，顾谓人曰："而神明，而人，阴阳表里，相为猗仗。矧此神祇，保□一村，有求必应，有祷未临，我一乡之人安忍坐视而已。"故遂人率本社乡□人等，各施己财，不计其等，贸易砖、瓦、灰、石、木料、颜色，协力同心，赞助盛事，不旬月间，殿宇岑楼，东西两廊，神像不（衣）冠整旧如新，与凡献殿、神路、马殿、乐楼该补茸处，悉皆次第落成。庙貌巍然，神有所依矣；规模宏远，人有所□矣。功告成，本社人等请予为文，俾勒诸石，用重后世，以为传□于御亿万斯年云耳。

卫□大明嘉靖四年龙集□□孟秋月终旬吉日

古陕西后学蒋姓撰

弘农卫舍人张得

○七八 孝义市城隍庙《增修城隍庙记》

| 简介 >

　　《增修城隍庙记》明嘉靖四年（1525）刊。城隍庙原位于山西省孝义市新义街，现已不存，碑亦不存。碑文记载城隍庙："又病乐楼之湫隘，无以陈歌舞而乐神听也，撤而去之，更构以危楼三楹，高三丈，深三丈，广五丈有奇，延阁栈道，翼壁飞檐，脊兽巉峤，尾指霄汉，遂雄峙于汾水之上，而壮合邑之观矣。工兴于癸未之五月，落成于乙酉之十月。"［见邓必安纂修，《孝义县志》艺文参考卷一，清乾隆三十五年刻本，《中国地方志集成·山西府县志辑》第二十五册，凤凰出版社，2005年，第571页；车文明，《20世纪戏曲文物的发现与曲学研究》，文化艺术出版社、上海书店、巴蜀书社，2001年，第39页；杜红涛、王正树主编，《三晋石刻大全·吕梁市孝义市卷》，三晋出版社，2012年，第821页。］

增修城隍庙记

明嘉靖壬辰科进士张冕邑人

城隍庙，天下郡邑皆有之，谓其有大功德于民也。神之小而为防，为水庸，为昆虫猫虎，犹得列祠祀而血食一方，况城之高，池之深，百里分域之广以裹也。有神尸之，御灾捍患，保障人民者，其功德不已卓然大耶？神于民有怙冒之恩，民于神有报称之礼焉。家尸之、户祝之，非谄矣，一饮食而祭之非渎矣。合一邑之人新庙貌而承祭祀，灵之所在，顾可听其敝陋乎？孝义县城隍庙，旧在城西北隅，创建于金末，修建于元初，我朝洪武、成化中，知县郝思敬、主簿成文贵、义官张禹等再修之，迄今四十余年矣。风雨雀鼠之所蠹，栋宇倾桡，甍瓴破裂，若将坠焉，无以肃具瞻而起敬畏。义官张公禹病之，慨然以修葺为己任，乃谋于寿官吴公鸾，协于大众。张首输百金，吴五十金，大众十金、五金、一金不等，合得千余金，乃饬材鸠工，辄日而兴土木之役。大殿五楹，左右司廊庑二十四楹，寝殿三楹，左右廊庑六楹。栋梁之欹仄者正之，榱桷之腐蚀者易之，楹柱之卑小者崇之，垣墉之覆败者整之，黝垩丹漆，金碧重辉，焕然倍胜于旧矣。又病乐楼之湫隘，无以陈歌舞而乐神听也，撤而去之，更构以危楼三楹，高三丈，深三丈，广五丈有奇，延阁栈道，翼壁飞檐，脊兽嵾嵯，尾指霄汉，遂雄峙于汾水之上，而壮合邑之观矣。工兴于癸未之五月，落成于乙酉之十月，盖三年云。众谓宜有文以记之，予谓神秉阴阳、参造化、乘风云，乃变化不可测者，乌能以形迹求。然庙之修与否，虽于神无损益，而实有系于观感也。使岁久而坐视其敝焉，风雨不除，日星不蔽，神且不能冠冕而临之在上，则崇德报功，以人事神之道不几于熄乎？公之所以不惜其财与力如此也。予因纪岁月于丽牲之碑，并撰乐歌三章，以侑祭焉。歌曰：

画栋兮雕甍，革故兮鼎新。衣文绣兮佩珠琼，焚兰桂兮荐藻苹。吉日良辰兮老幼拜迎，神威赫濯兮用监微诚。　右迎神

脆管兮繁弦，钟喤兮鼓阗。俎列方兮豆罗圆，搜海山兮具珍鲜。民稽首兮座前，灵连蜷兮眷怜。　右享神

礼备兮乐终，返斾兮紫官。骖两乘兮驾六龙，神眷顾兮民禧洪。雨旸时若兮年谷丰，千秋万祀兮载神功。　右送神

○七九　洪洞县关帝庙《重修关帝庙记》

| 简介 >

　　《重修关帝庙记》明嘉靖十年（1531）刊。关帝庙位于山西省洪洞县文庙街，碑已不存。碑文载："殿之前为献亭……亭前十步许为露台，台之上亦建亭为三，岁时栖伶人以拱丝竹……始事于辛卯春正月，讫工于夏六月。"［见孙奂仑修、韩垌等纂，《洪洞县志》，民国五年刻本，《中国地方志集成·山西府县志辑》第五十一册，凤凰出版社、上海书店、巴蜀书社，2005年，卷十五，第571页；车文明，《20世纪戏曲文物的发现与曲学研究》，文化艺术出版社，2001年，第39页；汪学文主编，《三晋石刻大全·临汾市洪洞县卷》，三晋出版社，2009年，第1023～1024页。］

| 碑文 >

重修关帝庙记

同知于璞

　　王，河东解人，汉昭烈前将军关云长也。后世累封至王爵，故今以王称。洪洞旧有庙，在邑治之西北恒德坊。肇造之详，岁远莫究，元大德丙午，尝一重建，入我皇明嘉靖，历二百二十余祀矣。上雨旁风，日就摧剥，且旧制狭隘，不称展谒，吾师致政唐山令张君天禄素慕王之忠义大节，慨然以起废为己任。因谋诸同社父老尚义者十六人，咸曰：兹盛举也，愿协力为之。遂各捐资为首倡，邑人闻而乐输者如云斯集。于是庀材庸力，撤旧鼎新。中建正殿，殿旧为间者三，今增二而五。殿之前为献亭，亭旧为间者一，今增二而三。亭两旁建回廊十二，东西翼然相向，以拱护正殿。亭前十步许为露台，台之上亦建亭为三，岁时栖伶人以拱丝竹。台左右南向各建角门，为瞻拜者出入之路。殿最后则旧集贤厅焉，亦饰陋而华，有事于庙则享惠，暇则延师儒以教乡之子弟，规模制度无一不备。轮焉奂焉，各臻其极，神像森严，壁绘焕然，远近瞻望，峻宇插空，金碧夺目，信宅神展敬之地，伟然一方之巨瞻也。始事于辛卯春正月，讫工于夏六月。金谓宜纪其事于石，乃命璞执笔。惟王丰功伟绩，光照史册，遗英余烈，传播后世，固不系庙之有无，而又奚有于璞言哉？辞不获，则再拜而书曰：王忠义天纵，勇略神授，生于汉末，值世纷乱，曹操虎视中原，孙权雄据江东，豪杰并起，群然蚁附之恐后，人人不复知有汉矣。昭烈起帝室之胄，提孤军以讨贼，王委身事之，誓共恢复，虽所向即克，中间颠沛流离不知其几，而王之心百折不回。如下邳之败，为操所得，重加赏赉，表封为侯，患难中而获富贵如此，在他人鲜有不改而事人者，王封还所赐，不顾而去。尝闻之，王好读《左氏春秋》，君臣之大义素明，夷夏之防闲必谨，故宁去曹，不忍背刘，所以存正统也。有定见，有定守，譬之泰山砥柱，屹然中立，何物能动移耶？然则王于春秋，岂但好读，实允蹈之无余力矣。由是威镇华夏，义奢群奸，天若祚汉，吾知唾手吴魏，再造高光之旧物，复见汉官之威仪，王之志伸矣。奈何事将济而炎符改，功垂成而梁木摧，悲哉！然讨贼之心未伸，忠愤之气未雪，其没也，英魂义气聚而为神，弥漫充塞于宇宙之内，懔然如生，千载之下，使人畏敬奉承，自王公以及庶人，自中国以及蛮夷，无不祠而祀之。回视当时吴魏君臣，不旋踵与草木同腐朽，而今安在哉？王之姓名勋烈，方与日月争光，与秋霜争严。呜呼！谓王至今犹存，可也；谓与天地同悠久，亦可也。新庙之建，区画有方，兴作有序，固诸公向往之诚，亦以见王感动乎人心者，有如此云。

○八○　永济市泓龙庙《创建泓龙庙乐楼飨殿记》

> 简介

　　《创建泓龙庙乐楼飨殿记》明嘉靖十三年（1534）刊。泓龙庙现名龙王庙，位于山西省永济市中条山边缘，庙内原建筑已毁，现有建筑为20世纪90年代新建。该碑现已不存。明藩王朱成鉴书。碑文载："又垦祠面巉崖，移建乐楼，以扩其襟抱，损高增卑，凿石作柱，和泥为瓦，炼石为灰。"［见李荣和、刘钟麟纂，《永济县志》卷十九，光绪十二年刻本，《中国地方志集成·山西府县志辑》第六十七册，凤凰出版社、上海书店、巴蜀书社，2005年，第439～440页；车文明，《20世纪文物的发现与曲学研究》，文化艺术出版社，2001年，第39页。］

> 碑文

创建泓龙庙乐楼飨殿记

　　蒲郡治东一舍许，赵伊之南即条山焉。巍峨万仞，翠屏双立，瀑布飞流，淙韵数里，银浪穿空青，怪石压后土，攀缘石磴千步，可至泉下。泉侧有古五龙祠，邦人旱涝恳祷，靡不响应。昔成化癸卯，天道亢，百谷稿（槁），人相食者三岁。继之弘治改元戊申，次年己酉春不雨，郡佐陈公卣奋好生之心，率居民披发跣足，恳祷祠下。倏尔阴云四布，清风徐来，霖雨霏霏，化育生仁，转殃为福矣。岁终粟麦贱直（值），官民释忧，民兴义让，风俗丕变，若西伯之化。然微陈公，乌有是与？古人云有衣冠者有礼仪，有饮食者有廉耻，信不谬也。矧龙之为物，禀得乎阳，象取于乾，变化莫测，至刚至健，贯金石，任小大，治人物，易生死，非精诚纯洁者，弗能易易以感之。今去陈公四十年余，设有陈公之志诚，而必成此休徵者耶，呜呼，但未之见耳！顷有隐子陈周道自然其号者，来自关中，乐游名山，登谒祠下，邂逅逸士魏国璋，相语欢如也。盖非故识，实类聚耳。盘桓放适，言及陈公祷雨事，自然子倍益寅畏曰："神有佑人之德，祠将倾，奚不新乎？"魏曰："合民凤愿，第未有协之者，幸君不弃，少憩泉石。"遂给州帖请文以专陈子，于是导化愚庸，启事神之念，集众资，新祠宇，俾龙神，享格致，雨旸时若，以复陈公之嘉，岂非匙与。自然子唯唯之从。翌日，父老相传，不无优赞，盖一人之心，千万人之心也。倡者多，和者众，近者悦，远者从。不日财赡而构料鸠工，殿宇台榭悉易而新之。又垦祠面巉崖，移建乐楼，以扩其襟抱，损高增卑，凿石作柱，和泥为瓦，炼石为灰。又益缭殿七楹，视昔尤为宏敞。阅数月，庙貌焕然一新，瞻拜者凛然生畏，肃然仪寅，而神妥民安，昭著于此焉。迩获时和岁丰，家给人足，未必不由龙神格庙而阴佑之所致也。始工于嘉靖九年二月五日，讫工于十三年重阳日，具载于郡守杨公儒鲁之梁记云。自然子欲镌石记其事，俾后人观览者，感发兴起，继而修葺，则是祠之新，千古如一日焉。噫！用心之勤，图治之远，益可见矣。自然子偕友国璋卑礼之勤，征其文于余，余曰："宿儒满前，甲第连郡，安敢僭逾。"国璋曰："王子食禄是邦，庸忍默乎？"余受此言，弗克辞，故为之记云。

○八一 运城市盐湖区池神庙《海光楼赋》

|简介⟩

　　《海光楼赋》明嘉靖十四年（1535）刊。碑高 204 厘米，宽 85 厘米，笏头方趺，额篆"海光楼赋"。池神庙位于山西省运城市盐湖区，碑存庙内。《海光楼赋》"鱼龙角觝之跄跄"句中之"鱼龙角觝"，为各种乐舞杂技的泛称，与中国戏曲有着相当密切的联系，是其源头之一。中国戏曲形成、繁荣以后，与之长期并存。（见冯俊杰等编著，《山西戏曲碑刻辑考》，中华书局，2002 年，第 203 页；张培莲主编，《三晋石刻大全·运城市盐湖区卷》，三晋出版社，2010 年，第 99 页。）山西师范大学戏曲博物馆藏该碑拓片。

|碑文⟩

海光楼赋

　　粤分野以肇土兮，维虞夏之帝乡。载咏夫《南薰》之章兮，驰遐想于羲皇。夫或为兹瑞池而发兮，逮今遗响其洋洋。大河跨以分兮秦晋，泰华岿其西方。纵大观于奇幻兮，川原眩其瞩望。爰建楼以延兹胜兮，灵厥名曰海光。面中条之崒嵂兮，拥孤嶙之崇

运城市盐湖区池神庙《海光楼赋》拓本

岗。彼月波亦罔俪兮，顾井干其奚当。仰霄汉其与齐兮，俯玻璃之琅琅。云霞流其璀璨兮，拂珠薨而煌煌。器车夜烛其下兮，紫霭缭绕于其旁。士女集而祈游兮，鱼龙角觚之跄跄。官胥劳而此憩兮，遥瞻夫万顷之飞霜。洞风披拂以荡暑兮，甘泉进冽乎冰浆。伊海眼之涵晶兮，抑河脉之通潢。俟神物之变化兮，萃瀛岛之真祥。忽丰隆导余往兮，余先戒夫鸾皇。余将遵夫池之渚兮，聊逍遥以徜徉。塈余登此海楼兮，及长日之未央。攀丹梯而直上兮，望阆风以举觞。俨飞仙之瑶阁兮，倒琼影于苍茫。澹容与而睐眄兮，扪列璧之奎璜。倚阊阖以排帝阍兮，灵旗耀于前行。□冯夷而幽靓兮，鼋鼍舞于沼中泱。邀至人于碧落兮，恍与遇而相忘。信精英之契合兮，发长啸于大荒。徒青禽之来迓兮，思飘飘其如扬。神纬繡其靡定兮，欲鹤驾而翱翔。舆□诉余马怀兮，余将靡执其羁缰。余惧夫坦途之嵚崎兮，余何为驰逐于羊肠。夫既无仲宣之遐求兮，又无范子之中藏。余奚慕夫岳楼之怀远兮，顾尔感慨而悲伤。至人告余以成言兮，子母中路其伥伥。子惟执夫不淄之道兮，抑奚悲素丝之为黄。余惕然以中省兮，幸迷途之未长。驷玉虬以亟返兮，信骞修其弗遑。夫蒙汜犹可及兮，宁自委于榆桑。乱曰：登彼海楼，瞻北极兮。星河灿灿，中心恻兮。余怀至人之言，维翼翼其罔忒兮。

嘉靖十四年岁次乙未春二月之吉

赐进士第山西巡按监察御史祁门古峰余光撰

河东陕西都转运盐使司同知牟泰　　副使丁相　　判官韩暹　　经历汝颐　　知事曾宜立石

国子生运司王世相篆额

陕西咸宁邑庠生杨宗震书丹

○八二　阳城县下交村成汤庙《重修乐楼之记》

|简介〉

　　《重修乐楼之记》明嘉靖十五年（1536）刊。碑高 248 厘米，宽 94 厘米，笏头方趺，额篆"重修乐楼之记"。汤王庙位于山西省阳城县河北镇下交村，碑存庙内。碑文载："惟乐楼规模广大，年久风雨所摇，飞檐梁柱，倾颓殆尽。"正德五年（1510），里人原宗志等会集社众合议重修，"于是鸠工萃财，各输资力，重修乐楼，一高二底（低）四转角并出厦三间，功成于正德十年乙亥"。（见冯俊杰，《阳城县下交村汤王庙祭考论》，中国台湾《民俗曲艺》，1997 年第 107 ～ 108 期；冯俊杰，《明王玹〈重修乐楼之记〉碑的文化内涵》，《戏剧》，1998 年第 2 期；冯俊杰等编著，《山西戏曲碑刻辑考》，中华书局，2002 年，第 212 页。）山西师范大学戏曲博物馆藏该碑拓片。

阳城县下交村汤王庙《重修乐楼之记》拓本

重修乐楼之记

赐进士第亚中大夫山东布政司左参政前刑部郎中邑人王玹撰

乡贡进士文林郎杞县知县邑人白鉴篆

廪膳生员王镗书

　　尝稽诸《易》曰："先王以享帝立庙。"又曰："先王作乐崇德，殷荐之上帝，以配祖考。"故庙所以聚鬼神之精神，而乐所以和神人也。此前人立庙祀神之由，乐楼所建之意也。予诵《汤誓》曰：王懋昭大德，建中于民，表正万邦，兆民允殖，王之德如此其盛也。观之史传，大旱七年，斋戒剪发，身婴白茅，以身为牲，祷于桑林之野，六事自责之馀，大雨方数千里，王之泽如此其深也。德盛而泽深，民岂能忘其王于千百世之下哉！睹庙貌而兴思，遇享祭而致敬，非勉然也。天理之在人心，自有不容已者矣。是以县治西南去城七十馀里，有山曰析城，草木分析，山峰如城，即《禹贡》所载之名山也。世传王尝祷雨于斯，故立其庙像。民岁取水以禳旱，其来远矣。其山之东北，有下交之地。居民正北有阜巍然，南山群峰屏绕，襟带两河，极为奇秀佳丽之地。原其所自，亦析城之馀支远脉伏而显者也。王之行宫在焉，每遇水旱疾疫，有祷即应，亦王祈祷之遗意也。观其旧记，殿宇、行廊、门楼，大小五十馀间，建自大元大安二年。迄今三百馀载，各殿宇损坏，圣像剥落。里人原大器辈，历年重修补塑。惟乐楼规模广大，年久风雨所摇，飞檐梁柱，倾颓殆尽。至我国朝正德五年庚午，里人原宗志、原应瑞、国学生原应轸等，会集社众曰："成汤古圣帝也。乐楼芜废如此，与诸君完葺之，何如？"众咸曰："诺。"于是鸠工萃财，各输资力，重修乐楼，一高二底（低）四转角并出厦三间，功成于正德十年乙亥。栋宇台榭，高大宏伟，金碧丹青之饰，焕然一新，其功倍于昔矣。兹者宗志、应瑞俱捐馆，惟应轸字文璧，任庐州经府，已归林下十载矣。予与文璧有姻戚之谊，又布衣时同游邑庠，一日嘱予为文，以纪盛事。予归休日久，素拙于文，直书其重修始末之实。噫嘻！文璧建楼之意，岂为谄事邀福之举，尤有深意存焉。其心以为林下之士，苟徒以诗酒为乐，几近于晋之放达，与时何益哉！然假庙享帝之馀，为彦芳诱善之计，与乡人萃于庙庭，共宴神惠，必曰耕读事神，诚善事也。尝闻"作善降之以祥，作不善降之以殃"，使善者有所勉，不善者知所戒，而表正劝惩之典寓焉。且举祀之际，谈叙庙之旧记，又曰某人始建何庙，某人重建何祠，而修举废坠之意，又将垂于无穷者矣。呜呼！后之视今，亦犹今之视昔，千百载之下，睹庙楼之倾颓而复修饰者，未必不由文璧兴作之也。予年老学荒，谨述其实，如其文，以俟后之能者。

大明嘉靖十五年岁次丙申正月吉旦

总理社事原应瑞　原宗志　原应轸

分理社事原梦祯　鱼泰康　原守坤　原宗敉　原宗周　原宗敷　原森　原富　原经孙礼　许滦　孙宗　徐德　原纪　鱼宣　徐润立石

刘善里石工程邦　同男程思恩刊

〇八三　灵宝市大留村火神庙《重修大留村火神庙记》

| 简介 |

《重修大留村火神庙记》明嘉靖十七年（1538）刊。火神庙位于河南省灵宝市尹庄镇大留村，庙、碑皆已不存。碑文载："王宗道等，乃募取工材，恢闳旧制，于嘉靖六年丁亥正月十一日始事，于十七年十一月十七日落成。中为正殿三间，乐楼三间，钟楼一间，外伯王庙三间。限以重门，绕以周垣。"（见孙椿荣修、张象明等纂，《灵宝县志》，民国二十四年重修铅印本，《中国方志丛书》，中国台湾成文出版社，1976年，第953 ~ 956页；车文明，《20世纪文物的发现与曲学研究》，文化艺术出版社，2001年，第41页。）

| 碑文 |

重修大留村火神庙记

邑人许诗

灵宝南山自商洛嵩庐奔下，按《水经》，门水、烛水皆出其麓，合流嶻山，为宏农涧，北入太河。《说文》释山尽曰嶽。郭璞书谓地气界水则止。嶽山率诸山而来，俨然如王公大人长途驻驿，憩息危坐，涧谷峰峦皆揖拱环卫然，地之灵秀，固有不容赞者。山半有地，平衍如掌，邑人据其胜，北面为庙，以地居离位，离为少女，乃严饰女像以事火星。环庙十余邑，北而虞芮，南而卢洛，西而湖华，东而崤陕，凡肿疼疮疡皆往祷之，易疚为安，化凶为福，如响如答，盖地气既钟其灵，人心又萃其神，是以灵贶所及，无间远迩。或疑国家祀有常典，火星为七政之一，陪祀昊天，若非民庶可僭。夫礼以义起，帝炎帝而神祝融，虽天子之祭而爟祭亦不废于亿兆；掌六祈以同鬼神，虽太祝之职而禜祭亦得及于党正。况医家谓诸肿疮疡皆属心火，祷疡于火，亦鬼神情状感通自然。不然高皇帝、文皇帝皆常严正祀典，火星之庙敕建两京，得通上下，岂无谓欤？余乡嶽山火星之祀，证诸三王为不谬，质诸二圣为不背，又何疑乎？庙自正德间，栋宇敧侧，丹青剥落，冈壮神居，嶽山里王宗道等，乃募取工材，恢闳旧制。于嘉靖六年丁亥正月十一日始事，于十七年十一月十一日落成。中为正殿三间，乐楼三间，钟楼一间，外伯王庙三间。限以重门，缭以周垣，焕如翚如，高峙离位，丽壮实枚，再陪于初，威灵显异，益彰于昔，耆艾幼稚，欢腾原野。宗道等以诗为土人，亦多被神佑，俾颂德勒之金石，用宣其烈。辞曰：

于维火星，昭象于天。干旋生化，独秉其铨。八卦错综，匪火不济。九功修和，匪火不继。帝王之世，火政恒修。祝融阏伯，人沐其休。心味出入，以救民疾。见变修道，以除凶潏。国家肇兴，厥严惟祭。火星之祀，两都罔废。陕虢之域，其民惟伙。以礼火星，在礼为可。元阳愆热，为疢冲冲。往祷斯弥，下民胡瘳。祷之以行，百福是荷。祷之以仪，神灵岂和。顾惟嶽山，祠宗弗称。乃闳乃恤，斯答神应。嶽山辟呬，河岳景员。弈弈新庙，孔安厥神。松柏郁郁，云物跹跹。颂在金石，于千万年。

〇八四　长子县崔府君庙《重修崔公庙记》

| 简介 >

　　《重修崔公庙记》明嘉靖二十五年（1546）刊。碑身高120厘米，宽60厘米，螭首、碑趺已佚。府君庙位于山西省长子县城东街，现仅存正殿。该碑原存庙内，现存长子县城南街关帝庙内。碑文载："城东北隅文庙左，故有庙，位北向南，世传唐长子令崔府君是也。县治左亦有之，去思祠也。"庙不知创自何时，明永乐四年（1406）曾重修。在嘉靖二十四年（1545）重修时，"增以戏台，皆故所无者也，乃始创而有焉"。此次重修，"经始于乙巳春，落成于丙午夏，工告完"。[见杨太康、曹占梅编著，《三晋戏曲文物考》，中国台湾财团法人施合郑民俗文化基金会，2006年，第390页；申修福主编，《三晋石刻大全·长治市长子县卷》，三晋出版社，2013年，第96页。]

长子县崔府君庙《重修崔公庙记》

重修崔公庙记

晋进士邑人乾峰张美撰

晋进士邑人北川高崙篆

晋进士邑人三泉裴守一书

城东北隅文庙左，故有庙，位北向南，世传唐长子令崔府君是也。县治左亦有之，去思祠也。再庙于东者，乡民感其灵应而建，以便祈祷故也。厥址弘敞，厥势峻峨，不知创自何时。暨我□乐丙戌岁，义者吴仕林、高凤、贾仕廉辈虑庙将颓，倡众而饬之，庙貌益振，神宇益增。值今百五十年来，风雨日以浸□，因以倾圮。致政高温、裴准、儒官裴友谅，谒庙叹曰：民以神奠，神以庙妥，如此神曷以栖。乃约诸乡耆苏弘、郝锦、裴棋辈□有五人，各捐所资，募诸民之尚义者，于是助资者惟恐后。遂卜日命工，积物聚材，温等董其事，日夜勤惕，众皆感劝，远近欢趋，各输其有，各效其能，是以不越岁馀而告成事。正殿五楹，故所构也，因其梁之朽者易之，视其蔽者葺之，内绘神容，外饬庙貌，丹青黝垩，金采辉章，仰而睹之，焕如也。旁插耳室，中峙香庭，左右廊各五楹。东廊之次有小房二楹，小房之南有东殿三楹，内位神像，西亦如□，□能神在焉，皆故所有者也。因其颓者筑其基，甃之以石；因其坏者补其缺，以致其完。西小房二楹，以偶东房，院南立二门，界以砖墙，增以戏台，皆故所无者也，乃始创而有焉。大门三楹，亦彻其故，而鲜明之。外缭以垣墙，内洁其丹墀，墙基阶踊咸砌以砖石，内外森如改观也。经始于乙巳春，落成于丙午夏，工告完，乃命余言以纪于后。余惟崔公之神，初令长子，能除虎患，继迁滏阳，克弭妖灾，其他异政载之故典、传之父老者不可悉举。谓其昼理乎阳，夜理乎阴者，信有之也。及没为神明，福善祸淫，耿耿不昧，有祷即应，速如影响。公之灵在天下，其久而弥显者乎？后追称齐圣广祐王以此。记曰：能御灾捍患则祀之，有功德于民则祀之。公生而除患，神而鉴戒，皆有功德于民也，乡人修而祀之也亦宜。呜呼！神之血食于无穷，固无疑议也。高温辈之所事，宁非义举也邪。是为记。

明嘉靖二十五年岁次丙午孟夏吉日立

真定府涞州判官邑人裴准

致政东昌府魏家湾巡检邑人高温

儒官邑人裴友谅

乡耆邢锡　邢麟　李应林　高澄　王豸　裴天赐　苏弘　高章　裴世科　郝锦

裴棋　关林　李公政　牛全　裴世利　裴楚　原经　陈纪

代书邑人鲍卿

□修香火僧人觉宁

潞郡王铎刊刻

石匠二人李政　吴交政

〇八五　灵宝市东岳庙《重修东岳庙行祠记》

|简介〉

《重修东岳庙行祠记》明嘉靖二十六年（1547）刊。东岳庙位于河南省灵宝市豫灵镇，庙、碑皆不存。碑文载："增修正殿五间，献殿如其数，后殿别为寝室，献殿左则药王祠、祈嗣祠，右则速报祠、火星祠，亦各为献殿，以上俱三间。东西厢又为二十四司，绘列阎罗王于其间，迄两旁则三官祠也。祠前为钟楼，楼之北面为歌舞楼台。台之前为仪门、为大门。合上下百余楹，皆临拱有序，饰以丹垩，彩耀夺目。周以垣墙。……时嘉靖二十六年五月吉日记。"（见韩嘉会等纂修，《新修阌乡县志》，民国二十一年铅印本，《中国方志丛书》，中国台湾成文出版社，1976年，卷二十，第 801 ～ 802页；车文明，《20 世纪文物的发现与曲学研究》，文化艺术出版社，2001 年，第 41 页。）

|碑文〉

重修东岳庙行祠记

许赞　灵宝人

按祀典，东岳庙在鲁地，今且遍天下，殆行祠欤？阌乡县治西四十里有镇曰文底，实阌之旧县也。镇东有原，突兀如岳，故原之额亦有东岳庙，盖取方泰山之义，效而为之者。面秦岭，背黄河，鼎原翼其左，玉溪绕其右，地势明厂，景物辉映，亦一方奇观也。居民凡于水旱疾疫，有祷辄应，而祈嗣者尤多。岁季春二十八日享之，趋事者不下数千人。第不知创自何代，考残碑，唐开元间亦有之，历宋元未之废，数称仁圣、天齐诸帝不一。及我皇祖，始正祀典，除亵号，止曰东岳泰山之神，而兹庙遂因以扁焉，但木主犹未更也。成化甲寅，弘治癸亥，县令叶公达、孟公周，相继修葺。迄今又四十余年矣，渐就颓圮，且香火日益繁，若不足以容者。镇之耆老田志高、薛连、薛云岫、薛文恭、张学、刘安辈，相与募缘聚资，增修正殿五间，献殿如其数，后殿别为寝室。献殿左则药王祠、祈嗣祠，右则速报祠、火星祠，亦各为献殿，以上俱三间。东西厢又为二十四司，绘列阎罗王于其间，迄两旁则三官祠也。祠前为钟楼，楼之北面为歌舞楼台。台之前为仪门、为大门。合上下百余楹，皆临拱有序，饰以丹垩，彩耀夺目。周以垣墙，凡四百七十余步。铸铁香鼎四、醮鼎四，皆重器也。工兴于丁酉春，迄今丁未，凡十年始落成，亦费且劳矣。志高辈持邑人陈舜渔状，来乞余记之。余惟境内山川，可以布敛云雨，阿护生灵者，载在祀典。况大造生生之气出乎震，东方也。泰山以之，驯至于成，言乎艮，则神无往而不在也，宁惟鲁一方而已哉。然则于此地亦庙之祀之，惟礼亦宜之。但岳山，灵也，非吾人敢比伦，乃人其像，文其冕裳，又立母后而举之偕焉。吾恐尊之愈周，则亵之愈甚矣。昔季氏旅泰山，孔子犹叹其不享，矧若是耶？呜呼，此千载之疑，惟可对神言，不足与庸众人道也。姑并及之，他日庶有能正之者。

时嘉靖二十六年五月吉日记

〇八六　三门峡市陕州区城隍庙《重修陕州城隍庙记》

｜简介〉

　　《重修陕州城隍庙记》明嘉靖二十七年（1548）刊。陕州区隶属河南省三门峡市，位于三门峡市西部。据民国二十五年《陕县志》，民国时碑已不存。"按旧志载，此文论事理极周到，而遍访不见此石。恐当明季闯贼蹂躏，城池失守，此碑已无存矣。因义关劝惩，故照录焉。"碑文载："又创作寝宫以栖神，起乐楼以侑享，帷幕、供器，无一不具。经始于嘉靖丁未春三月，讫工于戊申五月。"（见欧阳珍修、韩嘉会等纂，《陕县志》，民国二十五年铅印本，《中国方志丛书》，中国台湾成文出版社，1976 年，卷二十一，第 799 ～ 801 页；车文明，《20 世纪文物的发现与曲学研究》，文化艺术出版社，2001 年，第 41 页。）

｜碑文〉

重修陕州城隍庙记

许赞

　　昔我太祖高皇帝继天作圣，戡乱立极，四海既同，大陈纲纪。洪武二年，命官厘正群祀，诸不经者一切报罢，而独于城隍之祀，乃并跻于岳镇海渎之列，自两都以及诸府州县，莫不严其庙制，时其献享。凡官于土者誓于斯，而后莅事。或有事于川及厉，则皆移神以主享之，而誓辞祝语，又出于高皇帝之御制，崇祀之典，可谓切至，无非欲协神明之德，以邀惠于黎元，且以致夫厉民者之知所戒也，神谟圣虑，渊乎微矣。陕州故有城隍庙，在州治之南，岁久积朽，不堪妥神。嘉靖丁未，刘君阳举废张怠，期年政通，以其间谋于僚佐曰：兹庙不可缓也，顾官帑久虚，民又贫，吾侪当图之。于是与同知徐君锷、判官陈君邦政、黄吏目秀，各捐俸银若干，属省祭官史渭，鸠工重新之。远近闻者翕然趋赴，财力倍裕。自后堂、东西廊，及坊垣、阶砌，更以完材，饬以丹绘，又创作寝宫以栖神，起乐楼以侑享，帷幕、供器，无一不具。经始于嘉靖丁未春三月，讫工于戊申五月。俎豆有严，神人胥悦。陕州人士因典膳官陈章，征予文纪其事。予惟城隍之祀，莫详其始，唐李阳冰作《缙云城隍记》，谓祀典所无，惟吴越有之，后之儒者以其不见于经，多有异议，予以为不然。夫圣王之制祭祀也，非祈则报，皆以为民而已矣。中霤小区，五祀是崇；邮表何能，八蜡不废。矧惟城隍之重，莫安旺庶，捍御灾患，钟灵肇庆，其有功于斯民者，可易易言哉。尝考唐成都城隍祠，为李德裕所建，而张说亦有祭城隍文，则是在唐多有之，不独吴越为然。又芜湖城隍建自吴赤乌二年，其高齐慕容严、梁武陵王祀城隍皆书于史，是其来已远，又不独始于唐也。宋元相袭，其祀遍天下，或颁以封爵，或指为某人，牵合猥亵，不足为法。自我太祖厘政之后，义既备而礼始周，一代令典，遂为百王之定论，诚所谓质诸鬼神而无疑，百世以俟圣人而不惑者也。呜呼，休哉。虽然神也者，聪明正直，依人而行者也。使为郡者平其政以及其民，而神又绥我百福以佐之，其为郡者又虔其秩祀，以答神休，幽明合德，咸顺其序，俾疾疢消，生植遂，薰为太和，以助成我圣天子太平无疆之治，是岂特为郡者之光，其为神之光，孰大于是。此固圣祖神道设教之机衡也，敢衍之以祈于神，以告于后之司土者，是为记。

○八七　黎城县城关城隍庙《重修城隍庙门楼记》

简介

《重修城隍庙门楼记》明嘉靖三十一年（1552）刊。碑高185厘米，宽90厘米，笏首。城隍庙位于山西省黎城县城关，碑存庙内。碑文记载："其庙之门旧有楼，今嘉靖十六年丁酉夏六月之三日庚戌乃颓。维时县人典膳官连芳、王骞即图再建，然在国家祠宇，昭载祀典，罔敢擅率，具状以请县侯，可之，遂捐貲首事，疏布县之缙绅洎齐民，募贮五币，抡材委用，征工僦徒，筮以是月二十九日丙子，即楼遗址审曲面势，指运工徒并乎偕作，为楼一十二楹，迨嘉靖己亥六月之五日工竣。"碑文所载之"门楼"，其底层同时是一座外向戏楼。（见冯俊杰等编著，《山西戏曲碑刻辑考》，中华书局，2002年，第241～243页。）山西师范大学戏曲博物馆藏该碑拓片。

碑文

重修城隍庙门楼记

黎城县城隍庙，幽邃严寂，灵应丕著，一方民物咸在鉴庇。其庙之门旧有楼，今

黎城县城关城隍庙《重修城隍庙门楼记》拓本

嘉靖十六年丁酉夏六月之三日庚戌乃巇。维时县人典膳官连芳、王骞即图再建，然在国家祠宇，昭载祀典，罔敢擅率，具状以请县侯，可之，遂捐訾首事，疏布县之荐绅洎齐民，募贮五币，抡材委用，征工儌徒，筮以是月二十九日丙子，即楼遗址审曲面势，指运工徒并乎偕作，为楼一十二楹，迨嘉靖己亥六月之五日工竣。嘉靖壬子春三月，首事官始过予问记。予谓天下城隍皆有庙，庙必有门，门未必皆有楼也。惟兹黎庙之门有楼，□冠意在饰庙云尔。今欲志楼，固不能遗夫庙也。夫县，古黎墟也，粤自有宋天圣三年乙丑，迁创今县。高城深隍，其英灵之气，寓于城隍之中，而实超乎城隍之表。萃而为神，受命于上帝，以主斯土者，盖五百二十八岁于今矣。其神栖有庙，肇构莫稽，元至正戊戌之乱，燹毁一尽。逮我皇明洪武己酉，县令、簿戒董部民，仍庙旧地而创之，时谓之新庙，即今庙也。溯庙之成迄于丁酉，仅一百六十九祀，法庭殿庑咸无倾折，而楼之系于门者独坏，谓之非数不可。然旧者虽毁，新者即禅。且其临正据胜，台层而础奠，柱直而宗横，□隆而榱密，节棁楹楣之绚，薨□瓦砖之坚，丹黝金碧之辉映，入汉齐云不得擅其高，丽□多景不能专其美，宏巍壮丽，视旧楼诚有加焉。天子命吏蠲祀典，以对越市井烝氓，瓣香杯醑，自谓修祈而将报者，畴弗由之。及阶企望，登廉仰瞻，即其峨然、炳然之势，自尔起敬生畏，盖无俟乎骏奔在庙，祼献拜伏，而始罔敢弗钦矣。假以揭虔，岂唯饰庙已乎？抑是役也，予重有感焉。方旧楼之存也，危而东敬，支以木，下维土石，见者谓楼且毁，黎无复有是楼矣！盖欺世无良工也。暨毁即建，建复若是。噫！世岂无良工欤！达人登览，当知都料匠之功。

县人靳惟精记

文林郎知县钧州刘希仁（阙文）

将仕郎主簿馆陶柴大儒　　典史秦州常应麒　　儒学教谕（阙文）　　训导（阙文）

□□赵志道

廪膳生员李环书丹

〇八八　翼城县曹公村四圣宫《西阎曹公里重修尧舜禹汤之庙记》

《西阎曹公里重修尧舜禹汤之庙记》明嘉靖三十八年（1559）刊。碑身高 184 厘米，宽 84 厘米，厚 21 厘米。碑身已与螭首、方趺分离。螭首高 100 厘米，宽 120 厘米。四圣宫位于山西省翼城县曹公村，碑存庙内。碑文首先记述了曹公村建庙祀神之由及重修四圣宫之原因，接着又记载了清明节取水迎神、在庙中大赛三天之"成规""定礼"。碑文云："后之人当举行成规，遵守定礼：清明取水，半途邀盘，先日送□□，次日迎神，音乐为之喧哗，神马为之纵横，旗彩为之飞扬。带枷执扇，拖铁索者，各随所愿，而尽乃心。既而底（抵）庙大赛三日，乐人动至百口，神筵□输以三甲。饮食乐钱，依派散而不违。赛罢，将软按输至何村，每岁献猪羊十二，此皆在后人世守之，而勿失焉尔。"联系四圣宫内现存之元代舞楼，该碑是研究明代迎神赛社、献戏祀神的重要资料。（见杨太康、曹占梅，《明代嘉靖年间的一例赛社活动——山西翼城曹公四圣宫考》，中国台湾《民俗曲艺》，第 107、108 期；冯俊杰等编著，《山西戏曲碑刻辑考》，中华书局，2002 年，第 246～248 页。）山西师范大学戏曲博物馆藏该碑拓片。

翼城县曹公村四圣宫《西阁曹公里重修舜禹汤之庙记》拓本

西阁曹公里重修尧舜禹汤之庙记

乙卯科本里举人历峰侯九臣撰文

癸卯科本邑举人乾庄张银书字

乙卯科本邑举人进士文庵杨纬篆额

粤稽自禬祀之说昉于礼，流而为迎神赛社之风；自《萃》《涣》之卦□于《易》，广而为建庙塑像之事。盖享祀所以尽春祈秋报之典，而庙宇所以为居□率神之地，其诸并行不悖之义也。自隆古以及今日，由王都以达穷乡，无地无神，无神无庙。而我曹公里乃古历山之脚，舜建业之名地也，独□□废此义乎！虽然，卜郊三望难逃鲁史之讥，过鲁一祀深□汉□之义，以此见见义不为为无勇，而祭非其鬼不免失之诌也，矧又有劳民伤财之嫌乎！是故狄仁杰巡抚江南，奏毁吴楚淫祠千七百所。□颖经略广东，所□淫祠则必焚之。潘氏曰此万代之所瞻仰也，讵不信夫！我曹□里庙，神脱今亦似吴楚广东之淫，方将焚毁之不暇，而矧可以重修，徒劳民□□耶？今□厥神尧舜禹汤，天下之大圣君也；关包杨苏，天下之大贤相也。尧都平阳，禹都安邑，舜汤都蒲亳，莫非吾里密迩沾化之地，□其化，感其德，而缺其报，可乎？关辅汉帝，杨辅唐宗，包苏辅宋室，莫非前代忠义□芳之人，歆其芳，敬其行，而乏其祀，可乎？鸣乎！我里之庙，神在此而不□彼，此其起于至正，建于村北，分社人为三甲，尽享祀于□时，致诚、致□、致□散斋为最得矣。惜也遁世已远，为庙几废，神灵将无所栖，祀典将不之□，社人可以坐视而不为之所乎？耆民侯世昂为首，起□谋，督众兴工，坠者兴之，缺者补之，圮者振之，陈者更之。殿宇廊庑，土木更新，灿灿然耸人之观瞻；圣君贤相，形象非旧，昭昭然耀人之耳目。自是而神灵有栖，自是而禬赛不废；自是而可以免商受之谓祭无益，自是而可以免楚人之王祭不供；自是而可以免葛伯之放纵无其道，自是而可以免鲁禘之怠惰不足观。报德报功，自是而可以无尽；祭内祭外，自是而可以如在。后之人当举行成规，遵守定礼：清明取水，半途邀盘，先日送□□，次日迎神，音乐为之喧哗，神马为之纵横，旗彩为之飞扬。带枷执扇，拖铁索者，各随所愿，而尽乃心。既而底（抵）庙大赛三日，乐人动至百口，神筵□输以三甲。饮食乐钱，依派散而不违。赛罢，将软按输至何村，每岁献猪羊十二，此皆在后人世守之，而勿失焉尔。慎毋曰：郑侨，惠人也，而以何神弃于弗祷；文仲，大臣也，而祀爱居失于不智。顾吾辈果何人斯，而敢以菲薄之仪、乡村之赛，亵渎神明乎？宜思报恩不以分限，伸敬不以礼拘，苟有其诚，则有其神。虽以多为贵，而百物俱备可也；虽以少为贵，而二簋用享亦可也。嗟夫！庙一修而众美咸集，则重修之举甚盛也。兹举也，倡□□□之而始其事者，耆民侯世昂也。和之而乐其事者，侯孟余、侯孟洪、侯孟锦、侯万庄、王得盈、王得保、李付周、侯孟弼、张得周、侯世璧、秦朝碧、侯世利、侯九爱、王尚锦、王鸿、朱仲学等也。助之而成其事者，监生侯九昱、举人侯九臣、生员侯九晃、侯九州，及本村、十字河、堡子村、上河、核桃园，各随贫富而施财有等也。此其大略耳，若其详，则有碑阴所叙可考矣。谨记。

大明嘉靖三十八年岁次己未三月戊辰吉日建

玉工郑伯通　李壮　梁来　绛县段刁　陈善

〇八九　平顺县东河村九天圣母庙《重修九天圣母祠记》

| 简介 >

　　《重修九天圣母祠记》明嘉靖四十一年（1562）刊。明崇祯五年（1632）扶碑。碑高 228 厘米，宽 73 厘米，螭首龟跌，额篆"重修九天圣母祠记"，九天圣母庙位于山西省平顺县北社乡东河村，碑存庙内。碑记详列了包括"舞楼"在内的各种创修建筑："其新建者，则祠制之西北角九楹，东北角八楹；其重修者，则正殿三楹，后土殿三楹，李靖王殿三楹，西亭（享？）殿三楹，东南角一十四楹，西南角一十一楹，中各附以原像。至于山门，则甃以砖，而凡垣皆砖焉；舞楼则柱以石，而凡基皆石焉。"（见冯俊杰等编著，《山西戏曲碑刻辑考》，中华书局，2002 年，第 254 ～ 256 页。）山西师范大学戏曲博物馆藏该碑拓片。

| 碑文 >

重修九天圣母祠记

买钉车一辆　陈天翰　牛□瑧　陈□　牛勉　牛□□　牛□兵（阙文）　牛世仓

陈一登　陈富　王代官　王弘道　王志爵　王衡　张云□　秦谏

　　祠制居邑之乾方，其肇建之时，不知出于何代。考之琬琰，历唐而宋皆重修焉。迄我明嘉靖二十三年甲辰，里人陈宿氏、王仓氏辈，时祀间仰瞻祠宇倾圮，各捐己资，会众复为一新，弗果。宿之男，长陈孝，次陈弟者，毅然继乃父志，越明年乙巳起工。其新建者，则祠制之西北角九楹，东北角八楹；其重修者，则正殿三楹，后土殿三楹，李靖王殿三楹，西亭（享？）殿三楹，东南角一十四楹，西南角一十一楹，中各附以原像。至于山门，则甃以砖，而凡垣皆砖焉；舞楼则柱以石，而凡基皆石焉。用过匠之工价，役之口粮，需之物料，钱则三百九十千有奇，米则一千石有奇，谷则五百石有奇，货则袜帽，畜则牛羊，悉有成数。此虽出于众人所施，皆孝辈所督者。而里之常得贵氏、牛乾氏、王虎山氏辈，亦与有力焉。至嘉靖三十七年戊午，工方告竣，属珩志其岁月。珩尝礼于其祠，因观其地，中延一麓，旁夹两河，环抱九峰。珩乃喟然叹曰："□是哉！形之胜也，而神之祠居焉。其地灵，顾俾之神灵乎？"此非珩臆说，窃见邻里有六，每岁春祈，则雨旸时若，年谷用登，与凡患难疾苦，随感随应。而潞郡之远方，设有元阳，神至则雨。於乎，神而有德于人，盛矣！而人之崇祀，岂出之强勉乎？神至于今，乃一新之会也，其德乎人，方隆未艾。珩复嘱其里人，勿堕岁祀，以终千万世定保之祐云。

　　天启六年大赛社首牛弘光　□尚义（阙文）秦锦□　□赛费用余下钱粮（阙文）使用

　　嘉靖四十一年壬戌秋八月下吉

　　邑人柏山石珩撰并书篆

　　本里陈希颜书

　　三池南里南舍村石匠原太刊

　　崇祯五年十一月扶碑社首（阙文）牛弘光　男牛□□　陈富　男陈来□（阙文）男秦会　秦邦会　秦进会　秦富　男秦□□　牛道亮　男牛小□　牛□□　秦自力　刘登男刘世□　刘世□　刘世荣（阙文）王汝胡　男王兴　王表长　王□□　牛道行　男牛建昌　牛永昌　王汝成　男王省　王郡　王舜　王禹　王洪　男王应宽　王应川　李化金　男李进　牛□修　男牛郭□　牛交□　牛□□

○九○　福州市鼓楼区闽山巷闽山庙《重修闽山庙记》

| 简介 >

《重修闽山庙记》明隆庆元年（1567）刊。嘉靖乙未进士陈元珂撰。闽山庙祭宋景祐进士、秀洲判官卓祐之，故亦称卓公祠。闽山庙位于福建省福州市鼓楼区闽山巷，现已不存，该碑现被有关部门移走保存。碑文记述了闽山庙所祀神之由来及三月三庙会演出杂剧的盛况。碑文载："正统十三年，乡民谢雄等请于有司，重新其宇，自是灵愈益显，乡人崇奉弥笃，每岁三月三日，则聚富室珍服奇玩，竞为杂剧，前道神像，遍游于市肆，夜则奉小像于委巷，喧呼竟夕。嘉靖丙戌岁，廉宪周公广，禁弗止，怒而废之，仅存应公像，则相与匿焉。"（见郭柏苍、刘永松编辑，《乌石山志》，道光二十二年刊本，《中国方志丛书》，中国台湾成文出版社，1976 年，卷四，第 262 ～ 264 页；杨榕，《明清福建民间戏曲碑刻考略》，《文献》，2006 年 3 期。）

| 碑文 >

重修闽山庙记

闽城以三山名宇内，考其实，盖有九焉。西南曰乌石，东曰九仙，北曰越王，此其较著者，其余则仅存微阜，悉隐于民居官署，特名存焉耳，闽山其处一也。然山虽隐，其灵则显，故庙其地者，神况特异，盖山川之灵秀，明而为人文，幽而为鬼神，理则然耳。予少长居闽山下，其父老往往道广利之神曰灵应、灵慧。时或瞻谒于中庭，则见其金冠制服，俨然并峙，盖二神也。及考诸郡志，则谓宋景祐进士卓公祐之为秀州推官，生而正直，既没，频著灵异，后人即其居祀之，所谓应公大夫是已。灵慧则无所闻，不可考矣。建炎三年，建寇猖獗，神现身拥阴兵收全城之功，既而见梦，语守者曰："破贼者，闽山阴兵也。"建人德之，祀而报焉，神由是显名。连江尉杨绍绾将捕海寇，祷之有应，为立祠于城隍之畔。端平甲午，复设阴兵御邵武之寇有功，守臣朱良骥上其事，诏封为广利侯。宝庆三年，汀州寇发，忽白昼晦冥，神拥巨蜂无数，现身空中，贼怖而遁散。昼晦中忽闻人语曰："闽山，吾故宅也。"寇平，汀人如其言，至祠礼谢。运判诸葛有声以其事上闻，复诏加封"威显顺济广利侯"，赐庙额曰"应"。永乐中，部使者李宏茂录其实，载诸祀典。正统十三年，乡民谢雄等请于有司，重新其宇，自是灵愈益显，乡人崇奉弥笃，每岁三月三日，则聚富室珍服奇玩，竞为杂剧，前道神像，遍游于市肆，夜则奉小像于委巷，喧呼竟夕。嘉靖丙戌岁，廉宪周公广，禁弗止，怒而废之，仅存应公像，则相与匿焉。由是人咸愤惋饮恨，昏夜过庙，至有悲号泣下者。久之，诸生李祐等因民之思，乃请于监司，得复其半，以其半为怀悯祠，人心少豫，则出其所匿像新之，始专祀灵应矣，然犹以堂宇湫隘，不称神居为憾。初，僧万灵私创庵于道山下，后废于官。嘉靖丙寅春，诸乡士父老谋以其情陈于藩伯王公遵、陈公大宾，请丐以易怀悯，二公特韪其举，下郡祖胡公帛议，竟允之。乃迁怀悯于万灵，以旧祠全返于庙。由是居民靡不鼓舞胥庆，富者输财，贫者陈力，长者度工，少者趋事，不数月，旧宇焕然复新。工竟，诸乡老商等琢石礲碑请记其事，乃申之曰：夫神无常灵，因山以灵；灵无定在，因人以显。古人以功德庙祀者不少，卜非其地，旋复湮灭者何限。独兹庙之建，□数百年，废而复兴，神况不歇，是孰使之然哉，山之灵为之也。民之奉兹庙也，愈久弥笃，其废之也，如丧考妣，其复之也，如庆更生，是孰使之然哉，神之灵为之也。故征于其庙，可以知山之灵，征于人心，可以知神之灵，三者交征，其将长存不朽乎？虽然，吾闽三山之胜甲于东南，含灵毓秀，发泄于人文，以广利于天下者，固不独一庙之存废已也。然而斯庙也，御灾捍患如彼其广，其于吾闽人文之隆替，民物之康否，将亦与有灵乎？不也。环斯庙而居者，廿有四社，灾患必祈，疾病必祷，求欲福之者亦众矣，皆将有以应之乎？不也。神道元默不可知，有自然之理，有适然之数，诚存则神斯在而灵矣。

〇九一　泽州县周村东岳庙《泽州周村镇重修庙祀记》

| 简介 >

　　《泽州周村镇重修庙祀记》明隆庆四年（1570）勒石。碑高 280 厘米，宽 78 厘米，厚 15 厘米。青石质，笏首。碑正文楷书，13 行，共 809 字。保存完好。东岳庙位于山西省泽州县周村镇周村，碑存庙内。碑文载周村镇之地理形势、历史沿革、人文环境，东岳庙之历次重修，舞楼等建筑之布局："庙制弘敞，殿之左翼祀增福，右翼祀吴王，各三楹。东序祀二郎，西序祀关王，中为礼拜殿，南为乐舞亭，又南为庙门，楹数咸如正殿。经始莫考，重修于宋元丰五年。靖康丙午，地陷于金；贞祐金亡，庙经兵燹，迄元大德、至正间再修。我朝洪武、宣德、正德初增修。历五十馀年，镇人张仲让、司蛟等倡众以新，工始于嘉靖丁未夏六月，落成于壬子秋九月。"（见冯俊杰等编著，《山西戏曲碑刻辑考》，中华书局，2002 年，第 257 ～ 260 页；车文明，《中国神庙剧场》，文化艺术出版社，2005 年，第 109 ～ 111 页；王丽主编，《三晋石刻大全·晋城市泽州县卷》，三晋出版社，2012 年，第 178 ～ 179 页。）山西师范大学戏曲博物馆藏有该碑拓片。

泽州县周村东岳庙《泽州周村镇重修庙祀记》

泽州周村镇重修庙祀记

泽据太行之险，扼燕云，俯瞰中原。镇居郡西，黄沙耸峙，太行、王屋、析城诸山献嶂列岵，乃巨镇也。《金史》曰：晋城有周村镇。以镇表识，泽雄三晋而镇实一郡冠。隋以前泽治端氏，治濩泽，治高都，贞观以后治晋城。徙治不恒，镇属晋城如故。然当秦、晋、魏之交，东逾桃固，西陟东乌，南越天井，止于斯，往来于斯，亘古今之达道也。维昔唐虞化洽，涵濡实深。暨石勒、慕容永僭据。金粘没喝位闰于宋，岳武穆义旗北指，镇之梁兴筑岩响应，人心敢于叛金者，乃不忍变于夷也。崔伯易《感山赋》谓重沦奸侈之化，孤守而莫变，由渗唐虞之泽弥久而未坠，可以识当时之人心风俗矣。明兴，元平章贺宗哲弃城遁走，冯胜平定安辑，改忠昌军，仍泽州，晋城并入，镇属于泽。以天下势观之，山右为燕京右臂，教化首善之地也。人文熙洽，科第相望，语泽士之杰且多者，以镇为最焉。故居官以清操自砥若卫吏部，抚民以宽和见惮若阜城伯，政治两邑若李神木，爱遗二郡若范耀州，家食以文章气节砺若王成考，此皆才华表表，风猷茂著者也。他若张从事两兄弟之庐墓忆亲，梁贞女之死一从夫，野老巾帼，天经地懿之敦，轻尘弱草之不惜者如是。其一乡之中，重礼义，尚廉节，相友、相助、相亲睦者，可觇也。《说文》曰："忠信为周。"镇以周名，志俗厚也。区区子隐之迁善改过，为镇之光，直馀绪尔。镇故有庙，正殿祀东岳神。按《公羊传》曰："触石而出，肤寸而合，不崇朝而雨天下者，泰山之云也。"兴云致雨，生育万物，仁庇斯民，祀之正者也。庙制弘敞，殿之左翼祀增福，右翼祀吴王，各三楹。东序祀二郎，西序祀关王，中为礼拜殿，南为乐舞亭，又南为庙门，楹数咸如正殿。经始莫考，重修于宋元丰五年。靖康丙午，地陷于金；贞祐金亡，庙经兵燹，迄元大德、至正间再修。我朝洪武、宣德、正德初增修。历五十馀年，镇人张仲让、司蛟等倡众以新，工始于嘉靖丁未夏六月，落成于壬子秋九月。庙貌尊严，金碧掩映，肃如翼如。春秋为祈报之所，亦厚之道也。予镇人，夙濡厚俗，因庙之成附记之。若夫以敬自持，重所生之理，毋徒祀东岳以求生；以善自勉，衍所积之庆，匪直祀增福以诣福。法吴伯仲之让，效杨公之忠，秉云长之节，匹休前修，民和而神降之祥，穰穰丰年，永永无穷，是在我镇人之共勖尔。《书》曰"黍稷非馨，明德惟馨"，《诗》曰"昭事上帝，聿求多福"，此之谓也。其舍施之士有功于庙于法宜记者，则载在碑阴云。

隆庆四年岁在庚午秋九月之吉

泽学生晋岩梁寀顿首沐撰

学生三峰梁仲秋篆

庠生春野范铣书

郡学生梁策　省祭官萧国臣　医官梁杠　宗人府仪宾司存　本镇堡官范埙

河南封丘县教谕卫绍宠　陕西宁州学正司空　河南洪门驿递运所大使李元善
直隶遵化驿丞茹□　布政司知印茹泾

省祭官郭廷器　范伯良　范应鹤　萧国瑞　郭豪　范轼

郡庠生司洧　司谈　郭都　□□　梁一桂　郭才高　李嗣德　梁浩　范軏　范玑
郭尚纯　萧嘉元

布政司吏司乃钦　茹□　司汝聪

州掾张时宠　司佃　李大儒　郭宠　司时龙　范钿　萧加言　范博　茹芝　卫堂
范应柏　萧国臣　范孟春　张思秋　郭进　萧□□　卫尚真　卫诰　郭轲　郭诰　卫晏
司堆　司时聘　司汝明　范□

社首司根　李元亨　张仓　卫松　郭书　司大亨　卫椿　郭染　郭题　梁九思　张
仲让　司蛟等仝施银三十二两五钱　仝立石

阳城县南留里石工王玠　侄王国友仝镌

〇九二　沁水县郭南村崔府君庙《重修府君神祠记》

| 简介 >

　　《重修府君神祠记》明万历四年（1576）勒石。碑高 176 厘米，宽 78 厘米，厚 22 厘米，额篆"重修府君祠记"。碑正文楷书，16 行，共 771 字。碑青石质，螭首方趺，保存一般。崔府君庙位于山西省沁水县嘉峰镇郭南村，碑存庙内。碑文载崔府君庙原有舞楼："其中为拜堂，次乐舞楼，次二门。"后因年久圮坏，故社人将舞楼等予以重修："修葺前后殿宇、东西廊庑、拜堂、舞楼、厨舍，悉如旧制。"（见冯俊杰等编著，《山西戏曲碑刻辑考》，中华书局，2002 年，第 265 ～ 267 页；车国梁主编，《三晋石刻大全·晋城市沁水卷》，三晋出版社，2012 年，第 59 ～ 60 页。）山西师范大学戏曲博物馆藏有该碑拓片。

| 碑文 >

重修府君神祠记

　　郭壁镇，去县城东百里，居民数百家。镇之南，旧有神祠一所，创于宋，重修于金元，而恢弘于国朝之永乐、成化、正德，上下盖五百有余岁矣。祠正宇祀府君神；左祠二：白龙神、武安神；右祠二：子孙神、牛王神。其东为庑、为厨舍；其西为庑、为李公祠。其中为拜堂，次乐舞楼，次二门。门之外有地藏殿、五道殿，居左右焉。至其南为大门，门之内又有厦数间，列于门之两傍。然岁时既远，俱圮坏，日就敧侧，实无以妥灵。乃里中会推辰溪公宰其社，公诣庙，四顾太息曰："兹固祈报之所，借以劝善惩恶之区也，可令如是乎？"遂率众会资，聚群材，饬百工，出其身以当其难，即置家务不遑恤。修葺前后殿宇、东西廊庑、拜堂、舞楼、厨舍，悉如旧制。相旧府君祠陋隘，乃为高大之。既拓既峻，祠始巍焕倍昔。大门故止一门，制甚俭，仅容出入，而屋于其傍者，亦卑而陋焉。公以为不克称，乃创建门楼三楹，下辟而为三门。其左右廊房，悉更新之。增有创无，制益克拓。又视诸祠中宜有咸缺者，辄营治之。凡春秋祈祷，岁时伏腊之仪，百尔器备，悉治如式。更以其黝垩丹漆，饬诸内外而新之。自是规模焕整，庙貌森严可观。计工始于嘉靖癸亥五月，至万历丙子三月。公恐久而与祠俱泯，因托庠士王君体悉、赵君鸣凤属余记。余瞀知，敢以不文辞哉，遂勉识之。夫域中有二权，明曰王法，幽曰鬼神。王者用其赏罚之权，以命德讨罪，而天下以惩以劝；鬼神用其祸福之权，以福善祸淫，而天下以吉以凶。二者更相助，以制天下之是非，然后可以常行于世。世人固有恣睢凶毒，肆然于礼法之外者，而理官者峻法以斥之，严刑以答之，其欺益神。顾其于鬼神，辄皇惧战栗，骇汗却缩。即至狡抗者，亦瞿目僵舌，悚悚然不敢出一褒语，惟恐其获戾，为诸鬼神所苦也。是其畏法也以貌，而畏神也以心。何故哉？岂非以王法明而显，人尚得以巧于趋避而欺之；鬼神不可测，人固难于趋避，而有不敢欺之者乎？即其不敢欺，悔过迁善，以不诡于礼法，则鬼神者，固所以济其王法之不及者也。然则吾乡之增修神祠也，诚当哉！诚当哉！虽然，神不可黩，祭不可诌，必积德于冥冥，斯获报于昭昭。外是而作咎妄黩恐无益，徒尔速戾也。

辰溪公讳君惠，余之从叔也。佐理于先者，王子香、韩孝；佐理于后者，张朝衣、王惟浚。庙既成，因得并书。

大明万历四年丙子孟夏之吉

□进士邑人韩可久撰

□进士邑人韩子义篆

□进士镇人苏守志书

社首韩君惠综理

玉工窦尚礼刊

○九三　河津市城关玄帝庙《重修玄帝庙并增建洞阁记》

| 简介 〉

《重修玄帝庙并增建洞阁记》明万历六年（1578）刊。碑高 174 厘米，宽 80 厘米，额篆"皇明"，碑青石质，笏首方趺。碑正文楷书，19 行，共 699 字。玄帝庙位于山西省河津市城关，碑存庙内，保存完好。碑文载玄帝庙有舞亭三间，百姓以为乐舞剧赛之所，"上有正殿三间以妥神灵，南则献殿五间以供醮祭，又南下则舞亭三间，俗以为乐舞剧赛之所"。（见冯俊杰等编著，《山西戏曲碑刻辑考》，中华书局，2002 年，第 270 ～ 272 页。）山西师范大学戏曲博物馆藏该碑拓片。

| 碑文 〉

重修玄帝庙并增建洞阁记

邑之北，环拱皆丘阜，实紫金、姑射之麓，远自恒、代、吉、隰而来，至此山尽原起，突兀高出，为邑主山，面临河汾，登高视之，诚亦胜概。土人于山畔丛建神宇，岁时伏腊，举祀报祈，期以佑国庇民，居高镇远，以呵禁不祥。而高致之士，每游览，振

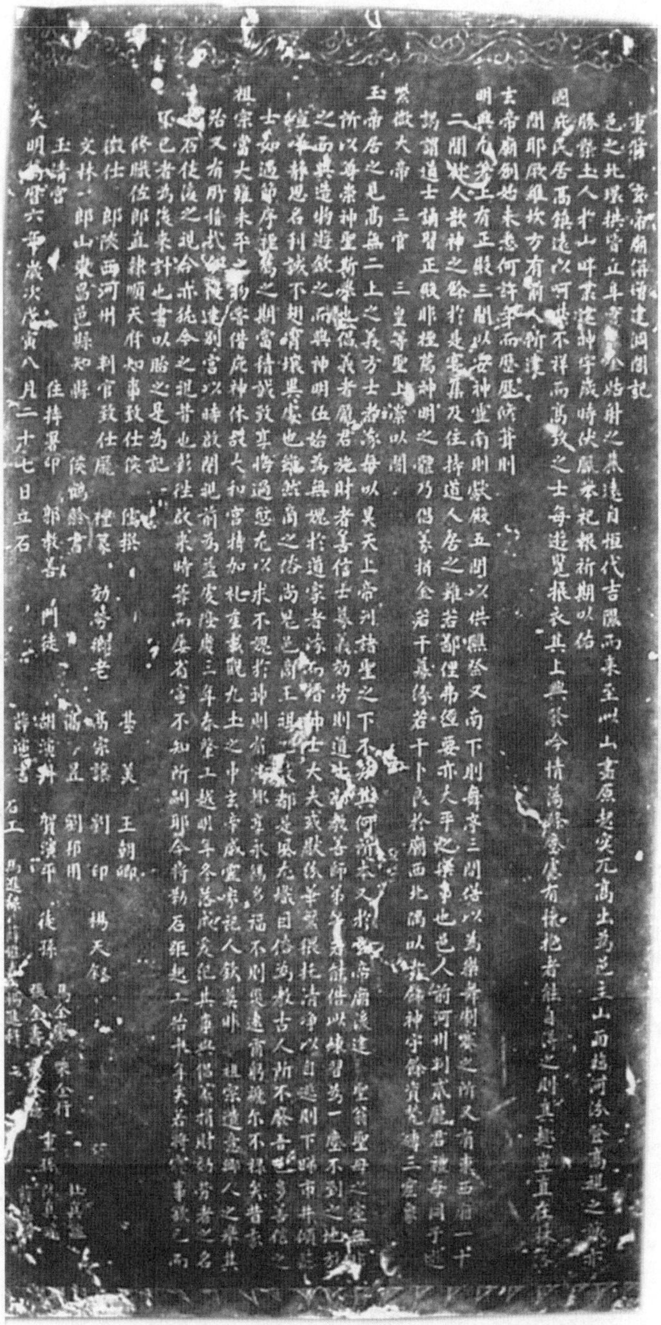

河津市城关玄帝庙《重修玄帝庙并增建洞阁记》拓本

衣其上，兴发吟情，荡涤尘虑，有怀抱者能自得之，则真趣岂直在林落间耶？厥维坎方，有前人所建玄帝庙，创始未悉何许年，而历历修葺，则明兴尤著。上有正殿三间以妥神灵，南则献殿五间以供醮祭，又南下则舞亭三间，俗以为乐舞剧赛之所。又有东西厢一十二间，社人歆神之余，于是宴集，及住持道人居之。虽若鄙俚弗经，要亦太平之乐事也。邑人前河州判贰庞君礼，每同予游谒，谓道士诵习正殿，非禋荐神明之体，乃倡义捐金若干，募缘若干，卜良于庙西北隅，以贲饰神宇。馀资甃砖三窟，象紫微大帝、三官、三皇等圣。上崇以阁，玉帝居之，见高无二上之义。方士者流，每以昊天上帝列诸圣之下，不知其何所本。又于玄帝庙后，建圣翁、圣母之室，无非所以尊崇神圣。斯举也，倡义者庞君，施财者善信士，募义效劳则道士郭教善师弟等。若能借此炼习，为一尘不到之地，放之而与造物游，敛之而与神明伍，始为无愧于道家者流。而缙绅士大夫，或厌纷华繁猥，托清净以自逃，则下睇市井，倾听喧哗，静思名利，诚不翅霄壤异处也。虽然，商之俗尚鬼，邑，商王祖乙故都，是风尤炽。因俗为教，古人所不废。吾邑多善信之士，如遇节序禋荐之期，当积诚致享，悔过愆尤，以求不愧于神，则有荐辄享，永锡多福，不则灾逮尔躬，褫尔不禄矣。昔我祖宗，当大难未平之初，尝借庇神休，故大和宫特加礼重。载观九土之中，玄帝威灵，家祀人钦，莫非祖宗遗意，乡人之举，其殆又有所稽哉。今复建别宫，以时启闭，视前为益处。隆庆三年春肇工，越明年冬落成。爰纪其事与倡义、捐财、效劳者之名于石，使后之视今，亦犹今之视昔也。彰往启来，时葺而屡省，宁不知所嗣耶？今将勒石，距起工殆十年矣。若将寝事欲已而不已者，为后来计也。书以贻之，是为记。

修职佐郎直隶顺天府知事致仕侯儒撰

征仕郎陕西河州判官致仕庞礼篆

文林郎山东昌邑县知县侯鹤龄书

效劳乡老高宗让　台美　高昱　刘印　王朝卿　刘邦用　杨天叙

玉清官住持署印郭教善　门徒胡演科　薛演书　贺演平　徒孙马全庆　张全寿　柴全行　柴全稳　重孙阮真谅　杜真谥　薛真谭

石工马进禄　薛惟春　杨进科

大明万历六年岁次戊寅八月二十七日立石

〇九四　天镇县城关慈云寺《重修武安王庙记》

　　《重修武安王庙记》明万历十年（1582）刊。碑宽 79 厘米，厚 17 厘米，额篆"重修武安王庙记"。碑正文楷书，19 行，共约 400 余字。碑沙石质，笏首方趺。碑刻下部残缺，字迹漫漶。今存山西省天镇县城关慈云寺前院。碑文载武安王庙因年久失修，庙宇圮坏，故李人栋等出资将乐亭等予以重修："庙创后，凡几重修，岁月推迁，久而复敝。万历己卯春二月，钦依守备本城今升标下游击将军榆林李人栋谒庙，蹙然而□，乃出（阙文）宁辉、吴铭主其事，三人亦各出己资，协力共济，俾之敝者葺，缺者补，（阙文）廊、钟鼓楼、乐亭、山门、萧墙、厨住，室凡七架，胥以次及。"山西师范大学戏曲博物馆藏该碑拓片。

重修武安王庙记

郡人林泉逸叟周歧（阙文）

　　王之祠通古今、遍天下而无间者，盖以正直之气充塞乾坤，忠义之节炫耀（阙文）

此有斯祀，殆不可以时与地限之。夫固祀之矣，而神之默佑，率不可（阙文）朝一方者言之蒲州黄河决水，将没城，居人有夜见王左右以身护之，水（阙文）山西且地震，薄暮有经其庙者，闻喧语，既而一人厉声曰：山西宜若干（阙文）如是舛错，意以为人，不之骇。后二日，地震，山西稍轻，而陕尤重。虏（阙文）攻堡，居人守御。虏屡见面赤修须巍形者指挥其间，辄惊怖而逃焉，（阙文）汉室，及其既没，乃历万代而保护焉。宜乎无时无地不祀，而与天地同（阙文）庙创后，凡几重修，岁月推迁，久而复敝。万历己卯春二月，钦依守备本城今升标下游击将军榆林李入栋谒庙，慁然而□，乃出（阙文）宁辉、吴铭主其事，三人亦各出己资，协力共济，俾之敝者葺，缺者补，（阙文）廊、钟鼓楼、乐亭、山门、萧墙、厨住，室凡七架，胥以次及，视昔□完焉。（阙文）仍缀之歌，以颂圣德。歌曰：

生而忠直兮，禀乾坤之正气。没而凝聚兮，显威于万祀。护□皇明兮，绵国祚于不替。历代襃崇兮，岂特一时之遭际。秉大节之凛凛兮，（阙文）兮，曷其有既。

大明万历十年岁在壬午夏六月吉日立

河津县龙门（阙文）

〇九五　汾阳市上庙村太符观《新竖后土香资记》

| 简介 >

　　《新竖后土香资记》明万历十一年（1583）刊。碑高55厘米，宽89厘米。青石质，方形壁碑。碑正文楷书，17行，共241字。保存完好。太符观位于山西省汾阳市杏花镇上庙村，碑存太符观正殿前壁。碑文载为报答昊天后土资始资生之德，百姓于每年农历四月八日进行报赛，备礼奏乐以庆昊天后土之诞辰："卜山之阳，有昊天后土祠，其来弗克稽矣。原其义，无非酬资始资生德也。故每岁四月八日，各里社首备礼奏乐以庆圣诞，所以尽人心、答神贶也。"（见武登云主编，《三晋石刻大全·吕梁市汾阳卷》，三晋出版社，2017年，第310页。）山西师范大学戏曲博物馆藏该碑拓片。

| 碑文 >

新竖后土香资记

郡庠生尽善南里玉洲任瓒撰

郡庠生尽善南里月磐郝桂书

　　卜山之阳，有昊天后土祠，其来弗克稽矣。原其义，无非酬资始资生德也。故每岁

汾阳市上庙村大符观《新竖后土香资记》

四月八日，各里社首备礼奏乐以庆圣诞，所以尽人心、答神贶也。然报赛虽在于兹日，而进香则在于六月二十四日也。维时远近殊方，同轨毕至，金帛异文。士女一敬间，有为亲者，为身者，又有为嗣者。虔诚祈祷，无不获应，各输香资，次第是守。迫万历十年，乃及尽善南里致仕官东溪郝文纯等经理会计，银货数盈一斤之上，除赛享外，置枣园五亩，余膳桌三张，依数馨然焉，未尝纤毫自私也，故志石云。

嗟嗟我公，翼翼小心。礼乐明备，是享是陈。置田制器，无一不清。昊天不爽，福善祸淫。此心无愧，昭鉴神明。命工勒石，播告后人。

大明万历十一年新正吉旦立

都社首致仕官郝文纯　男监生郝一□　孙男郝天□　郝天极　郝天□

社首郝文理　郝文准　张守福　李益　郝文迪　郝公仓　郝文秀　高廷宝　郝文正　郝文富　李承祚　谢天禄　郝永忠　李大明　郝思　郝文高　张和　李大雷　郭宗郝椿　李彦瑞　郝桐　郝佩　郝永鉴　李承芳　郝永□　郝永珍　郝辂　郝廷有　郝廷升　郝天章　郝天洪　郝永佑　郝永汉　郝槐　郝□　郝玉　郝天厚　郝元节　郝天芝郝天宪　郝天健　郝梦豸　郝善　郝鸣晋　郝鸣杰　郝世宝

守庙道士罗荣泳　张道　田道

石匠郭尚奇刊

〇九六　泽州县周村东岳庙《岱岳庙创建卷亭记》

| 简介 >

　　《岱岳庙创建卷亭记》明万历十三年（1585）刊。碑高 100 厘米，宽 50 厘米，厚 25 厘米，额篆"创建卷亭记"。碑正文楷书，14 行，共 378 字。碑青石质，笏首。保存完好。东岳庙位于山西省泽州县周村镇周村，碑存庙内。碑文载岱岳庙乐舞亭前有歌舞台，台空不蔽风雨，因而祀神演剧时优人舞女无以陈艺而妥神，故社人创建卷亭以容歌舞，以蔽风雨："庙南有乐舞亭。亭前有歌舞台，台空不蔽风雨，优人舞女无以陈艺而妥神也。社人目击之，乃抡材鸠工，创建卷亭三楹，宏厂可以容歌舞，深邃可以障风雨。"（见樊秋宝主编，《泽州碑刻大全》第一卷，中华书局，2013 年，第 301 页。）山西师范大学戏曲博物馆藏该碑照片。

| 碑文 >

岱岳庙创建卷亭记

　　镇居泽之西南，首云中脊，并汾股肱河东、河内，足抵嵩、衡，真巨镇也。历代沿革，铃辖靡定，迨我圣祖兵克燕山，遣副将冯胜由河南入碗子城，斩关取泽，走元守贺平章，泽定，列郡风靡，而镇属于泽矣。镇旧有岱岳庙，正祀岳神，左祀增福太尉诸神，右太伯、五瘟诸神，东庑祀二郎神，西庑祀武安王。庙南有乐舞亭。亭前有歌舞台，台空不蔽风雨，优人舞女无以陈艺而妥神也。社人目击之，乃抡材鸠工，创建卷亭三楹，宏厂可以容歌舞，深邃可以障风雨，此作亭之义也。昉工于是年三月初，底绩于五月端阳日。佑获诸神之灵，而五瘟之显应为最；财借众人之供，而大良白巷李氏之捐资居多。供役者镇人，而力不恶其出于身；馈饷者镇人，而财不恶其输于己。诗云"经始灵台，经之营之。庶民攻之，不日成之"，其斯之谓与。一时相与，其朝夕协谋者，则梁仲春、萧国祥、郭浩也；其往来参画者，则司大瑀、梁宝、卫师也。□□诣余，请纪岁月。余曰："此我镇义事也，纪奚疑。"聿叙作亭之显灵诸神佑助之威，□纪众人输财之诚，以彰诸君贤劳之绩，故弗却其请，而漫为之记耳。

时大明万历十三年岁次乙酉仲夏月吉旦

赐进士第兵部武选清吏司主事濩泽建斋杨植撰

泽庠增广生员镇人众峰萧嘉元记

同庠增广生员镇人心源司乃慎书

同庠生员镇人栋宇李茂才篆

社首郭浩　萧国祥　司大瑀　梁仲春　卫师　梁宝同立石

迎祥观焚修道士张真览

石工南留里王国忠刊

〇九七　古交市千佛寺《重修千佛寺序并诗》

| 简介 >

《重修千佛寺序并诗》明万历十四年（1586）刊。碑高 108 厘米，宽 61 厘米，厚 17 厘米，额正书"碑记"。碑正文楷书，17 行，共 525 字。碑青石质，圭首方趺，保存完好。千佛寺位于山西省古交市，碑存寺内。碑文载千佛寺因年久失修，主持僧兴资与乡众合力将乐亭等予以重修："但岁月推迁，人更事变，不无废坠残缺之虞，……。今有住持僧兴资等，视其规模，不忍披靡，遽与乡众恭发虔诚，同心协力，招集匠氏，经营区画，……。遂将正殿、两廊、山门、乐亭，金容圣像，即成轮焕之华，完美之丽，慨然一新。"（见李文清主编，《三晋石刻大全·太原市古交市卷》，三晋出版社，2012 年，第 23 ～ 24 页。）山西师范大学戏曲博物馆藏该碑拓片。

| 碑文 >

重修千佛寺序并诗

却波古交之乡，有古刹焉，名曰千佛。两川相挟，背山临流，左有钟楼壮其威，右

古交市千佛寺《重修千佛寺序并诗》拓本

有井泉毓其利，前有石寨钟其灵，森然雄伟，郁然佳丽，如此岂直美一方之观视而已哉！郡僧聚而诸贝集，檀越仰而众善归，所以为民造福，上祝国厘于亿万斯年，固非徒设为无益之所也。前此累有以修之，斯地大振于往日。但岁月推迁，人更事变，不无废坠残缺之虞，非得贤以葺之，将有萎蕤消疏之患，不得为之古刹矣。但见神不能妥，僧无所栖，众无所仰，曷从而为民造福、上祝国厘也哉？今有住持僧兴资等，视其规模，不忍披靡，遽与乡众恭发虔诚，同心协力，招集匠氏，经营区画，募缘修整，赴之如鱼贯，不逾数月，财以济用，力以积功，谋以成事。遂将正殿、两廊、山门、乐亭，金容圣像，即成轮焕之华，完美之丽，慨然一新。肆今神得以妥其灵，民得以受其禧，而一方之福有永赖矣！既以完毕，众又议之：其功可谓大矣，其成可谓速矣，不立石以记之，岂不没人之善，姑人之心，使后世有不然者矣！乃请文于予。予曰：吾之为人也，学问无成，事业罔就。辞之弗获，阅其前碑，始终具矣。遂以不敏之资，荒疏之学，检其要意，述其大略。正所谓隐恶扬善，忠告善道，刻成碑铭，竖于殿侧，远而弥芳，久而弥光，使后之为善者有所感发矣。呜呼！为所当为，惟仁者不惑；勇于为善，惟圣者能之。《书》曰"作善降之百祥"，其斯之谓与！

诗曰：古寺重修盖有年，一方受福永绵绵。人杰地灵原有像，物华天宝岂徒然。□火焚之惩昔废，祝延有感许今贤。士庶归依从大法，何必区区祈舜天。

大明万历十四年岁次柔兆阉茂菊月上澣戊戌日

梗杨晋川姚登谨撰

修造僧觉净　觉喜　觉泰

本寺僧宗□　宗积　太果　觉友　觉荣　觉智　觉清　觉性　觉宁

邻院僧介德　正拱　如清　正全　如净　海周　如江　法升　宗明　净安　正详
宗成

纠首李孟瀛　邢彦凤　邢文宽

石匠邢进元　邢天信

○九八　平顺县吾乐村文庙《为创建戏楼序》

|简介>

　　《为创建戏楼序》明万历十八年（1590）刊。碑高 62 厘米，宽 59 厘米。碑正文楷书，9 行，共 255 字。碑沙石质，方形壁碑，保存一般。文庙位于山西省平顺县青羊镇吾乐村，碑存文庙西侧殿墙上。碑文载吾乐村重修佛殿时，因山门卑狭，非所以壮观，故而改建戏楼以壮观瞻："有见三门卑狭，非所以壮观，则改建戏楼一所。"山西师范大学戏曲博物馆藏该碑照片并抄录碑文。

|碑文>

为创建戏楼序

　　盖佛殿之建，其来久矣。念东西两廊与南之三门是皆先人之建立也。奈时世久远，木植毁坏，遗迹尚存，以斯时也而履斯地者，则必睹迹兴怀，不容已于□焉。惟吾乡者王公法、王应科、王公齐、王应吉、王守基各舍资财，会集一乡攒头王公库、王进忠等众，俱发虔心，不日兴工，乃召石工周□等□以为永久之计，当经营之。始兴两廊之致，故仍旧规而更新。有见三门卑狭，非所以壮观，则改建戏楼一所，附钟楼于东旁，置僧房于西隅。其功绩浩大，若难速成。吾观当时人心乐成，各相劝勉，其输财输帛者，固不见出之艰；用力用劳者，亦不见为之难。以三月初旬兴工，四月终旬告成。其成功迅速，且庙貌峻巍若此，故□勒之于石，永垂于不朽耳。

社首王公法　妻张氏　男王进高　王进□钱六百文

王应科　妻闫氏　男王三□　王三□　侄王三晋钱一千文

王守基　妻闫氏　刘氏　男王九庆　王田庆钱二千五百

王应吉　妻程氏　男王三乐　王三□钱一千文

王公齐　妻郭氏　男王士喜　妻罗氏　王士乡　妻文氏钱一千

攒头王公库钱三百文　王进忠钱二百五十文

施主王公其　妻程氏　靳氏　男王九□　王九□钱四百文

王公正　妻吴氏　男钱四百文

王公勋　妻陈氏　男钱四百文

庠生王九经　妻张氏　男钱三百五十文

庠生王九思　妻关氏　赵氏　男王加□　王加□钱五百文

王进庄　妻刘氏　男王夯文　王进仁　妻常氏　男王夯加　王进□　妻□氏　男王夯□共钱一千八百

□□庄寅希施明柱四根　羊井庄刘应□银五钱　南掌庄张思正银三钱　张傅银一钱八　辛村庄常思有银三钱　逢善庄刘希舜银二钱　王廷□钱三百五十文

王公勉　王进英　王好民　王守姜已上三百文

王铁群　王进田　王好□　王好礼　王好敬已上二百五十文又□一百文

王公启　王公行　王□谦　王公廷　王公敩　王进合　□进孝　郭□祇　梁□□王招桂已上二百文

王三是表后吉□□□王廷□钱六十文

王进□　王进奉　王公强　王公女　王守□　王守祖　王公节　王□□　王公□王守□　张□全　王公丙　王守付　梁仲田已上一百五十文

王守公　王守安　王进□　王公科　梁仲金　王守仁　王守□　王□□　王好美已上二百三十文

王招荣　王□□　王公虏　王守居　王进弟　梁□□　王□涛□椽五根　王进□妻姜氏　男王希□　王进的　王七仁已上一百文

王文孝钱九十文　王进表侄好才八十文　王守贵七十文　王九□六十五文　梁仲楼六十文　王进本六十文　王文礼六十文　王公学五十文　郭天福四十文　吾进兴四十文王进堂十六文

大明万历十八年岁次季春吉旦

主持王守元　庠生王九经　王九思

石匠常思有　男常九□　常九□　常九□撰

木匠李□江　李河　李沄

泥水匠李登斜（阙文）

阴阳生刘希舜

〇九九　韩城市城隍庙《韩城隍庙记》

| 简介 ⟩

　　《韩城隍庙记》明万历十八年（1590）刊。碑高230厘米，宽111厘米，厚34厘米。碑青石质，方首方趺，保存一般。城隍庙位于陕西省韩城市金城区东北隅，碑今存陕西省韩城市城关中学院内。碑文载韩邑民为秋报赛会，在城隍庙中崇楼台以演歌舞等："而邑民则殷于秋报赛会，于（阙文）隅竞胜。蒸煤烹燔，则弗欲露陈，特为殿以□之；笙鼓管□，则弗欲□弛，崇台楼以奏之。"山西师范大学戏曲博物馆藏该碑拓片。

| 碑文 ⟩

韩城隍庙记

赐进士第通议大夫吏部左侍郎邑人□滨张士佩撰
赐进士出身中宪大夫山西大同府知府前工部郎中邑人三泉吴从周篆
乡进士承德郎河南南阳府通判邑人竹轩孙从教书

　　韩之城，诗称燕师所完城也。有城斯有隍，□君所设险□卫民者。然神体城隍，以配明侯，历代奉之，多加懿封。国制则以神受命上帝，不可以人参之，删从本称，则城

韩城市城隍庙《韩城隍庙记》

隍若为神衔云。韩之城隍，则庙于民隅，邑侯虔祀，岁时如制，而邑民则殷于秋报赛会，于（阙文）隅竞胜。蒸煤烹燔，则弗欲露陈，特为殿以□之；笙鼓管□，则弗欲□弛，崇台楼以奏之。楼峻殿□，庙度增辉，邑人所藉以虔其（阙文）陈撰等。自盛厥成也，丐记于余。余则以楼固可记而可记，□有要于楼者。按庙者，貌也，神之形貌所在也。非庙则无以妥神，今（阙文）称正殿是也，此制建也。胁山而楹四，榜曰灵佑□。灵佑殿后则含光殿，觊为前符，盖神之寝殿也。灵佑殿前则德馨殿，亦四楹，（阙文）楹。德馨殿盖邑侯所拜享，广荐殿则邑人秋□□赛列其中也。□□殿前东西列庑，楹皆十三，广荐殿则左右峙楼，□檐巍起。楼（阙文）赞化育。化育坊南四楹中扃者，威明门也。门之前□一坊，曰明□□、□政教。坊南台起，□□一门，濒街□曰城隍庙。盖神之大（阙文）乃入谒者所由也。枝门各两楹，大门倍之。枝门东西各有坊，东曰□察幽明，西曰保□黎庶。坊之南，中厅辟屏门，盖以障，横行而（阙文）之墙垣，袤百又三武，而广则四十武。威明门南则□□□□□武，中甬而分，东则南隅，西则北隅。故有坠废，则举修争先，或分或合，（阙文）增其所未备焉。非以逞观美，盖以厚答神贶也。楼始隆庆辛未夏，成于壬申之秋。殿始万历丁丑夏，成于戊寅之冬。费繁竣速，皆（阙文）捐募督之，厥迹炳硕。邑侯东鲁王公守中莅韩，见而捷之，□殿坊诸题字不称庄严，特为名殿、名坊、名仪门焉。记中榜坊诸题名皆（阙文）庙自是益觉增壮矣。庙晨夕司香，道士躬之。正殿东西之墙，则道士之居也。十又二亩五分有奇者，则庙广袤之数也，是皆庙之（阙文）神之灵贶，记尤愿先之者，顾杳杳难名焉。若祥降于善，殃降于不善，则人皆口碑之不藉记而昭昭者，第所谓善，盖明德惠迪，非徒以（阙文）善事神者体之乎，是为记。

皇明万历十八年岁次庚寅秋八月上旬之吉

北隅乡老□□□　吉□□　□□□　陈志先　□□□　程天佐　程子福　高天彪　高□□　薛九辅　张□□　程世有　□永　薛□相　陈自兴　高大位　陈大平

署印道人（阙文）

一〇〇 河津市连伯村后土庙《连伯里重修后土庙底札》

简介

《连伯里重修后土庙底札》明万历十八年（1590）刊。碑高41厘米，宽90厘米。碑青石质，方形壁碑，保存完好。后土庙位于山西省河津市阳村乡连伯村，碑存庙内。碑文载后土庙原有："殿前香厅一间，献庭五楹，乐庭三楹，三门三间，左右回廊各三间，东西厢房各十馀间，东西角门各一座。"后因年久失修，墙垣圮坏，故于万历十二年将乐庭等予以重修："以正殿则革故鼎新，砖围其四面，其余殿宇庭房，或更梁换檩，或易柱补拱，或增祉灰基，或从为创建，或添设泊水，或广大墙壁。"（见冯俊杰等编著，《山西戏曲碑刻辑考》，中华书局，2002年，第275～277页。）山西师范大学戏曲博物馆藏该碑拓片。

碑文

连伯里重修后土庙底札

连伯，今古驰名滩也。南临汾水，北镇紫荆，洪河流于西，姑射峙于东，盘旋数

河津市连伯村后土庙《连伯里重修后土庙底札》拓本

寨，势如常山之蛇，诚所谓连比属乡，长大诸庄者也。村前有关西古道，乃山陕之通衢，秦晋之要冲也。其村迤北，沙峰萃聚，土阜巍峨，其形胜自龙门拖逦而来。中有后土神宇一所，正殿三楹，中塑坤柔圣母，所以神地道也。左大夏禹王，右周始祖后稷，以平成播种之功，有配地无疆之休，祀之固宜也。殿前香厅一间，献庭五楹，乐庭三楹，三门三间，左右回廊各三间，东西厢房各十馀间，东西角门各一座。垣以周墙，还以翠柏，井焉伦焉，巍巍乎为一方之镇。然时世久远，莫遡其建立之自，查得神背，皇庆年重修，按《通鉴》，皇庆，元仁宗年号也。我太祖驱逐胡元，嘉额褒崇，收录大明祀典。至景泰间，大为修理，有碑记之详矣。继是而湖漠弥漫，黄沙布护，兼以嘉靖乙卯地震，殿宇倾损，墙垣脱落，连年累加完葺，功未就绪。乡民马晏明等，不堪神之疏陋，遂鸠同阖乡众善人等，共发虔诚，贫富各施财效力，任工按度。以正殿则革故鼎新，砖围其四面，其余殿宇庭房，或更梁换檩，或易柱补拱，或增础灰基，或从为创建，或添设泊水，或广大墙壁。其经营改作之详，门堂厢厅之制，汾汾（纷纷）不一。废者举之，坠者修之，美轮美奂，焕然一新，殆凛凛乎非昔日之比。功行之日，化被四方，远迩各施厥财、效厥力，给水助缘，虽耕夫织女，黄童皓叟，有子来趋父之速，归市争先之效。是役也，起功于万历十二年二月，落成于万历十六年三月。工既竣，乡民佥曰：建祀所以宁神，宁神所以阜民。今殿已完矣，宇已崇矣，使神有弗备，则此庙为虚设，非为民造福之意。乃于正殿东厢，益以晋赵氏子孙九郎，以为祈祷雨泽之应；西厢益以汉寿亭侯关将军，以为护国安民之助。东廊有酆都教主、地藏、十王、三曹诸冥府，使吾人死有所归也；西廊有子孙、痘疹、乳餔三圣母，使吾人生有所自也。又有岱华恒衡嵩之五岳，江淮河汉之四渎，所以翊赞□生之德，羽翼持载之功者也。三门内塑神马二匹，拴系之以仆将。三门外坐神将二尊，起进香者入门之寅畏耳。如是则祠完祀备，神妥而人悦矣。由是而雨旸时若，品汇流行，而万民有不各得其所者乎，岂曰淫祀哉！三门前东南数十馀步，旧有龙岗古刹，今亦为之整理，咸备众议。本村龙泉寺僧人会登、会交焚修香火。起义督工，即前乡民马晏明同寅协恭共成圣事者：马晏明、王添爵、张廷聘、原邦顺、马负白、周雷、马遇青、马守才、黄可、张廷皋、王仲祥、孙廷相、原邦宁、宋之儒。所有工匠人役、施财善士，俱载于碑，予何事于冗云。

　　　　　　　　　　　　　　　　　　　　　万历十八年三月二十五日

　　邑人两峰卫守纪撰

　　庠生冀野马遇乐书

　　石匠薛惟春

一〇一　介休市小靳村东岳庙《重修小靳村东岳神祠记》

《重修小靳村东岳神祠记》明万历十八年（1590）刊。碑高193厘米，宽72厘米，厚13.5厘米，额正书"皇帝万岁"。碑正文楷书，17行，共719字。碑青石质，笏首方趺，保存完好。东岳庙位于山西省介休市绵山镇小靳村，碑存庙内。碑文载东岳庙墙垣颓败，值晋藩以钱百金买庙内古柏，故卖柏得钱予以重修，重修时将乐楼广为重檐："众咸唯唯应命，乃指墙下二柏遗之。藩王喜答神休，复赉四十金来，以助修葺，通前价为百金。……。如寝殿隘而楹之以三，廊署缺而增之以两，乐楼广为重檐。"碑阴亦记建修乐楼之事："建修神前乐楼一座，西廊三间，东厨屋三间，重修三门，补修后殿三间，正殿并献周围简座、押檐、墁台、□工墙壁，收工以完。"（见白海英，《介休小靳村东岳庙及其戏曲碑刻考论》，中国台湾《民俗曲艺》第139期，中国台湾财团法人施合郑民俗文化基金会，2003年。）山西师范大学戏曲博物馆藏该碑拓片。

重修小靳村东岳神祠记

小靳，枕绵山之麓，居邑原之南。原屹东岳神祠，象仪古雅，厥始无征。居民灾疹旱患，祷而屡应。春秋赛报，则十有八村之民皆走集而享祀焉，诚香火辐辏之祠也。至元七载，重加修葺，然规实仍旧，而廊庑台榭莫之展修，何裨观丽？越皇明以来，无虑三百余载，虽松柏茂林，而墙堵倾剥，宜赓复而无因。适晋阳郡藩表槚知煟嗜巨柏之丰隆，欲以为寿棺也，屡求采取，而民不听命。已而捐三镒之金，复来抚台之命，居民犹不忍斫伐，我邑侯王翁假庙以台，命而谕之曰："凡名祠宜饰者，尚捐己资为之。今以古木而易巨资，俾庙貌缘此以修广，于神不益妥乎？如之何其不乐为也？"众咸唯唯应命，乃指墙下二柏遗之。藩王喜答神休，复赍四十金来，以助修葺，通前价为百金。吁，是诚斯庙鼎新之会也。众遂卜日举功，侯复命官董其事。由是备五材，鸠五工，匠作率属以勤猷，土作并力以趋事，不阅岁而大功落成，若有灵以相之，实我侯矢心厥谟，幽赞神明之所致也。佥欲传之永久，伐石纪事，乞余言叙其颠。余谓营构，大事也，顺时者举有名，协谋者功必伟。矧福地灵祠，一方之保障所关，而时至事起，信非长府之得已而不已者。但东岳泰山也，钟于齐鲁之封，而行祠则构于斯，何哉？《传》曰："触石而出，肤寸而合，不崇朝而雨遍天下者，惟泰山之云为然。"夫雨露，兹息百物，所以膏泽生民者，而岳渎之灵司之。则是神也，诚民庶之所仰依，而不得不祠焉者。况奉命增修，又岂止于藻润而已。益其所未备焉，饰其所未新焉，如寝殿隘而楹之以三，廊署缺而增之以两，乐楼广为重檐，三门加之博大，复为厨室，为台砌，为之黝垩丹漆。虽复庙层楼无改于故，而规制全美，黼藻雕甍，视昔顿改观矣。吾人一登览之间，则见山光熙照，林景氛霏，丹阁凌霄，乔木蔽空，诚耀然而日星明，恍然而云霞灿矣，其绩不亦伟乎。自是而民乐有祀，神乐有依，濯灵孔昭，孚佑下土，俾之雨旸以时而灾害不作，举一方之民而寿且滋者，于神不大有赖与。是役也，肇功于己丑春三月，迄功于庚寅春正月，倡首勤事者十有六人，并匠艺诸工于法得书，咸以而勒于碑阴之左。

明万历十有八年岁在庚寅春二月望日

同霸州事宣德郎绵麓侯宗宪撰

赐进士第知介休事洋川王一魁

县丞窦臣

主簿浦洪

典史王端容

监工官侯世爵

皂隶董承忠

建修神前乐楼一座，西廊三间，东厨屋三间，重修三门，补修后殿三间，正殿并献周围简座、押檐、墁台、□工墙壁，收工以完。

敕赐大兴国禅寺住持僧人周达　书字僧人周福

各村众纠首焦家堡焦延禄　何村王英　渠池村柔贤　东欢村郭廷得　侯堡村封尚
　　　信　槐至庄郭□库　兴地村张廷宰　万光村宋文智　马堡村任崇　独鸾
　　　村宋永昌　长受村宋时兴　大靳村王永福　本村郭时益　陶时得　郭时
　　　胜　陶崇

兴地村刊字匠人王尚科

大明万历十八年岁次庚寅春三月十五日吉立

石匠任时成

一〇二　盂县北庄村大王庙《新创大王庙乐亭碑记》

　　《新创大王庙乐亭碑记》明万历十九年（1591）刊。碑高 118 厘米，宽 57 厘米，厚 14 厘米，额正书"新修碑记"。碑正文楷书，11 行，共 290 字。碑青石质，圭首方趺。大王庙位于山西省盂县秀水镇北庄村，碑存庙内。碑文载大王庙为乡人春祈飨赛之所，但乐亭未建，无以蔽风雨，故而创建乐亭，"独计岁时享祀虽匪懈，而乐亭未建，何以蔽风雨而匪懈于享祀，此则高识远虑□所□忧也"。（见李晶明主编，《三晋石刻大全·阳泉市盂县卷》，三晋出版社，2010 年，第 112 页。）

碑文

新创大王庙乐亭碑记

　　县治迤北二里奇，仇山之阳，冷泉之阴，四望平原，可连十顷，岿然藏山大王神之行祠建焉。无碑碣以考，未知始于何许年。明天顺二年则重建，嘉靖四十二年则重修也。古松苍苍，栋槐俱连抱，盖亦有年矣！夫下有东寨居乾，北庄居坎，南坪居巽，以

盂县北庄村大王庙《新创大王庙乐亭碑记》拓本

及桃园，合并四村矗。每岁于春三月十七、十八、十九，大飨赛三日，相沿以为夙典者，亦非一二世已。独计岁时享祀虽匪懈，而乐亭未建，何以蔽风雨而匪懈于享祀，此则高识远虑□所□忧也。是用刘三策等共图而创造之。先下凳石台三尺，次立亭于其上，而中唐亦砌以砖石。视前制略备，而气象颇伟观焉，乃修饰而润色之，又不有望于后人也哉！工成镌石，用垂不朽，俾予为记。是此工也，托始于万历庚寅之冬，落成于万历辛卯之春。

维时则万历十九年岁次辛卯四月吉日立

邑人县学生张德化撰

府学生赵荣试书

功德主生员父刘自新　母梁氏　生员刘三策　男□主刘云□　生员刘云柱　孙刘泽长　刘泽广　刘泽溥　刘泽久

尚香纸地一十二亩　乐亭价银四两　夏秋粮一斗　张付　男张来聘　张再聘尚地三亩二分

纠首刘凤□　刘凤云　张□□五钱　刘□　王金銮　赵□四钱　张三友　赵继青田中定三钱　王玠　赵天伦　张□肖二钱　王汝根尚地三亩　夏秋粮二升七合

住持道仕崔珎宝　门徒王继　孙王良栋　王良□

石匠赵邦荣　赵天思　赵邦付　赵财　赵钱　□净刊

□□六年永□四都□希奉　另张有才　□张新　张艮□□□地四亩三分　价银三两五钱随粮四升

住持僧人王顺

顺治十四年本庙松树变价银（阙文）

一〇三　泽州县大阳村汤帝庙《重修舞楼记》

│简介〉

《重修舞楼记》明万历十九年（1591）刊。碑高 44 厘米，宽 64 厘米。碑正文楷书，12 行，共 215 字。碑青石质，方形壁碑，保存完好。汤帝庙位于山西省泽州县大阳镇大阳西街村，碑存庙内。碑文载汤帝殿前原有舞楼，为春祈秋报伶人咏歌舞蹈，仰答神休之所，然年久失修，墙宇圮坏，故而乡人予以重修，"阳阿西镇汤帝殿前旧有舞楼六楹，……。乡人每岁春秋祈报，伶人贱工咸集于斯，以咏歌舞蹈，仰答神休。……。今万历辛卯，水官□纶等一十六人亦各捐资再修"。（见蔡敏，《山西泽州大阳村汤帝庙及其赛社演剧考略》，《中华戏曲》2011 年第 43 辑。）山西师范大学戏曲博物馆藏有该碑照片并抄录碑文。

│碑文〉

重修舞楼记

阳阿西镇汤帝殿前旧有舞楼六楹，不知创自何年，无碑记可考。乡人每岁春秋祈报，伶人贱工咸集于斯，以咏歌舞蹈，仰答神休。然岁久倾圮，万历己卯，水官捐资重修，已□姓名于梁间，工未毕而中止，历十二载，风雨日侵，又有将圮之状。今万历辛卯，水官□纶等一十六人亦各捐资再修，厚其茨，尽补其阙略，凡未完者，至此完矣。乡人见其乐施，皆欣然馈食以赞襄其事，何也？敬神者，人心之所同；作善者，夫人之良心也。今舞楼之修，虽众人同有敬神作善之良心，而所以图功□终者，乃庞子继祖之举耳。故笔之于石，纪其始末，以垂不朽云。

时大明万历岁次辛卯仲夏谷旦

会川庞有恒撰

文峰霍愈书

计开捐资水官共施银六两列名于后（阙文）

一〇四 介休市洪山镇源神庙《源泉诗四首有小序》

　　《源泉诗四首有小序》明万历十九年（1591）刊。碑通高217厘米，身高160厘米，宽72厘米，厚18厘米。碑正文行书。碑青石质，笏首方趺，保存完好。源神庙位于山西省介休市洪山镇洪山村，碑存庙内。碑文载源神庙新修乐楼后，命名为"鸣玉"："已，又改建水神祠宇，祠前起楼曰'鸣玉'，又构轩左方曰'趋稼'云。"舞楼命名"鸣玉"是山西明中期以来神庙舞楼命名之风兴起的真实反映，在山西神庙剧场发展史上具有重要的意义。碑阴则镌刻万历十六年（1588）胡村、洪山分水，交水粮之具体规定："胡村与洪山同用一河，有南北古石堰一条，以致通流至洪山村心分为两河，肆、陆水平。洪山本村分水陆分、狐村分水肆分溉地，至大许村十五里。狐村河共水地四顷七十二亩三分四厘，共水粮三十八石二斗五升九合五勺四抄，共水程一十七程六时。"（见冯俊杰编著，《山西戏曲碑刻辑考》，中华书局，2002年，第289～290页；黄竹三、冯俊杰等编著，《洪洞介休水利碑刻辑录》，中华书局，2003年，第182～185页。）山西师范大学戏曲博物馆藏该碑拓片。

源泉诗四首有小序

县治东南三十里，有泉出山下，名源，盖即郦道元所称绵山石桐水也。泉分东、中、西三河，余为浚渠均流，溉田万亩，且著为约束以息争端，民甚便之。已，又改建水神祠宇，祠前起楼曰"鸣玉"，又构轩左方曰"趋稼"云。

双阙岩嵲左右蹲，中流一水泻潺湲。风云自护蛟龙宅，溪涧时惊鸥鹭骞。却笑桔槔空俯仰，常教甘澍足田原。三农九谷年年事，美利功成总不言。

地主浮沈历水头，土人举火企神庥。书传郦氏标灵秘，波润绵山稔岁秋。匹练微茫通泽国，层轩疏豁俯汀洲。停车一问陶唐俗，不是寻常玩物游。

三河北去是横汾，目极平川几派分。远岫连天都入画，回风吹浪动成文。决渠竞注潇湘雨，奋锸俄兴触石云。为扶田家何事业，休将游惰误耕耘。

倚山楼阁郁崔嵬，蜃气疑从海上来。入槛泉声鸣佩玉，当檐树色落罇罍。将雏野雉高还下，驱犊农人去复回。欲向秋风重寓目，离离禾黍绣成堆。

万历十九年岁次辛卯上巳

前进士邑令关中洋川王一魁伯星甫手书

县丞濮阳吕师儒　　主簿桃源浦洪　　典史晋江张应祥立石

一〇五　介休市洪山镇源神庙《新建源神庙记》

|简介〉

　　《新建源神庙记》明万历十九年（1591）刊。碑通高 248 厘米，宽 75 厘米，厚 23 厘米，额正书"新建源神庙记"。碑正文楷书，27 行，共 1805 字。碑青石质，螭首龟趺，保存完好。源神庙位于山西省介休市洪山镇洪山村，碑存庙内。碑文载新建源神庙之缘由、经过及舞楼等庙宇建筑的规制与布局："见庙在山之西阜，南向，位置敧侧，而南山当面墙立，瞻眺弗广，泉出左腋，陟庙则泉不可见，又基址狭隘，垣宇倾颓，……。余盖慨然有意乎改作，会土人亦以新庙请，……，卒迁庙于南阜，……。正殿五楹，塑三神像其中，东西庑各五间。殿前数步，甓券门五洞，洞上釿砌为台，台上反宇回栏，陜而修曲，为楼额曰'鸣玉'。"（见冯俊杰编著，《山西戏曲碑刻辑考》，中华书局，2002 年，第 280～284 页；黄竹三、冯俊杰等编著，《洪洞介休水利碑刻辑录》，中华书局，2003 年，第 172～178 页。）山西师范大学戏曲博物馆藏该碑拓片。

介休市洪山镇源神庙《新建源神庙记》拓本

新建源神庙记

明赐进士第文林郎汾州介休县知县古洋王一魁撰

县治东南三十里许，有山名洪山，下有泉，俗谓之源，盖即郦道元《水经注》所称"石桐水即绵水，出介休绵山，北流注于汾"者。而洪山，则绵山之旁出者，其实亦绵山也。邑志故称"狐岐山胜水"。然以地里求之，非是，岂《禹贡》"治梁及岐"蔡注有误耶？余尝为之辨。水自南而北流，流东、中、西三河分，介人取以溉田，田若干顷，详余所为《水利条规》碑刻。其开凿导利，不知何许时，亦不知谁氏，殊无可考。山故有源神庙，故事：每岁三月上巳，有司率土人诣庙，修浮沉，盖东作溉田时也。余自丁亥秋涖兹邑，越明年戊子春三月，邑人白余。余窃惟山川丘陵能出云为风雨者，皆曰神。古者诸侯方祀祭山川，《祭法》"能御大灾则祀"，若兹源泉，既以其水溉舄卤矣，又时以其气蒸为云雨，即岁大旱，犹不至乏绝，夫非所谓神而能御大灾者耶？若是者，祭之则不为非其所祭，不为非其所祭，则不得谓之淫祀。藉令不祀，吾犹将义起，矧今有其举之，曷敢废哉！于是设具走祀。祀毕，周览其地，审曲面势，见庙在山之西阜，南向，位置欹侧，而南山当面墙立，瞻眺弗广，泉出左腋，陟庙则泉不可见，又基址狭隘，垣宇倾颓，心切病之。夫庙以妥灵也，今若兹，岂所以肃明神而迓况施哉！庙之作亦莫得其详，惟渠书至大二年创建，暨洪武十八年重修，乃墨漫粉落，几不可辩已。又得一石刻，剗视之，题曰"源神碑记"，进士赵珉撰文，前并州押衙银青光禄大夫检校国子兼殿中侍御史徐赟撰铭。碑称至道三年重建神堂，大中祥符七年建碑。用是知源神祠庙当自宋以前已有之，而其为水利所从来最深远。碑文用四六，颇丽，然诞漫纤靡，而阔略于事情，铭及字画尤为草草，字复多剥蚀，顾匪是则罔与征往而观来，要不可弃弗存矣。顷之，见南山麓有平阜焉，喜而登其上，则连亘诸峰巇巇南负，左右盘礴崛起若双阙，逶迤北下，益蜿蜒映带，不知其几里，豁然大观。而飞泉数道泻出于平阜下两峰之间，如万斛珠随地而涌，又如鸥如鹭腾骞于烟汀沙渚，其声泠泠然、锵锵然，若理丝桐、鸣环珮也。而墱流百步，派分三河，潚涪澎湃，则又若风雨骤至，雷霆乍惊，铁骑突出，有荡胸之势焉。余于是喟然叹曰："噫嘻！斯不亦神皋灵域欤？奈何不是庙也。"余盖慨然有意乎改作，会土人亦以新庙请，然私念岁祲方销，公私告匮，不敢辄问土木。先是介人以水利漫无约束，因缘为奸利，至不知几何年，积弊牢不可破。百姓攘攘，益务为嚣，讼靡宁日，坐是困敝者不可胜言。而乱狱滋丰，簿牒稠油，曾不可究诘。诸上官又时或督过，吏兹土者盖甚苦之、甚厌之，然亦付之勿问焉已。余则谓凡为政者，利之也，亦平之也。今民以利争弗息，而弗为之平，名虽曰利，其实害之。亡论诸上官督过，即不焉，而吾日抗颜于此横目之上，一切厌苦麾去之，若曹聩然，谓吾民何。吾是以不能无慨然于衷，则为之清其源、均其流，厮疏其渠堰，著为约束，以平其争讼，请于当途者，刊书镌石，与民更始，盖民甚便之。其乡焉兼并豪党，当途者欲置于理以示惩，则皆叩头悔汗于前，以愿新神庙为词。余乃为白于守道侯公，侯公亟报曰："可。"以致于当途者，当途者又辄可焉。于是度地庀材，鸠工卜日，诠邑之有行谊者董其事，余亦时出稍食之入以佐之，其它诸土人用灌浸、享其利者，亦各输钱谷为助。盖鄙人有言："利于己为有德。"以彼其利，宜其奔走共事弗后也。卒迁庙于南阜，负离抱坎，水泉居前。夫坎，水也，而庙当之，固其所也。况泉水前注，视瞻爽垲，岂天造地设与？正殿五楹，塑三神像其中，东西庑各五间。殿前数步，甃券门五洞，洞上钏砌为台，台上反宇回栏，陕而修曲，为楼额曰"鸣玉"。楼外有门，以木为之，门与楼周缭，俱粉堞相属，可散步其上。俯而窥之，则泉水如镜，蛟龙之窟宅隐隐在焉。睇眄则旧址苍松郁蓊盘屈，与泉上古柏相应接，如虬龙。又渔者、樵者、荷畚者、茭牧者、裹饭饷田者，相望于山巅水涯，亦足欢已。极目骋望，则块漭之野，百谷蕃庑其间，如匹练、如杯、如衣带，倏有倏无，皆支渠衍溢，异口同源。而远岫连空，水天一碧，意即汾流为兹水所注者耶？门之外，地势渐下，作石梯，梯竟，作小石桥，竖坊其上，榜曰"溥博渊泉"。庙左方西偏，又作官亭一所，题云"趋稼"，盖祀神时亦即斋居焉。山地若干亩，付奉庙人。庙之役，始于戊子之夏，而落成于庚寅之秋，规制棼橑，城堞黔垩，庶几巍然焕然者。土人告我曰："泉水盛矣，又新泉六七眼出山下。"余不答，既视之，果然，此讵不谓神之灵哉！诸荐绅先生暨父老辈咸趋余记，余亦谓不可以弗识也，以故，具述其颠末，勒珉而树之庙左。宋祥符碑亦移置庑下。立碑时则万历十九年辛卯三月三日也。同事寮友某某，经始乐成，得并书之。其他诸工役，亦载碑阴。又作乐歌三章，俾歌以侑祀。词曰：

冠山兮紫官，直天门兮显通。俯滓泓兮玄醴，流飞阁兮曲琼。丰泽兮下土，万民戴兮神佑。历吉日兮辰良，浴椒兰兮沐芳。望螭驹兮至止，佩长铗兮琳琅。载旌旆兮云飞扬，倏忽三乘兮下大荒。右迎神

荔席兮药房，美要眇兮满堂。陈鼓钟兮鸣球，勺流霞兮露英。羞鸡羲兮投璧，折琼

枝兮搴芳。蓺兰膏兮明烛，灿昭昭兮未央。遣巫阳兮使振，万灵连蜷兮乐康。诏羲和兮顿辔，聊逍遥兮偠伴。　右享神

飚车兮龙辀，塞日暮兮焉留。指归途兮云际，排帝阍兮夷犹。览冀州兮扬灵，睠恩泽兮悠悠。敕应龙兮中谷，执女魃兮显戮。山高兮水长，五风兮十雨。俾三农兮岁有秋，介我稷黍兮谷我士女。　右送神

县丞范县吕师儒　　主簿桃源浦洪　　典史晋江张应祥　　儒学教谕举人平定赵璇训导肃宁王明德　崞岚张四教　　汾州儒学生员潘九成书

关子岭巡检保定周荐贤　　义棠驿驿丞阳曲孙继孟　　管工官侯世爵

水老人丘良美　刘思　王廷荣　宋希宝　温尚玘　程□文　张天禄　杨正钦　张光元　郭有义　张天寿　李英　段天明

石匠屈应元镌

一〇六　晋中市榆次区城隍庙《重修城隍显佑伯祠记》

|简介|

　　《重修城隍显佑伯祠记》明万历二十二年（1594）刊。碑高 172 厘米，宽 71.5 厘米，厚 20 厘米。碑正文行书。碑青石质，方首，保存完好。城隍庙位于山西省榆次区城内东大街中段北侧，碑存庙内。碑文载城隍庙日久倾圮，因而在万历十九年（1591）将乐楼等予以重修，"迄今六十年来，渐就圮坏。万历辛卯，乡进士杜廷玉，宁海州同知原于性，监生褚应豸，吏民何天衢、孙柱等欲图新之，……首正殿，次寝宫，次子孙福禄祠，次东西两庑，又次阁门、仪门、乐楼、斋宿牲馔之所"。（见王琳玉主编，《三晋石刻大全·晋中市榆次区卷》，三晋出版社，2012 年，第 66 ～ 67 页。）山西师范大学戏曲博物馆藏该碑拓片。

|碑文|

重修城隍显佑伯祠记

　　赐进士资政大夫户部尚书兼都察院右副都御史奉敕总督漕运提督军务巡抚凤阳等处

晋中市榆次区城隍庙《重修城隍显佑伯祠记》拓本

地方前刑工左右侍郎都察院左佥都御史协理院事右佥都御史巡抚河南四川道监察御史巡按陕西河南提督南直隶学校邑人褚铁撰文

赐进士朝列大夫陕西布政使司右参议奉敕抚治汉中邑人桑维高书丹

乡进士工部虞衡清吏司主事邑人齐塘篆额

国家当太平无事时，境内群黎百姓，教化振肃，休养生息，惟有司能抚绥之；一旦□寇窃发，捍外卫内，俾官民恃以无恐，惟城隍能保障之。至阴佑默相，福善祸淫，植良覆暴，必有神以宰之，出于有司及高城深池之表者。榆次城隍神，肇自古昔，受命于天，敕封鉴察司民显佑伯则始于洪武二年，此圣祖神道设教，扶世福民之盛心也。有司仰体德意，在宣、成间则有知县曹显、宋信，在弘、正间则有知县张铎、苏民，在嘉靖初则有乡民左桂原、李弘道、孙文质辈相继修葺，故规制大备，为一邑巨瞻。迄今六十年来，渐就圮坏。万历辛卯，乡进士杜廷玉，宁海州同知原于性，监生褚应多，吏民何天衢、孙柱等欲图新之，谋于乡耆何海、张天祥、任惟学、李炳，乃请庠彦阎炜董其事。诸君合谋经画，财取于好施之氓，力征于乐趋之众。春三月兴工，越六月而底绩。首正殿，次寝宫，次子孙福禄祠，次东西两庑，又次阁门、仪门、乐楼、斋宿牲馔之所，又次大屏，保障、昭假二坊。更坏补缺，咸焕然一新，非神之默佑而能若是乎。事竣，请余记诸石。余惟城隍所以庇民，祠宇所以安神，修饰所以崇报，事固宜书。然语云："务民之义，敬鬼神而远之。"近岁祭鲜诚敬，率彼此争胜，男妇祈禳者月无虚日，似非敬远之意。且神聪明正直，惟聪明则不可欺，惟正直则不可渎。榆民诚安分守礼，敦伦乐善，虽不求于神而神自佑之；若淫纵匪彝，虽日事诏渎，而欲祈神之佑，亦不可得也。抑闻古之君子，先成民而后致力于神。昔左史倚相能道训典，以叙百物，故悦于鬼神，无有怨恫。是先诚信、崇礼教，使丰俭得宜，男女有别，又不可忽者。矧国家明有法度，幽有鬼神，二者相为表里。君子为善，明无人非，则幽无鬼责；小人为不善，虽奸谋逃于王法，而阴谴决不能免于鬼神。此圣祖肇封神明之意，裨益有司教化者非浅鲜也。余因请俾刻诸石，庶为善者益劝，为恶者有所儆焉。

赐进士第文林郎知榆次县事扶沟卢传元

赐进士第文林郎知榆次县事洛阳徐守谦

迪功郎县丞故城张之雍　　将仕郎主簿平凉杜鸾鸣

儒学署教谕事举人南和窦如芝　　儒学教谕祁州吕镛　　训导灵石郑观　　潞城李世芳

典史王臣　李尚质　　驿丞李文深重修

万历二十二年季秋吉日

一〇七　泽州县底道街村白龙庙《重修白龙显圣王庙记》

　　《重修白龙显圣王庙记》明万历二十二年（1594）刊。碑青石质。圭首，额篆"重修白龙庙记"。碑正文楷书。保存完好。白龙庙位于山西省泽州县李寨乡底道街村，碑存庙内。碑文载庙宇重修之原因，乐舞亭之位置及作用："由正德己卯迄万历甲申，五纪有余，殿几颓败。……，其中为乐舞亭，耳房为神厨，焕然一新。过者超拜，瞻者竦容。凡社之春而祈、秋而报，悉于斯焉。"（见樊秋宝主编，《泽州碑刻大全》卷一，中华书局，2013 年，第 388 ～ 389 页。）

| 碑文 >

重修白龙显圣王庙记

山西泽州儒学生员兑山郭尚纯沐手拜撰并书

　　庙在泽郡伍门乡环秀都秋泉里底道脚社。其庙旧制狭隘，殿惟一间，经始莫考。迨我明正德十有四年，有先社首常赟、常文政、常太、常善、常子高、常子林、常子钦等人始增正殿为三楹，因祀龙王，以故名庙。复于殿左祀武安王，殿右祀广禅侯，左序祀娲皇圣母，右序祀黄帝元妃。其南为山门，其余垣墉而已。由正德己卯迄万历甲申，五纪有余，殿几颓败。社首常雷、常和、常朝吉、常仲霖等十有三人，各发虔诚重修。募善士之资赀，堵以琉璃；取他山之石，作为柱础。东西两庑增以十楹，祀十帝闫君，其中为乐舞亭，耳房为神厨，焕然一新。过者超拜，瞻者竦容。凡社之春而祈、秋而报，悉于斯焉。是役也，兴工于万历十有二年正月，落成于二十二年四月。所费至巨，非显圣之至灵至圣，能使人斋明以承祭，洋洋乎，如在其上，如在其左右，曷克完此工成矣。社人皆曰社首之功，社首佥曰我神之力。问之显圣，显圣不知，因以铭于碑。铭曰：

於戏显圣，威灵不凡。万姓祷祭，幽明参赞。宠锡自天，庙貌赫然。无古无今，何千万年。

时万历二十二年岁次甲午夏五月谷旦

施财芳名河村里刘孟阳　同男刘汝卿施银一两　明道厢王好忠施银一两　周村镇迎祥观苗常顺施银三两　平上里郭好读　郭好强　同侄郭重关施银六两三钱　世太坊王守川施银二两　宁国坊张天爵施银七钱　河村里王守成施银　同男王默施银

本社社首张彦冬银五两　常朝吉银一两五钱　常雷银三两　常和银四两　常朝相银一两五钱　常仲霖银三两　原朝阳艮一两　苗廷仪艮一两五钱　萧济艮三钱　常朝□艮五钱　常朝□艮一两五钱　常朝光艮一两五钱　常仲□艮八钱　原友□艮一两五钱

社人苗文思艮六钱　□朝中艮八钱　常恺艮一两二钱　常学君艮□钱　常朝官艮□钱　张□□艮□两　常成仁艮□钱　常朝刚艮三钱　常朝云艮三钱　原金艮七钱　常学□艮一钱　常朝如艮□钱　姚思恩艮□钱　常学臣艮□钱　张□安艮□钱　常朝友艮□钱　常朝年艮□钱　常学松艮五钱　常学明艮五钱　张守仲艮五钱　常学新艮□钱　常朝邦艮二钱　萧重宽艮二钱　萧重爱艮四钱　苗国忠艮□钱　张孝春艮□钱　苗国本艮□钱　姚思银艮□钱　宋良田艮五钱　原学艮七钱　郭思乡四钱　张□□二钱　张思□三钱　刘自兴二钱　秦□福　秦□□艮二钱　木匠吕孟科施银三钱　同立碑

守庙道人李天孝

石匠胡天福

一〇八　泽州县水东村崔府君庙《重修齐圣广祐王庙记》

$\rfloor$ 简介 $\rangle$

　　《重修齐圣广祐王庙记》明万历二十三年（1595）刊。碑青石质，笏首，额篆"重修齐圣广佑王庙"。碑正文楷书。保存一般。崔府君庙位于山西省泽州县金村镇水东村，碑存庙内。碑文载府君庙创建于元大德四年（1300），明嘉靖八年（1529）重修，后因风雨侵剥，日就倾圮，故于万历二十二年将舞楼等予以重修："创建于元大德四年，重修于明嘉靖八年，……。迄今风雨侵剥，殿宇日就倾颓，……将正殿并西耳殿、西行廊以及西南楼、舞楼但为西社所分理者，悉加修饰。"（见樊秋宝主编，《泽州碑刻大全》卷二，中华书局，2013 年，第 479 ～ 481 页。）

$\rfloor$ 碑文 $\rangle$

重修齐圣广祐王庙记

原任交河太康渭源县知县凤阳府同知前癸酉经元郡人清宇林一桂沐手谨记

左寓府城后学生允中续禹统书篆

　　濩泽迄东违城一舍许，有聚曰水东。丹水潆绕，苍木丛郁，民俱力本，称淳俗焉。

聚之中有齐圣广祐王庙一所，创建于元大德四年，重修于明嘉靖八年，载在碑志，可观也。迩来分庙左为东社，庙右为西社。凡岁时伏腊，于旱干水溢，皆祈祀于其间，有求辄应，盖地秀神灵，理固然也。迄今风雨侵剥，殿宇日就倾颓，将何以肃观瞻而妥神明也哉？西社耆英范遇浩、马守信、范大贤、李世强、范福明，慨然顿生善心，捐财鸠工，将正殿并西耳殿、西行廊以及西南楼、舞楼但为西社所分理者，悉加修饰，巍然焕然。仍绘龙王、药王、高禖等神，像貌俨赫，金壁辉煌。所费不资，皆遇浩等首事以倡云，本社人毕力以应之也。兴工于万历二十二年甲午二月，落成于次年乙未四月。盖神远而人从，故成工之速乃尔。时职读礼家居，适观厥成，因为之记，以垂不朽，俾后嗣修者知所考云。计开社首于左：

范遇浩施银二两　马守信施银一两　李世强施银二两　范大贤施银五钱　范福明施银七钱

开陈施主于后（阙文）

木匠赵朝先　赵于兴

□□□　王家臣　王守法　王国太　王国珍

塑匠王□□　赵一□

石工陈思应刊

皇明万历二十三年岁在乙未朱明门立石

一〇九　长治县城关崔府君庙《重修崔府君庙碑记》

| 简介 >

　　《重修崔府君庙碑记》明万历二十四年（1596）刊。通高 310 厘米，身高 220 厘米，宽 92 厘米，厚 29 厘米，螭首龟趺，额篆"重修府君庙记"六字。崔府君庙已不存，碑存山西省长治市城隍庙（市博物馆）内，立献殿西侧。碑记作者认为，"况如府君，治迹昭昭，非它淫祠比之哉"，故不能以戏曲祀神。"岁时幅巾白帢，率里父老子弟，裸献升歌，黜去侏儒、俳优媟亵之戏，诸配飨附祠，无当者稍汰正焉"，反映了时人之戏曲观。（见冯俊杰等编著，《山西戏曲碑刻辑考》，中华书局，2002 年，第 303～307 页。）山西师范大学戏曲博物馆藏该碑拓片。

| 碑文 >

重修崔府君庙碑记

　　郡城东盖有府君庙，云胜国时已莫知始建。府君姓崔名珏，字子玉，山东祁州人。李唐贞观中，一为长子令，再迁滏阳，补蒲州刺史，所至辄以异政报。先是，庙盖洊封君任翁翱者，稍拼资茸治之。后翁子参政赠光禄卿还，偕里者郭天章、李麟、张镇等三十六家，各输锱泪所积诸布施金钱，大营造焉。家六番，番六家，践更藏事。矢心叶款，勤苦父老甚。中央正殿五楹新其旧，峭然尊也。前传广厦曰献殿，其背为燕殿，如正殿而尊，少弗敌。又弗厦左右庑共十间，正殿两序实四倍焉，肖诸鬼神像其中。序穷处□上洞，上为舞榭，下洞处则中门也。东西两翼角门。供祭缮庖厨、廪舍，列十室。最外馗道，对树棹楔二，显应通门一，神明大道一。最后临高台，台下窾而穴，台上飞而阁，阁上奉玄武。一登览焉，则诸献胜递奇者，可目摄手扶而神耸也。若夫其殿之角、垣之隅，逶迤屈曲，随形面势，结为小院闲门，以待骚雅宴游与泛扫僧羽。玄台谭压其后以控上游，正殿宅中以驭四面。高墉大垣，庐列以包罗乎其外；曲房密室，星分以藏蓄其中。此全庙大概也。历万历戊子夏四月，始告成事，计首藏事，凡三十有一祀，功诰金钱诎且止也。所称前三十六人者，止五人未古耳。悲夫！社首冯堂、崔林、郭江、陈谟、张应元，以碑记来问朱大京兆乡、郭行太仆少卿邦骥，而挟府君政迹一帙，所记幽冥神怪之事，诞讹弗经，不足取。二大夫复驾役于李尚实。据祀典，君以血食无愧色。若律以乡贤名宦于潞罡中，讵缘长子令故得兼收其管内支郡耶？然精爽回应者，固不限于地也。且也穷乡下里，三家之聚，亦□以广狭崇神祠焉。岁时伏腊有司不问，即先圣不废蜡与傩，萃涣而谐俗，亦默资其用也。何也？百姓日用而不知，可愚而不可解也，有如悍夫之犷也，妒妻之狠也，冥顽蠢愚之弗化也，奸雄狡黠之强鸷而足智也。彼其官府之刑政也，主之礼乐，圣人之经传，弁毛之藐如也。至见里巫村祝，设为荒诞之说，按诡怪狞恶之状，冥冥报阴谴之无稽，莫不咨嗟诧叹。或自惟其歉于人者，沘颡恐怖，涕下不收忏悔，岌岌乎刀剑舂锉，加其身颈，永堕劫轮而弗脱也。于是畏鬼神真于畏官府，尊信其说，甲仝、圣经不如也。彼且谓官府如我等人也，灵不胜威，以黠绐而佞移也，术逃而巧避也。神鉴罡近，而终忘其为己之心，而妄归之神也。夫圣人教人，劝善远恶之外，蔑术矣。神以冥道，赞使悔皋而向善，是神则为圣人用，犹大明丽天，而野火渔灯所独照者，亦以济光之所不到之也。况如府君，治迹昭昭，非它淫祠比之哉！三十六家领其宗，郡高义施舍协其成，耸神体，埤皇化，功不伟哉！虽然，二三者旧推长年一人为祭酒，立摈赞、正仪注，史纪善纠过，岁时幅巾白帕，率里父老子弟，裸献升歌，黜去侏儒、俳优媟亵之戏，诸配缮附祠，无当者稍汰正焉，则尤纯乎尊府君矣。灵将曳云旗，躐虬驾，举而歆可必也。传称："涧溪沼沚之毛，潢汚行潦之水，可荐于鬼神。"此之谓也。

　　赐进士出身通奉大夫顺天府府尹郡人忠斋朱兆乡序迹

乡进士奉训大夫河南裕州知府郡人养虚李尚实撰文

钦差提督陕西等处马政中宪大夫行太仆少卿兼按察司佥事泼泉郭邦骥篆额

万历二十四年岁在丙申秋七月冀英生十五叶之吉立

玉工常守安　常应春　常应厦　同男常和　常□　常仲仁刻

| 碑阴 〉

本庙殿庑腐坏重修，自嘉靖丁巳，始立三十六家捐资，轮班督工。至万历戊子，社首继亡，止存四人耳。乡士大夫泼泉、忠斋、养虚三公门下拜请识之，撰赐碑记珍收。迨至万历丙申，社首止留二人，年迈不欲历事，未择周直者以主之始终，计四十载。于是社首之后张应元、冯科，方以碑记立石，继志述事之意尽矣。皆称助缘施财，簿籍焚失无稽，慎思上有藩亲郡贤王各宗仪官宰，士庶贤良善信人等，岂无布施？一旦沈溺，乃潞郡向善者多，内有施舍金银、财物、米粮、木植、砖瓦、金青颜料等物者不少，碑内虽不显名位、尊号、尊讳，阴功愈甚默佑，福寿绵远，子嗣永昌。掩人善果一毫之欺，难免阴报、阴谴之太速。列额设四里之奉祀三十六家，社首之督约数十人，恐来去不常，未敢拘石。各捐引资，遇供盏食弦奉奠同立。

誓言后开：

庙内伞扇、神轿、炉瓶、祭器、盘盒、旗棍、瓷器、桌椅、绢灯，一切家活等件，私作面情借于人者，速死速灭。社首非庙中□私用者亦然。诸贤观览此誓，体惜物命，自此止之。

计开：

额设春阴一二三丽泽一里每岁遇神诞，里老率同该管耆旧，常规以礼奉祀。

社首赠光禄寺卿任环　张镇　崔林　李宗汤　谢寿　李洪　路仁　刘智　张进宝　屈廷用　程珊　韩进忠　赠中宪大夫郭天章　冯铠　牛锥　张恩昌　张汉青　郭江原□　危廷受　屈廷美　刘庆元　王潭　潞州卫义官　李麟　秦相　陈谟　刘天相　王凤　杨昶　程恭　李汉　郝文理　刘汝昌　秦儒　梁应奎

庙内家活等件

红漆轿一乘　大小红伞五柄　红漆大龙伞二柄　旗棍一副　红漆帽带盒二件　红

漆衣箱一架　铁锤磬炉四十四敲　镜金一□　握扇三把　小红漆桌二张　油小红条桌十八张　大鼓三面　手持木炉十五个　锡执炉二对　大竹帘一挂　小锡香炉烛台三十件红漆方圆食盒二架　红漆圆盘十面　红漆小盘五桌　红漆台楪二十个　红漆春盛一架红漆楪四十个　节二十杆　红油大条桌四张　带牌二十六面　头巾二十顶　红漆杖一对衣刷手巾各一件　青绢销金围桌九个　贴金香玉带四条　绸坐褥十个　贴金大炉瓶一副　连盖六件　锡重一百五十二斤　锡鼎罐茶壶二件　纱灯十二盏　朔灯二对　大书柜一顶　红油衣箱一个　铁锅蒸笼一副　锡执壶二把　铜锣二面　瓷碗五十个　瓷碟二百五十个　瓷汤碗茶锺三十个　瓷酒瓯二十个　铁□一根　滑车一个　木裁石杵

以上家伙等件，损失一件，管庙事者买补一件，务足原设，违者以侵盗论。

灶司张廷玉　男张松

一一〇　襄垣县城关城隍庙《重修城隍庙乐亭两庑记》

　　《重修城隍庙乐亭两庑记》明万历二十四年（1596）刊。碑高 190 厘米，宽 70 厘米，厚 21 厘米。笏首，额篆"重修两庑乐亭碑记"。城隍庙位于山西省襄垣县，为县城第二小学占用，碑存庙内。碑文载："吾襄城隍庙创建、重修，其来盖有年所矣，各有记。无何，两庑、乐亭脊倾瓦毁，栋宇榱檐寖为风雨摧剥，享祷者□□□□。于是……鸠工厘材，撤毁易新。经始于岁之春三月朔日，告成则夏孟望日。"（见赵栓庆主编，《三晋石刻大全·长治市襄垣县卷》，三晋出版社，2015 年，第 155 ～ 156 页。）

襄垣县城关城隍庙《重修城隍庙乐亭两庑记》拓本

重修城隍庙乐亭两庑记

赐进士出身诏进正议大夫资治尹前奉敕总督粮储兼管屯田水利整饬西宁等处军务陕西布政使司左参政
邑人七十四翁双峰姚九功撰

赐进士第中宪大夫奉敕巡抚保定等府兼提督紫荆等关都察院右佥都御史届吁八泉李尚智书

赐进士第通议大夫应天府府尹前光禄寺卿奉钦依准致仕吁坦齐路王道篆

　　昔在太祖高皇帝，恭膺天命，作御内，神人主，轸念元季纲沦法斁，祀典渎糅不经，驯致祸灾荐起，民坠涂炭，乃勤睿思，建拟制度，正名定分，为万世成宪，若郡邑城隍庙，固其一也。特敕郡邑里社各设无祀鬼神坛祭，则以城隍主之，鉴察吏民淑慝，辄贻福祸。复降仪注，新官履任者，必谒庙与神誓，期在阴阳表里，安厥生灵，而祝词□□□昭炳，所以警惕臣下者何至哉！吾襄城隍庙创建、重修，其来盖有年所矣，各有记。无何，两庑、乐亭，脊倾瓦毁，栋宇榱檐寖为风雨摧剥，享祷者□□□□。于是，儒林王生用彰、杨生道华泊乡民杨村辈，因慨其敝而病于观瞻弗燉也，思所以整饬而润色之。共旌寅诚，爰为治具，延合邑冠裳苍赤任□□□。无几，闻风响应者不啻千百人焉。富者效资，贫者效力，庾筒却可充给，鸠工厘材，撤毁易新。经始于岁之春三月朔日，告成则夏孟望日。由是亭庑栋宇，金碧辉映，魏如焕如，宏壮轩豁，视昔且十倍之也者。王、杨两生请记于双峰子，珉垂永久。双峰子曰："若曹达幽明而能敬鬼神，可以训矣！今夫盈天地间皆气也，盈天地间皆气则盈天地间皆神也。仲尼所谓气者神之盛是耳。是故郡邑之有庙，春秋而祭，朔望而谒，讵非以其能保障然耶？城隍者，灵□□乎天而本乎地，神之正也。"佥曰："然则民可渎以私与？"曰："民之祀其先，礼也；谒庙非古也。若乃水旱则祷，疾病则卜，或吉凶而告，是则民俗之恒，君子弗禁也。"佥曰："然则绘像塑形何居？"曰："神用主礼也，用像非制也。不闻神道以设教，是亦古人权而行之从宜也。其惩顽警恶之微意乎？君子弗改也已。"双峰子更俯俯思思，缘而叹曰："嗟哉！灵有尊卑，则应有巨细。龙马负图，应仰观俯察之精也；神龟献书，应随山导水之心也。仲尼未见周公，志在行道，而睹其貌于梦寐；伯有不同良宵，意在定郑，乃已其厉于立后。故牷牲非苍，沈璧非洁，神之觌之，视精明之德焉。仁人享帝，孝子格亲，感应之道，戛乎靡，醇乎权也。孔子曰我祭则受福，又曰丘之祷久矣，是在若曹哉！是在若曹哉！"两生鞭然曰："荷旆被毳者，难与道纯丝之丽密；羹藜唅糗者，何以知太牢之滋味？上天命二三子矣！"各谢而退。是役也，乡民苗华、崔守章、崔灿、崔之亭、赵具、郝自新、武科洎典史崔诰，咸众力综核，法得并书云。

万历岁舍柔兆涒滩中秋望吉

文林郎知襄垣县事渤海霭化益亭张嘉福

县丞刘文炳　　典史张耀

儒学署教谕杨崇道　　训导王尔聘　马可待

一一一　泽州县冶底村东岳庙《重修东岳庙神祠记》

| 简介 >

　　《重修东岳庙神祠记》明万历二十六年（1598）刊。碑高 135 厘米，宽 22 厘米，厚 18 厘米，笏头方趺，额题同碑题。东岳庙位于山西省泽州县冶底村，碑存庙内。碑文载，此次重修，"若关圣殿、若速报祠、若龙王牛王祠、若高禖祠、若五瘟祠、若三仙殿，并其镇东佛堂、河南观音堂，悉加修葺。欂栌株儒，山节藻棁，舞楼则峻极冲霄，三门则飞翚远邃。其于装严古像，创塑新神，金碧掩映，朱紫腾光，天花旋绕，锦彩扬辉，制作之盛，实一代之丽观也"。"四方游客咸聚而观之。英灵炫赫，祈祷响应，居民每岁春，恪致虔敬，修礼节乐，以祈顺成；秋谷阜登，刑牲结彩，又以报之，所谓春祈秋报之意也。"（见车文明，《中国神庙剧场》，文化艺术出版社，2005 年，第 74 ～ 94 页。）山西师范大学戏曲博物馆藏该碑拓片。

| 碑文 >

重修东岳庙神祠记

　　泽西南三十里许，有镇曰冶底。群山迭绕，泉水环流，东临晋普，南接佛头，北连皇王，西达横岭，虽云蕞尔乡镇，由太行而上，西抵河东，实与陕右通衢。镇西北有庙，乃东岳天齐行宫，建自大宋元丰三年二月初三日，迨大元暨我明朝，间尝重修。庙宇巍峨，台池耸浚，绿竹倚倚，翠桧森森，池中金鲤万计，四方游客咸聚而观之。英灵炫赫，祈祷响应，居民每岁春，恪致虔敬，修礼节乐，以祈顺成；秋谷阜登，刑牲结彩，又以报之，所谓春祈秋报之意也。庙建岁久，左右塑列、诸神祠，瓦木崩摧，神像腐暗，台榭凋残。乡耆董仲继、董仲□、董朝班、赵孟宾、任大颜、董大凰慨然发愤，乃为纲维。一日会诸社首而告曰："古人立庙，所以重稼穑之本，防灾沴之兴，将以庇民于熙皞，请祉于丰岁也。未有不敬神灵之祀、修建神灵之宇，而能获福者。"佥曰："胜事作兴，必赖长者，予将附之，各殚心协力经营。"遂相率捐资，伐材运石，董各匠役，群而工焉。若关圣殿、若速报祠、若龙王牛王祠、若高禖祠、若五瘟祠、若三仙殿，并其镇东佛堂、河南观音堂，悉加修葺。欂栌株儒，山节藻棁，舞楼则峻极冲霄，三门则飞翚远邃。其于装严古像，创塑新神，金碧掩映，朱紫腾光，天花旋绕，锦彩扬辉，制作之盛，实一代之丽观也。鸠僝之间，奂然维新如此。是以远近往来者，莫不仰而观之，俯而拜之，乃曰："灵宫峻宇，非复人间景象。伏愿皇风清穆，嘉禾兆登，家有弦歌之声，人知礼乐之教，鸟兽咸若，瘟疫不作，锡百福于有永，保万民于无疆者也。"维时济济之众鼓舞欢忻，索予文状之。予幼从先叔，同妹丈董君正诅壁（？）读书此地，夙知俗美人和，即五尺童子有向善心，矧耆德长者，顾肯置善事而不为之也。此众谋之所以佥协宜之，而安神之所栖；而诸公鸠僝之功，真可以遗之后世也。后之继事者，能以仲继、□芳、董宠等纲维之心为心，俾善类各协乃力，则基业永隆，而庙貌巍巍矣。敢僭书之，敬勒坚珉，用垂永久云。

大明万历戊戌春三月望日

晋武进士郡人杨淳撰并书

玉工胡添福镌

一一二　应县城关关帝庙《应州南门建盖乐楼记》

| 简介 >

　　《应州南门建盖乐楼记》明万历二十七年（1599）刊。碑高 42 厘米，宽 66 厘米，厚 9 厘米，壁碑。关帝庙已不存，碑存山西省应县佛宫寺木塔塔基。碑述关王庙位于城南门外，始建于明初，每年赛会时临时搭棚结彩，至万历时议盖乐楼，历时两月完工。（见杨太康、曹占梅编著，《三晋戏曲文物考》，中国台湾财团法人施合郑民俗文化基金会，2006 年；王鹏龙，《雁北明清碑刻所见戏曲资料》，《山西档案》，2012 年第 4 期。）

| 碑文 >

应州南门建盖乐楼记

　　关王庙始立南城一门之外，乃我朝开基，庙址是寓，修展不知其次。圣神灵庇一方，乡人感慕无措。每岁圣诞，举赛如期，俗社多年相继，随会搭棚结彩，动用杆木梭绢千余件。嘉靖中年，因而废却三十多年。今会首刘美重等，推诚往旧，议盖乐楼，贡神启赛，合会带积银两，□会友郭庆经画兴工，于□□□□年前三月初三起，五月初六日完。与夫赛用共银五十□两，工匠饭食六百余人，以□延耳出棚之费，少有壮观。

　　□□□□□记

　　□旌陈朱□□

　　南会功德主□世贤　刘靖尘　刘美重　张宝　何道　张应科　高正　郭庆

　　助功德主淡廷宝　张大功　朱□□　刘世旺　王宠　安国　贺良猷　鲍完　肖选

　　大明万历二十七年七月望日刻石

　　木匠□□□

　　油匠梁文秀

　　泥匠□□

　　石匠□□□

一一三　修武县孔村玉皇庙《重修玉仙庙记》

　　《重修玉仙庙记》明万历二十八年（1600）刊。碑高 169 厘米，宽 63 厘米，厚 16 厘米。石质，笏首。额篆"重修玉仙庙碑记"。玉皇庙位于河南省修武县周庄乡孔村，碑存庙内。碑文载："据父老遗言，前奉敕修，庙貌森严，诸祠盘错，舞楼、拜殿、门垣、水池，掩映如绣，花烛楼台，香烟云盖，隐然神仙一洞府也。"后年久失修，多有倾圮，仅存丘基柱础。到嘉靖中年，乡人重建，制虽非古亦可妥神。（见刘文锴，《修武碑刻辑考》，中国矿业大学出版社，2013 年，第 129 ～ 130 页。）

碑文

重修玉仙庙记

怀庆府儒学生员李来仪撰文

本县儒学生员苏民新篆额

苏希鲁书丹

　　宁邑西十五里许，孔村古迹有玉仙神庙，玉仙之妹即二仙、三仙也。按南□有玉仙家，北山有三仙潭，天旱取水□多应焉。固（故）庙崇而奉之，其神往来驻驿狞（竮）骖，尝居于此。予考庙志，碑石沦亡，未审何年所创立。据父老遗言，前奉敕修，庙貌森严，诸祠盘错，舞楼、拜殿、门垣、水池，掩映如绣，花烛楼台，香烟云盖，隐然神仙一洞府也。官殿日久，扫地倾圮，鬼泣神愁，猿啼鹤唳，荆榛芜葳，狐兔蒿莱，潇潇然惟存丘基、柱础而已。迨我嘉靖中年，乡人重建，制虽非古，亦可妥神。诣我万历，年来庙数还屯，复遭毁坏，荒墟废烬，烛暗香消，迄今十有七年也。去年春，乡耆苏彩、曹进忠、刘学、赵现、苏琼、苏即、苏民望、苏民牧、苏民范等见神无所依、人无所主，本村外社立会捐财，置庙三楹，重新建盖。经始于万历二十七年春三月，落成于尔年夏五月也。庙工告成，复肖神像，建塑玉仙、二仙、三仙神，三女官、四女使，二神前置石香按（案）。亦二（已而）东侧塑敕封修庙苏库官一，童子一。妆塑之工，乃完于二十八年仲冬朔也。由是金碧辉煌，神光灿烂，凤阁香飘，仍栖洞云之鹤；龙楼烛焰，复驻仙海之鳌。十余年，荒烟野艸（草），一旦焕然重新者，固虽人力使然，实由我神威灵之感致也。苏君彩索记，予加彼勤劳，书示后人有考云。

大明万历二十八年十一月初一日

会首苏彩等　杨进德　范业

在城常门曹氏　杨门张氏

马营苏门董氏　曹门李氏

木匠李学　冯义

泥水匠高学　刘厚

塑画匠李奉　申自亮　王进忠

石匠赵文峰

主持赵青云同立

一一四　汾阳市上庙村太符观《太符观肇会衍庆碑铭并序》

| 简介 >

《太符观肇会衍庆碑铭并序》明万历三十年（1602）刊。碑高254厘米，宽78厘米，厚28厘米。螭首方趺，额篆"太符观肇会衍庆碑"。太符观位于山西省汾阳市上庙村，碑存庙内。碑文载："太符观，其建久矣，正殿居玉帝，廊东栖后土诸圣母，廊西列五岳四渎之神，台下乐楼巍然，二门达大门，弘厂闲阆，香火祀事，相传有年。"每年四月初八赛会，为物资骡马大会，会期从初一至初十共十天。由敦谊忠实者编为十甲，轮流负责。山西师范大学戏曲博物馆藏该碑拓片。

| 碑文 >

太符观肇会衍庆碑铭并序

赐进士第顺天府府尹前山东布政司左布政使户科都给事中文阳易吾田畴撰

尝仰稽祀典，载观庶务，其钦承利益之间，厥有由也。故精灵昭格，必攸庇于群生，究度营为要，永光于凝绩，矧祀务毕举，神人胥庆者乎？尽善村东北里许有太符

汾阳市上庙村太符观《太符观肇会衍庆碑铭并序》拓本

观，其建久矣。正殿居玉帝，廊东栖后土诸圣母，廊西列五岳四渎之神，台下乐楼巍然，二门达大门，弘厂闲闿，香火祀事，相传有年，地以人兴，时如有待。万历丁酉之岁，里中耆德寿官王廷恺、王会极，国宾王凤位，厥议经营，慨然有奉神利民之想。乃饰其殿庑，新其倾圮，捐财集资，增砖窑二十空于二门之内。以四月八日之辰肇基大会，聚四方之财货马畜而贸易之，岂献孔殷，互市称便。然恐里无城郭，事有偷堕，复议尽善南北与大北郭三里之众，取敦谊忠实者编为十甲，轮流而保助之，前三信善者，调停而董治之，自朔之一日，至十日止。洋洋在上，感齐稷而居歆；啧啧腾欢，望良辰而咸集。使郊牧之地，俨成胜绩。呜呼，休哉！愚惟念兹胜举，事以人兴，所惧万岁千秋，事以时废，则夫体前人之公心，效前人之勤力，谨其登献，慎其绥来，辑其保甲，遵其董治，所赖于后之善信者，良不细也。然太符之神，既能雨旸时若，福泽生民，生此哲人，以光斯事，岂靳代有贤哲，以嗣以续哉！然则兹观也，永将衍汾水之灵波，萃卜山之秀色，而兹会亦与观无极矣。铭诸坚石，盖以纪年。铭曰：

厥里地灵，于昭神惠。启佑惟明，式增盛祭。

泽及群生，波流百世。勒此贞珉，用风后裔。

起会纠首寿官王廷恺　　义官王会极　　国宾王凤位

住持道士孙宗义　　徒郝庆雷

石工降天□　　降天□

大明万历三十年岁次壬寅夏四月初一吉日立

一一五 翼城县武池村乔泽庙《武池村敕封乔泽庙创建献殿碑记》

| 简介 >

《武池村敕封乔泽庙创建献殿碑记》明万历三十六年（1608）刊。碑高 198 厘米，宽 68 厘米，厚 21 厘米。笏头方趺，额正书"创建献殿碑记"。乔泽庙位于山西省翼城县南梁镇武池村，仅存元代舞楼，碑存庙内。碑文追述所祀神灵滦神，原型为东汉宦官栾巴（演绎为尚书），有喷酒为雨灭火的神话传说。后记述武池村民众重修庙宇，并创建献殿之事，"是工经始于季春之时，不两月，举凡正殿、耳殿、三门、献亭，俱巍然焕然改观而维新之"。山西师范大学戏曲博物馆藏该碑拓片。

| 碑文 >

武池村敕封乔泽庙创建献殿碑记

本村邑庠生心宇乔印谨撰

郡庠生亨宇秦常太谨书

夫和氏之璞，天下之美宝也，待鉴识良工而后明；毛嫱之色，天下之姣色也，待香膏脂粉而后容；岳渎之神，天下之名神也，待宫宇殿阁而后灵，信乎！殿宇者，神明妥

翼城县武池村乔泽庙《武池村敕封乔泽庙创建献殿碑记》拓本

灵之所，而亦神明保障社稷人民之府也，讵可阙而不建哉！矧我乔泽涞神也者，初为汉廷名□，智勇过人，勋庸满世，即"噗酒"一事，其神功骏德，不第俯罩黔黎，而实仰彻玄昊，真所谓忠义并著，将相全材者也。逮至宋朝熙宁年间，濯灵越发汪濊闳流，其遗泽浸积于我翼之翔巅，下涌为巨泉，号曰"涞池"。是池也，源本深而浇灌翼地甚阔，至余曈，被水恩尤剧。以故民徽不云而雨、不雨而□之深惠，倚为一天，咸神而祀之，若布帛菽粟然，一日而不可离此神者。夫以涞神功德若此，业已有殿宇以栖之，又可无献亭以享之哉？于是曈众切水源之思以图报，遂欣然程材鸠工，建庙貌于宋元。迨嘉靖岁，余先君讳璋，与秦君柏青、李君玠、李君应坤定献亭地基，而余众又创建于今日，总之酬我涞神功德于万一耳。是工经始于季春之时，不两月，举凡正殿、耳殿、三门、献亭，俱巍然焕然改观而维新之。然营缮之工虽由人造，而其不日之成，实我涞神冥冥中阴佑默助之功居多焉。噫，涞神亦灵应哉！督工者李君成蛟辈，惧后来者建修之无繇考证，又惧施□者姓名之不传也，颛嘱余以记镌石，余因而记之如左。

时万历三十六年岁次戊申首秋月上浣之吉

本村教读国材秦邦栋书

督工人□良贵　李成蛟　　渠长李琥　□世荣　李应坤　李□春　乔印　秦登科秦常太　　见年渠长庞纶　　见年渠长李应诏　　见年渠长秦守道　秦诗　李秀春　乔梯　秦应选　庞绍　秦观山　秦兴晋　梁大宰　乔登显

募缘人秦大安　李泽春

玉工人陈汝湖刊

一一六　太原市尖草坪区上兰村五龙庙《五龙王庙碑记》

　　《五龙王庙碑记》明万历三十六年（1608）刊。碑高182厘米，宽79厘米，厚24厘米。笏头方趺，额正书"五龙祠记"。五龙庙位于山西省太原市尖草坪区上兰村，碑存庙内。碑言当地万历三十四年（1606）大旱，祷神获应，谋欲建祠妥之，卜吉将鸠工，"忽汾水浮大木百余本至"，村众用一年多时间，建成五龙庙，"计正殿三楹，钟楼、鼓楼二楹，两廊六楹，山门三楹，山门两边洞房二楹，乐楼一座，龙池一眼"。山西师范大学戏曲博物馆藏该碑拓片。

碑文

五龙王庙碑记

　　余读《夏纪》至帝孔甲之世，天降乘龙，刘累扰而豢之，讶而作曰：异哉，龙可得而狎之哉。逮阅蒙庄子叶公好龙事，则又疑彼者殆其似乎？夫龙秉阳德，神化无方，怒而骧，其势若竟天之虹，抟扶摇而上者九万里，绝云气，负青天，雷电壮威，山岳暝

太原市尖草坪区上兰村五龙庙《五龙王庙碑记》拓本

晦，物鲜不辟易矣。信若纪言，其与六扰奚以异，且仲尼所称犹龙之义谓何？两说者方心战而未已，会有客启扉而入，其貌庞，其容朴，其言质而悫，盖乡更也。擅余而言曰：敝乡新建龙王庙一所，敢借子大夫之言垂不朽。余谓芜□以胜其任，弗敢诺。既而窃自忖，倘其言□足以解吾之惑乎，则奈何觌面失之，亦擅而进之曰：唯丈夫竟言教我。曰：岁丙午荒瞳旱魃为虐，禾稼憔悴，嗷嗷者几无以卒岁也。乃谋于众，御神崖头村而祷之，意邀□唾泽以苏我偃苗。越三日，雨泽应澍，玄黄者复芃芃起，而绿荫盈野，俯仰始无窘云，龙之灵而应也盖若此。嗣后屡荷神庥，获有年。我人之被德者亦既优渥矣，谋欲建祠妥之，卜云其吉。将鸠工有事于邓林，忽汾水浮大木百余本至。越数夕，又浮数十本至。民愈跃然詻曰：神将终惠此一方民，故河伯效灵，大木不期而集，吾侪可久稽神意乎？于是老弱宣劢员胼胝，众驿驿然、藉藉然，群作之声薨薨然，相应之声登登然，欣欣焉忘瘝□之在躬也。阅岁有几月而告厥成。计正殿三楹，钟楼、鼓楼二楹，两廊六楹，山门三楹，山门两边洞房二楹，乐楼一座，龙池一眼。丹垩的㻐，青碧霅煜，实实枚枚，庶可以宁神，而永为吾乡祝釐宁乎？余于是豁然若释，昭然若□蒙也。曰：始祇谓龙之灵不可狎，乃今而能溉物利众若此哉！盖乾元资生，坤元资始，而润漉之职，龙实司之，德与天地并矣。夫彼且乘风乘云，而游玄冥，安从而扰之奓之；彼且作霖作雨，而显神功，可得而扰之奓之哉。余闻有功于民者祀，能捍患御灾者祀，则斯举也，宁独享之□无愧色，而于以栖神，礼也；报德，义也，礼义之不僭，君□卜纯俗矣。丈人其恒乃心，虔乃事，毋始惕而终懈，毋貌寅而衷驰，推之而毋翻云而覆雨，毋儵阴而欻阳，毋乘风而扬尘眯人目也，毋趋下而就湿为垢府也。闻一善言若甘露，见一懿行若卿云，而纤颣针匿，即自省曰：神威不违颜咫尺，毋□萌厥心，而子子孙孙毋替引之，神亦庇佑无穷极，永永享丰稔之庆矣。是役也，经理而筹画者，苗昶、苗天营；奔□而□力者，尼僧康泰宁，馀并载之碑阴。

　　赐进士出身中宪大夫奉敕督理京营马政太仆寺少卿前河南道监察御史□人王立贤撰

　　大明万历三十六年岁次戊申六月吉旦

　　太原府奉祀衣巾生员张骊薰沐谨书

一一七　襄垣县西营村关帝庙《创建始终碑记》

| 简介 |

《创建始终碑记》明万历三十九年（1611）刊。碑高33厘米、宽52厘米，壁碑。关帝庙又名老爷庙，位于山西省襄垣县西营镇西营村，碑存庙内。碑文载："创修关爷庙宇，万历二十八年起工，建西正殿三间，塑圣像、妆画、接檐、抱厦，南北两廊房各三间，二门即戏台三间，北角僧道住厦二间，大门楼砖券，大照壁磨砖雕砌，内外阶级、踊路俱备，本年四月终其工毕焉。"（见赵栓庆主编，《三晋石刻大全·长治市襄垣县卷》，三晋出版社，2015年，第161页。）

| 碑文 |

创建始终碑记

西营镇西，地名瑶上，系明德坊致仕驿丞冯勖征粮地也。创修关爷庙宇，万历二十八年起工，建西正殿三间，塑圣像、妆画、接檐、抱厦，南北两廊房各三间，二门即戏台三间，北角僧道住厦二间，大门楼砖券，大照壁磨砖雕砌，内外阶级、踊路俱

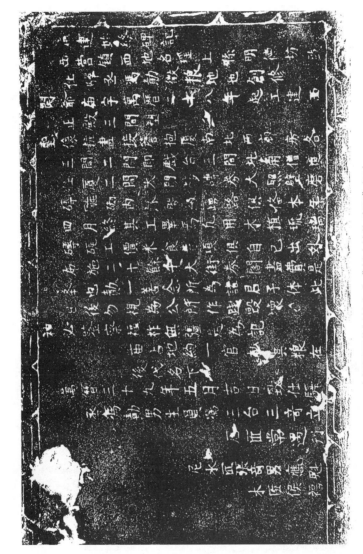

襄垣县西营村关帝庙《创建始终碑记》拓本

备，本年四月终其工毕焉。凡用木植、琉璃、砖瓦、工价、米食各项，俱自己出。外布施二十余千，大街券阁尽费。是夅（举）也，勋一善念所为，诸君子体此，以后勿视为公所，作践毁坏，神必鉴察，福祚无疆，是为记。庙占地约一官亩，其粮在后代名下。

万历三十九年五月吉日

致仕驿丞冯勋　男生员冯三台　三奇立

石匠常遇刊

泥水匠张奇　男应魁

木匠侯福

一一八　泽州县冶底村东岳庙《重修东岳天齐庙舞楼三门记》

| 简介 ▷

　　《重修东岳天齐庙舞楼三门记》万历四十三年（1615）刊。碑高 136 厘米，宽 63 厘米，厚 16 厘米。笏头方趺，额正书"重修钟楼三门"。东岳庙位于山西省泽州县冶底村，碑存庙内。碑文载：东岳庙"诚群景之最胜，高人乐观之所也。创久，舞楼倾颓，三门破坏。偶有里人母病，祷而获祐，乃感。乐施好善……各先捐资，后复资众集工料计，称时兴理，起于本年四月初一日，告成于本年仲秋望日"。（见车文明，《中国神庙剧场》，文化艺术出版社，2005 年，第 89 ～ 90 页；冯俊杰等编著，《山西戏曲碑刻辑考》，中华书局，2002 年，第 318 ～ 319 页。）山西师范大学戏曲博物馆藏该碑拓片。

| 碑文 ▷

重修东岳天齐庙舞楼三门记

　　我大明山西泽州治之西南三十里许，有镇曰冶底焉，乃山陕通衢，宦商交错，日无辙。镇西传有东岳天齐行宫，群山背绕，流水面前，规制隆竣。其中桧竹林森列，金

泽州县冶底村东岳庙《重修东岳天齐庙舞楼三门记》拓本

鲤跃渊。记载家大人武进士公戌戌年重修文綦详。诚群景之最胜，高人乐观之所也。创久，舞楼倾颓，三门破坏。偶有里人母病，祷而获祐，乃感。乐施好善乡耆董世南、董正谊、董朝边、董朝敬、赵仲义、董宠、董思厚、李添顺咸聚而议曰："吾辈仰足俯给，庆有室家之乐，皆赖天地之恩，叼神灵之庇而获者，可不思所以报答之乎？"各先捐资，后复资众集工料计，称时兴理，起于本年四月初一日，告成于本年仲秋望日。新添孙真人、卫真人、马明王神祠。古像装严，竣极冲霄，翚飞远邃，金碧掩映，诚如家大人之所记也。夫能修饰焕然，神人胥悦，日后嘉禾兆登，灾役不作，永享百福，申重无疆，又岂不如家大人之所愿者哉！虽然不可度之神即在，无厌射之心，使世南等诚能推广此敬神虔念，孝父母，敬长上，和邻佑，□孙庶，里有淳庞之俗，人游尧舜之天矣。予芜陋无似，素不知文，乃与正谊为骨肉亲，且与里民有资补情。矧世南等能继董仲继纲维之心以为心，予敢不遵家大人乐闻之志以为志耶？遂不避妄诞，直述所见，用质圣贤。

礼部儒官董正谊银一两　董思厚五钱　□□南文岩银五分　南轩施银一两　南德泉施银一两　□印书银一钱五分　典仪官蔡希颜银五钱　董仲元银二钱　孔匠孔添银二钱　□村□记盘银五钱　还秀闫应时银一钱五分　张思廉银一钱　成九阎银二钱　董朝边银五钱　董世南银五钱　赵仲义银一两　董朝敬一两五钱　董宠银五钱　李天顺银五钱　瓦匠张光明银一钱　铁匠贾畏成银一钱　铁匠李大京银一钱　石匠还秀阎朝兴　木匠白汝□银二钱五分　侄白思忠银□□

泽庠学生杨储□撰文

万历四十三年岁次乙卯年重阳节吉日

怀庆府紫金坛紫灵观道人张一顺

一一九　阳曲县中兵村徘徊寺《山西太原府阳曲县省城迤北白马掌中兵村重建总司圣母庙并新建乐亭碑文》

《山西太原府阳曲县省城迤北白马掌中兵村重建总司圣母庙并新建乐亭碑文》明万历四十四年（1616）刊。碑高 128 厘米，宽 82 厘米。笏首方趺，额篆"重修古刹碑记"。徘徊寺位于山西省阳曲县泥屯镇中兵村，碑存寺内。碑文记载重建圣母庙并新建乐亭之事，"众□谓其时享（阙文）不足以悦神心、致降鉴也，又创建乐亭一所。宝殿雄峙于内，乐亭耸立于外，大势严正，规模整饬，固神之灵，亦人之诚"。（见牛白琳，《明清时期太原府剧场考论》，中华书局，2014 年，第 346 ~ 347 页。）

碑文

山西太原府阳曲县省城迤北白马掌中兵村重建总司圣母庙并新建乐亭碑文

尝闻萃涣莫大于理幽，妥神必先于假庙，盖以神非庙无依，非人无主。人非秉诚，孰是荒度土功、插畚版筑者，而作庙翼翼耶？□典所载，非有勋劳于国者不祀，非有功

阳曲县中兵村徘徊寺《山西太原府阳曲县省城迤北白马掌
中兵村重建总司圣母庙并兴建乐亭碑文》拓本

德于民者不祀，若是其毖且重焉，防淫祀也。惟兹圣母庇佑苍黎，保全婴孺，救灾捍患，有功德于下土甚盛。率土之滨，神灵所□，即神庙所建。今我阳曲县敷花乡（阙文）旧有圣母古刹，其制度狭小，其殿宇浅隘，碑记剥落，其详邈乎不可究矣。第神往往降福于人，而人尊之敬之，罔敢亵越。比来（阙文）缉制坏于多年，狐兔之所窟穴，风雨之所漂摇，残毁甚矣。于是有本村乡耆义广等，相率而谓曰："此数百年神灵福泽（阙文），若不撤旧更新，何以妥神灵而祈永祚哉！"各发虔捐资，鸠工庀材，欹者正之，损者补之，狭者广之，无□增之，人乐于趋（阙文）不日，但见栋梁峻伟，檐阿璀璨，侈金碧辉煌之丽，状翚飞鸟革之形。美哉，一乡之巨观乎！所以安神者在是，□以奠祭、（阙文）以庇苍黎而保婴孺者在是。入其庙，瞻其像，俨然人望而畏之，较之畴昔，恢宏之与狭隘，大相悬绝矣。众□谓其时享（阙文）不足以悦神心、致降鉴也，又创建乐亭一所。宝殿雄峙于内，乐亭耸立于外，大势严正，规模整饬，固神之灵，亦人之诚。（阙文）方之人仰瞻有地，而四境之人相与尊之敬之，无敢射斯，行将万年。此庙貌万年，此香火亦万年，此福佑乡人，尚永有（阙文）也。起于万历三十六年十一月内，重修正殿三间，成于万历四十三年四月内，新建乐亭一区，谨将功满刊刻碑□以□云尔。

省城丙午科举人万砥撰

本村纠首李官　义枝　义高枝　义官　义大绅　义高隆　王显　义解　义应官　义高登　义科　义广

各村纠首周奎　王武　李尚仁　张一臣　张怀表　贾辇　李藻　戴学义　韩恭　张世朝

本寺澄禄　清湛

本寺住持维华　　门徒方玺　　法眷维果　　门徒方琯

净居寺后住沙门宽瑞书

铁笔先生贾虎　裴应鹤　贾大福

时万历四十四年孟夏吉旦立

（以下补刻）

置到斜立地十亩，西河地五亩三分，西□头地九亩五分，桑间地七亩，寺坡沟地四亩，短畛地六亩，青善沟地四亩，细要沟地二亩五分，本村义桂桐施东圪台地四亩。

雍正四年东泥屯村张相施玄窑头地三亩。

一二〇 阳城县芹池村东岳庙《重修东岳圣殿记》

简介

《重修东岳圣殿记》明万历四十五年（1617）刊。碑高 137 厘米，宽 57 厘米，厚 20 厘米。东岳庙位于山西省阳城县芹池镇芹池村，碑存庙内。碑文记述万历三十九年 （1611）该村居民上友先、王三省等慨出囊资，修缮庙宇，功竣于万历四十年（1612）。后文叙述"莫亭之内"，"狼藉尘烟……裸袒而偃息……虽金喧鼓振，日易剧戏而迭陈之，祗博观者一快耳"，可知敬神献戏之繁盛。（见王潞伟，《上党神庙剧场研究》，中国戏剧出版社，2016 年，第 141 页。）

碑文

重修东岳圣殿记

濩泽之西北，有大聚落曰芹池，古冲要里也。里有东岳神庙，控坐中央，屹然保障一方之□。创自唐贞元二年，由来不知几经匠士□□。当今上万历三十九年，岁沿弥久，剥落弥甚，正殿不可妥侑。居民上友先、王三省、吕光□、姚国秀、吕光福、姚守保、吕光宝、李开选、上景奉等九人素称好事者，触目震心，慨出囊资总领。是岁十月十五之□启构上盖，增置重阁，金妆圣像，斧藻内垣，趋事靡有暇晷。越明年春正十有八日，遂庆落成。予亦里人，入庙瞻仰，焕然聿新，厥功洵茂矣哉。丁巳春，省相吕君讳光□者，将刊事琐珉，用垂不朽，偕同事人光福与开选抵风麓□揖予为序。予□老于辞，弗克辞其恳，援笔直书其事，请更以祀事一鸣可乎？夫鬼神橐籥，阴阳端倪，祸福蔼乎茫茫，泯馨臭之迹，绝烟火之味，何借亭于人哉？不得已，欲报生成之德，唯有精白一心耳．一勺足以当椒馨，片芹足以当珍错，孰是耿耿精灵，不□处处径寸也。而不然者，即象求神，谁云不祀？然第曰剪花结彩，第曰乐舞盘餐，烨然□饰于外而已。奠亭之内，狼藉尘烟，嗟歌而谈笑，裸袒而偃息，籩簋不饬，尚问精白？虽金喧鼓振，日易剧戏而迭陈之，祇博观者一快耳，神明嘿拱作何面目？将视为稿形乎，则不如无形之为愈也。至于渔削会金，媟渎神惠□人非而昧鬼责者，又下一尘矣。嗟乎，天听若雷，神目如电，言犹在耳，胡不三复之以为醒心之龟鉴也？本社春秋享祀，乞水两山，事神有礼矣，倘不蹈寻常覆辙而亹亹不懈，则上帝居歆，受福宁有量耶？敬之敬之，勿谓□□罔觉，须知日监在兹。

　　凤尘居士少白李际期沐手叙书

　　　　　　　　　　　　大明万历四十五年岁在丁巳春三月清明吉旦

　　修理人王三省　上友先　　京考吕光祜　姚国秀　吕光福　李开选　吕光宝　姚守保　上景奉仝立

　　石工上官海

　　刊字上景奉

一二一　阳城县泽城村成汤庙《重修成汤圣帝神庙记》

| 简介 >

《重修成汤圣帝神庙记》明万历四十五年（1617）刊。碑高 135 厘米，宽 58 厘米。首跌均无，保存一般，碑刻下部个别字迹已漫漶。成汤庙位于山西省阳城县固隆乡泽城村，碑存庙内。碑述成汤庙修建责任的划分："分殿东厢房，至东行廊、舞庭属豆村；分殿西厢房，至西行廊、端门属泽城。"改造后庙貌焕然一新，"独舞庭称最"。（见延保全，《阳城县泽城村汤帝庙及赛社演剧题记考》，中国台湾《民俗曲艺》，1997 年第 107、108 期；冯俊杰等编著，《山西戏曲碑刻辑考》，中华书局，2002 年，第 321 ～ 323 页。）

| 碑文 >

重修成汤圣帝神庙记

赐进士出身中宪大夫河南颖川道兵备副使贾之凤撰

乡进士辛卯科文林郎山东阳信县循良知县张志芳书

古濩泽县天宝间迁东首□，改为泽州。由衙道土地祠前，居民建立汤帝祀焉，盖有

阳城县泽城村成汤庙《重修成汤圣帝神庙记》拓本

年矣。其开基始于皇统，至永□石立，记岁六十，重修焉。分殿东厢房，至东行廊、舞庭属豆村；分殿西厢房，至西行廊、端门属泽城。一时改造，焕然□目，独舞庭称最。然先民立祀之意，未能尽窥，而大约莫过祈福禳灾，有俦（祷）即应，为岁田雨泽，十有其半也。噫！圣德若帝汤，尧舜而下□多得也，而自新新民，至矣尽矣。说者曰："惟圣格天，惟天眷惠。七年之旱，胡为乎来哉？乃时数使然，于德何累？"当时祷雨桑林，以十事自责方毕，而大雨沛然矣。人有东平浙城□亦屡祷屡应□哉！濩泽之祀有由然也。无奈年深日远，时异世殊，而风雨摧残者不一，而庙貌焉保不坏乎？时窗户侧者有之，墙檐颓者有之。侬自童而过之，一见一叹息焉。有能重义施财者谁？有能倡义举，而甘心为首者谁？有能勤苦不辞，而乐于兴作者又谁？惟见蛛网横垂，阶草任绿，狐踪兔迹，雀噪鸦啼，恒积吾乡之左者，悲哉！尔来乡中名国印孙姓者，与景凰高、国忠刘、尚宁樊共为友，伙于向善，动以作好□为志。他日信步圣□居□其毁败，乃悯然不悦，曰："国重农务，农事敬天。未有知敬天而敢于慢神社者？况吾乡旧为县居，而忍圣□之坏，任坏而不更者，谁之过乎？"□呼善友刘、高、樊议之，约日定期，明告村疃，同为盛举。沿门化布，文钱不私，且□□劳苦，□□不惜，而三五年来，一修佛殿、子孙祠，立圣像；继修西行廊、端门，再修五虎殿。砖石整固，朴而不华，□□古尚俭之风耳。虽然盛事为于众力，义举成于伙施，向非□之倡率，高之图谋，樊、刘之奔走，乌能成耶？乌能成之□耶？□貌一新，焕然可□，不惟壮一方之观瞻，而有功于□圣则大矣，矧于先民立祀之意亦不少负。功完□□□□□余，余因欣然为之，以是为记云。

时万历四十五年岁次丁巳仲冬吉旦（阙文）

一二二 泽州县高都镇东岳庙《创修拜殿山门记》

| 简介 >

《创修拜殿山门记》明万历四十六年（1618）刊。碑高 210 厘米，宽 65 厘米，笏头方趺，额正书"创修拜殿山门碑记"，东岳庙位于山西省泽州县高都镇，碑存庙内。碑文载"创立山门，上为舞楼，并构拜殿焉"，可知此为山门舞楼。（见王福才，《山西省泽州县高都镇东岳庙赛社演剧考》，冯俊杰主编，《太行神庙及赛社演剧研究》，中国台湾财团法人施合郑民俗文化基金会，2000 年。）

| 碑文 >

创修拜殿山门记

尝闻高都乃古郡也，在州治之东三十馀里，拥太行之盛，壮晋阳之雄。镇东北祀有东岳天齐仁圣帝行祠，传来旧矣。岁时祈祷，有求辄应，倚今休哉，诚一方之灵境也。祈谷祈年者恒于斯焉，贺圣贺明者恒于斯焉。奈岁久易□，而殿虽整肃，门庑荒缺，□夷之渐所由然矣。社首晋氏天民等，每对庙兴嗟，恒有废坠之恐焉。一日集众而言曰：

泽州县高都镇东岳庙《创修拜殿山门记》拓本

"人视刀锯则□惧，视第宅则思安，视庙社则思敬。俾庙貌荒凉，是所□肃神祇乎？今夫祀天地也，则为之圆丘方泽，下迄百神，而莫不有奠祭之位，至猫虎之功，亦不忘焉。□东岳天齐仁圣为五岳四渎之宗，操生民祸福之权，其有功于天地，造福于生民者焉，何如反无以报之与？"众欣然应曰："诺！"神□聪明正直之谓，固无私祸福□□，第玩则降殃，敬则降祥，机不爽焉。倘沾天地之恩而不思报，神固不冀我之报也，诚思雷雨零零，霜雪凄凄，因时而动，莙蒿之念，我固能晏然也乎，修营之夆（举）不容后矣。故同心旅力，各出箧资，暨僧人娱鐅，虔虑监工。创立山门，上为舞楼，并构拜殿焉。征工之日，远迩输财，争为赴后，未日旬而厥功告成，蔚然改观。层峦岳耸，宛横霄汉之空；光莹骈丽，拟壮山川之色，允矣！道待人行，礼因时夆（举），由是神血其食，人获其福，协气交蒸，嘉灵百集，天地以之清宁，雨旸以之时若，人物以之蕃庶，风俗以之沕穆，行见乐化雨于长年，歌太平于有日矣。功完，属予为之记。予也管见，不能扬盛美于芳躅，据其事而铭诸石曰：爰有厥基，赫赫奕奕，世为遵守，勿俾倾坏。后有同志者睹此而兴补葺之思，庶永奠祀于无穷与？虽然是非欲人舍人而求神也，正欲自修以格天也。《诗》云"永言配命，自求多福"。《书》言"黍稷非馨，明德惟馨"。设秽德而亦因之获福，是天以不德教人也。故事神在修德，不在修名。予因有感于斯言云，遂为之记。

庠生门光显书

棚楼施主尹多见　李可仁　晋国泰　张本实　田思明　李艳　李尚亨　李联培　共使银五两五钱　门应登施积一付　晋天民施猪一口　晋天应施猪一口　王承惠施猪一口

拜殿社首门自成　门焕　王美　张志学　张本实　李鸣春　王承惠　晋才聚　李艳　晋天应　晋天民　门三俊

山门社首门自成一两五钱　门焕一两五钱　王美一两五钱　张志学一两五钱　张本实一两五钱　李鸣春一两五钱　晋天民一两五钱　晋才聚一两五钱　晋天应一两五钱

僧娱鐅

大明万历四十六年孟夏立

一二三　博爱县苏寨村玉皇庙《玉皇庙创建戏楼碑记》

简介

《玉皇庙创建戏楼碑记》明万历四十六年（1618）刊。碑高 33 厘米，宽 59 厘米。额题"重修三皇等殿碑记"。碑额两侧各以阴线刻龙戏珠纹样，碑文个别地方漫漶不清，碑阴无字。玉皇庙位于河南省博爱县月山镇苏寨村，碑存庙内。碑文记载了玉皇庙创建戏楼之事："大明国河南怀庆府河内县万北乡二图苏家寨玉皇庙创建戏楼一座。"后列社首牛大化等 36 人姓名、钱数。（见王建设，《河南博爱县苏寨村玉皇庙戏楼及碑刻考》，《中华戏曲》，2013 年第 46 辑。）

碑文

玉皇庙创建戏楼碑记

大明国河南怀庆府河内县万北乡二图苏家寨玉皇庙创建戏楼一座。施□姓名开俱于后：

社首牛大化钱二百文　陈思智钱二百文　王自好钱一百文　小会佘钱四十文　陈思

让钱三百文　陈国才钱六十文　陈国卿钱三百文　牛大义钱五十文　马学钱二百文　王进才钱五十文　宋坤钱百文　王思启钱五十文　陈国兴钱二百文　任守库钱五十文　陈国宾钱二百文　李世□钱五十文　陈国佐钱二百文　刘汝明□十文　秦以清钱一百文　□□钱□十文　陈思本钱一百文　刘得财□□十文　牛大认钱一百文　朱国守□□十文　陈思诏钱一百文　何孟秋钱三十文　陈国用钱一百文　秦以明钱二十文　陈国宁钱一百文　牛星谨钱三十文　陈国相钱一百文　牛星美钱五十文　牛星谏钱一百文　张太□钱五十文　常国忠钱一百文　□□□□钱五十文

万历四十六年三月吉日

社首牛大化　陈思智

住持牛清平

石匠李春香仝立

一二四　灵石县马和村晋祠庙《重修晋祠庙记》

| 简介 〉

　　《重修晋祠庙记》明万历四十七年（1619）刊。碑高 160 厘米，宽 68 厘米，厚 16
厘米。笏首，青石质。碑文为楷书，共 19 行，满行 49 字。右下角缺损。碑阳额隶书
"重修晋祠庙碑记"，阴"万善同归"。晋祠庙位于山西省灵石县马和乡马和村，碑存庙
内。碑文载此次重修盛况：不日之间圣像重新，东西庙墙砖包，门舍俱修。其中"乐亭
加高，地基整理"。"至于献棹（桌）各备，而殿庭彰其五彩；乐工聿建，而砖门上创三
楹，亦倚综理之周，营谋之悉哉。"（见杨洪、任兆瑞主编，《三晋石刻大全·晋中市灵
石县卷》，三晋出版社，2010 年，第 64 页。）

| 碑文 〉

重修晋祠庙记

　　尝谓庙之制不有创建于前，无以开厥始；不有增修□后，无以□厥终。矧兹昭济
圣□，东有土地祠，西有马王祠，以及庙南龙王祠，其来久矣。所以呵护万民，福庇一

方，将世世永赖者也。（阙文）金碧辉映，何如其壮观乎？迄今殿宇零露，墙壁崩颓，而圣像亦毁坏焉，甚非所以妥神灵而安人心也。适感生员田公讳应登字名魁者，诣其庙而嗟然叹曰："斯神庙（阙文）系焉，生民之保障托焉，曷可令朽坏至此乎？"遂归集香老而议修复之举，有香老田公讳厚等者曰："诺。"复会（阙文）田山等皆曰："此举甚善，无可少缓也。"咸同心协力，各笃虔诚，感化一村人等，有财者喜输，有力者乐效。□□登与□□董其功，纠首理其事。鸠工命匠，而不日之间圣像重新，而东西庙墙之砖包、门舍俱修，而周围垣墙之补筑，以及乐亭加高，地基整理。至于献棹（桌）各备，而殿庭彰其五彩；乐工聿建，而砖门上创三楹，亦倚综理之周，营谋之悉哉。又有龙王庙，亦如前之坏者修之，朴者饰之，庙貌巍巍，俱焕然一新矣。此虽人力成功之速，亦上神默助之力居多也。厥功告成，庶神之可为护者永为护，人之赖为庇者常为庇也。然今日之重新，不有光于昔日之创建者乎。予原未优于文，特因乡人屡谒，姑序其事勒于石，以垂不朽云。

大明万历四十七年岁次己未应钟望日吉旦

邑庠生张灿然撰

邑庠生田养民书

香老田厚　温春　刘应夏　房朝宗　武进贤　田应海

施地人许忠男许大清西原施地三垧　许大兴弟许大旺西原施地一垧　其地并无粮草

纠首房朝祖　闫进通　房朝应　田山　闫兴　□津　生员田应登　王滕厚　刘应时　王大兴　温希圣　王大旺　闫进道　温尧　田应享　房朝相　房诰　田应期　田应禾　房森　武时旺　□兴　田值　田二甲　刘□　程邦辛　房训　□润　□时登　张尧儒　温良　田好　田粟　田井　房谓　田□

泥水匠郑时　温良　郑养旺　温承敬

铁匠陈时爱　张兴　陈科　陈义　陈时德　陈登　陈选　张希明

木匠乔宗禹　乔宗圣　乔宗智　乔宗舜　乔实　乔高　乔□　乔兴　乔厚　乔俊

瓦匠梁大根

画匠曹永祯　李旺春

土工温继宝　田应□　田应亨　武时正　田应通　武时敬　田稀　郭天容　房正刘□　赵九中　房渤

主持道（阙文）

稷山县石匠薛明（阙文）

一二五　高平市宰李村五龙庙《龙王庙尊神圣诞会事条规记》

| 简介 >

　　《龙王庙尊神圣诞会事条规记》明万历四十七年（1619）刊。该碑原无题目，现题目为自拟。碑高 35 厘米，宽 52 厘米，壁碑。五龙庙位于山西省高平市河西镇宰李村，碑存庙内。碑文载：龙王庙会为每年四月十九日。而摆设供神馔食，恐风吹雨淋不便，于是创立香亭三间，以备存放。每年四月十八、十九、二十日，"五龙尊神圣诞，五会眼同拈阄做戏。居中左右两边排桌奉祀，不许争占"。（见常书铭主编，《三晋石刻大全·晋城市高平市卷》，三晋出版社，2011 年，第 212 页。）

| 碑文 >

龙王庙尊神圣诞会事条规记

　　龙王庙起会，每年四月十九日尊神圣诞之辰，摆设供神馔食，恐风吹雨淋不便，今有原为首人许进忠、李逢春、李遇先纠率原修庙为首人许自谦、孙思春、乔永□、赵国安、孙思华、许应登、孙得□、许朝相、许迎□、乔可爱，轮流管钣，各捐己财，创立香亭三间。每岁各会带□积放□备。□年四月十八、十九、二十日，五龙尊神圣诞，五会眼同拈阄做戏。居中左右两边排棹奉祀，不许争占。今将五会施财，并众信施舍人等，排列于后。如有违致会事不行者，只上神明朗鉴，究察善恶。以此刻石，各照旧规，随会永为记耳。

计开：

生员李弘园施谷五官斗　　李逢先施石柱二根　　许英阳施垠三钱 施银五钱　　陈应冬　许鸣凤　王廷福施檩一根　　赵震　陈所知施银二钱　　李尚贤　吴自成施银一钱五分　　李天□　陈应诏施银一钱　　李尚智　陈应夏　许应夏　孙自起　孙自然　许福林　陈自得　陈自荣　许自利施土坯　　许学孔施石灰

关爷庙迤东迤北一会十九人施钱四百文　　焦一朋管饭十工

关爷庙迤南迤西一会三十人施钱三百文

孙家门前东西一会三十人施钱三百文

河则南里一会十七人施钱三百文

河则北里一会十五人施钱三百文

石匠李自安

木匠李孟厥　刘自强

□匠李养民

刻字丁守明

万历四十七年岁次己未四月十二日立

李逢先撰书

一二六　洪洞县广胜寺镇明应王庙《水神庙祭典文碑》

│简介〉

　　《水神庙祭典文碑》万历四十八年（1620）刊。碑文连载于九块大小不一之方石上，正书。明应王庙位于山西省洪洞县赵城镇广胜寺下，碑碣嵌于明应王殿东山墙外侧。第一块高 62 厘米，宽 58 厘米；第二块高 62 厘米，宽 100 厘米；第三块高 60 厘米，宽 86 厘米；第四块高 60 厘米，宽 93 厘米；第五块高 58 厘米，宽 87 厘米；第六块高 58 厘米，宽 77 厘米；第七块高 58 厘米，宽 72 厘米；第八块高 65 厘米，宽 81 厘米；第九块高 65 厘米，宽 53 厘米。此碑是赵城县知县刘四端为革除北霍渠祭祀水神弊端而订立的新仪典，对祭祀日期、地点、供品、经费来源及支出、禁约、分胙等一一做了具体规定，永为定例，以便遵守，是研究宗教祭祀、民俗活动及戏曲演出的重要史料。（见冯俊杰等编著，《山西戏曲碑刻辑考》，中华书局，2002 年，第 331 ～ 342 页；黄竹三、冯俊杰等编著，《洪洞介休水利碑刻辑录》，中华书局，2003 年，第 49 ～ 58 页。）

洪洞县广胜寺镇明应王庙《水神庙祭典文碑》之一

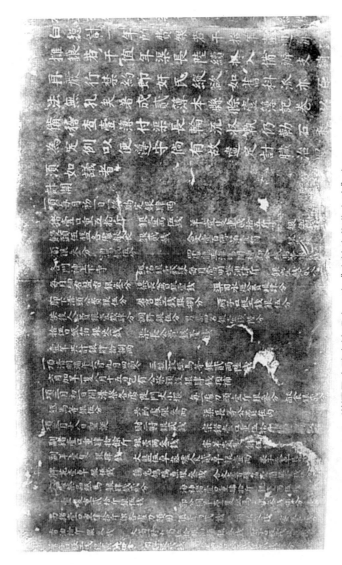

洪洞县广胜寺镇明应王庙《水神庙祭典文碑》之二

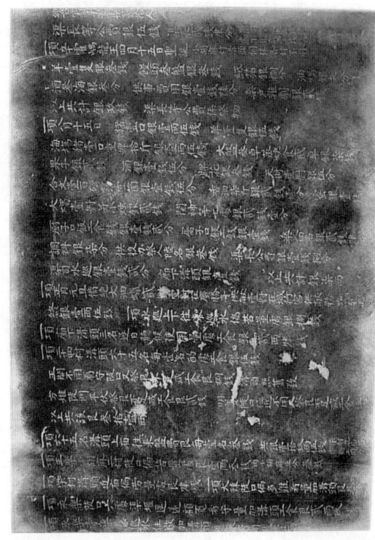

洪洞县广胜寺镇明应王庙《水神庙祭典文碑》之三

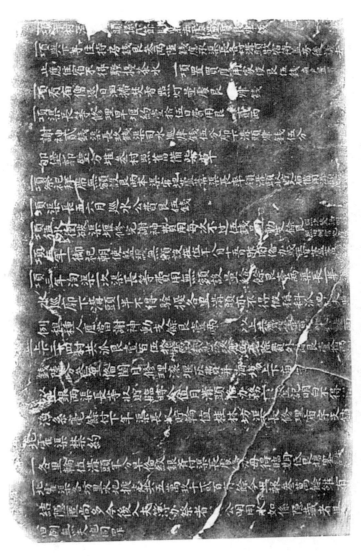

洪洞县广胜寺镇明应王庙《水神庙祭典文碑》之四

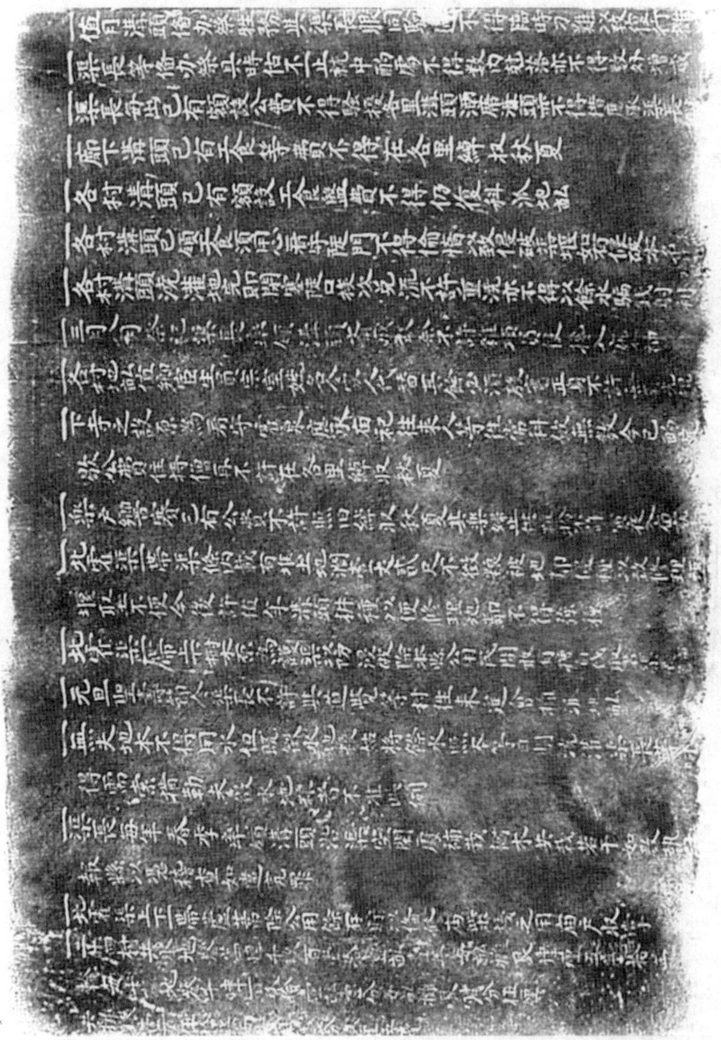

洪洞县广胜寺镇明应王庙《水神庙祭典文碑》之五

洪洞县广胜寺镇明应王庙《水神庙祭典文碑》之七

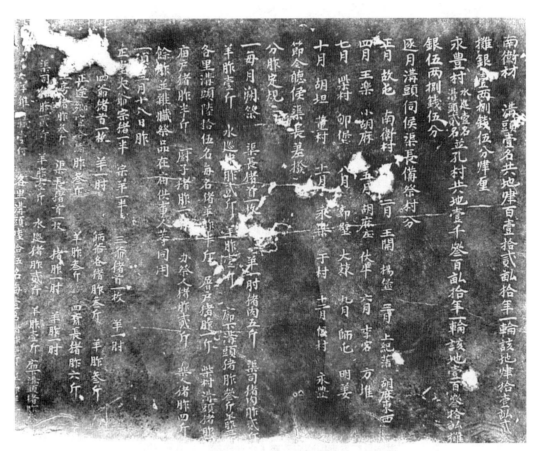

洪洞县广胜寺镇明应王庙《水神庙祭典文碑》之八

洪洞县广胜寺镇明应王庙《水神庙祭典文碑》之九

水神庙祭典文碑

赵城县知县刘为妥神恤民、定画一以垂万世事。照得霍山明应王水神，北霍渠旧有盘祭，每岁朔望节令，计费不下千金，皆属值年沟头摊派地亩，每亩甚有摊至四五钱者，神之所费什一，奸民之乾没什九，百姓苦之。本县一入境，即闻知此弊，及查阅祭品血食，止具一羊，余悉属面鱼、面蛇等靡滥无用之物，无论民财可惜，即神亦必吐。本县深为痛恨，校正月朔，酌定银四两，牲一羊一豚、果品等物，比旧精洁，不事烦缛，馀祭尽皆裁革，据此永行，神其可歆，民不称艰。又访得一等奸民，仍复科派，照旧不减，询之绅衿，皆称无籍沟头藉口祭减，恐水小，其弊牢不可破。夫祭因水设，以报功德，非先有祭而后有水也。若以祭之烦简，定水之大小，假令陈牺牲于旱荒之野，可得涌泉乎？二簋可用享，又何说也？据此一语，真可发一笑。复行查选历年公直渠长，协同条议，校正季祭，并在渠各项费用，逐一细开明白。总计一年所费银若干，十年一周，每亩摊银若干，值年渠长陆续收入备办支销，再严行禁约，即奸民纵欲如旧科派，亦百法无孔矣。著成二簿，本县除一簿记卷以备稽查，一簿付渠长轮流收执，仍勒石永为定例，以便遵守，倘有故违，定计赃治罪，须如议者。

计开：

一项　每月初一日一祭，酌定银四两。猪一口，重五十斤，银一两五钱；羊一只，重二十五斤，银五钱；馒头五盘，各处献食，银二钱；合文一百，砖箔一个，银一钱五分；酒，银三分；油烛，银五分；四处龙王、海场、关神、郭公纸马等，银二钱一分；各门神、上下寺纸箔，银一钱四分；每月常明灯油四斤，银一钱二分；每月细香、盘香，银三分；渠长公费，银一钱；渠司、水巡公费，银四分；廊下沟头公费，银五分；屠户口饭工钱，银八分；厨子口饭工钱，银五分；供役人公费，银一钱四分；调料，银五分；男乐四名，银一钱六分。十五日：纸箔，银三钱；渠长公费，银一钱。一年共计银四十八两。

一项　清明、端午、六月、九月四节令：三牲一，设纸马等，银二两六钱。六月：加羊一只。八月十五日：已有公祭额设银四钱顶补。

一项　二月初一日开沟祭：各处陡门、大小堰，每一处刀头一斤，银三分；献食，银二分；纸马等，银五分。共酌处银三两，渠长等公费在内。

一项　三月十八日圣诞：财二对，银二钱；宗猪一口，重五十斤，银一两七钱五分六厘；副猪一口，重四十余斤，银一两三钱；宗羊一只，银五钱；副羊一只，银四钱；大盘五卓，蒸炉食二卓，银一两；果子三卓，银五钱；牌花一卓，银五钱；鸡、兔、鸽、鸭、鱼，银三钱；合文一百，砖箔一个，银一钱五分。六处祭品、纸马，银四钱二分。海神：猪一口，重四十斤，银一两五钱；羊一只，重二十斤，银五钱。郭公祠：羊一只，纸马，银三钱六分。另猪一口，重四十斤，作各处刀头用，银一两二钱；酒，银三钱；蜜，银一钱四分；香油十斤，银三钱；大烛一对，小烛五十根，油蜡，银三钱；厨子口饭工钱，银一钱五分；屠子口饭工钱，银二钱四分；调料，银二钱；吹手四名，口饭工钱，银二钱四分；响赛男女乐二十人，银三两；供役办祭人六名，银三钱；渠长等公费，银五钱：渠长二钱四分，渠司、水巡一钱四分，廊下沟头一钱二分。上共计银一十六两五钱。

一项　辛霍峪龙王四月十五日圣诞（小胡麻村沟头伺候，各村不用）：羊一只，银三钱；馒头三盘，银三钱；纸箔，银八分；油烛，银三分；酒三海，银三分；供事费用，银一钱六分；乐户杂剧，银二钱。以上共计银九钱。渠长等公费系祭物。

一项　八月十五日：猪一口，银一两五钱；羊一只，银五钱。海场：猪一口，重四十斤，银一两五钱；大盘三卓，蒸炉食二卓，银七钱；果子，银二钱；酒，银一钱五分；牌花，银三钱；天财一对，银五分；合文一百，砖箔一个，银一钱五分；香油七斤，银二钱一分；蜜，银一钱；大烛一对并小烛，银二钱；关神等七处，银二钱一分；厨子口饭工食钱，银一钱二分；屠子口饭工钱，银一钱；乐人四名，银二钱四分；调料，银七分；供役办祭人六名，银三钱；渠长公费，银一钱八分；渠司、水巡，银一钱二分；廊下沟头，银一钱。以上共计银七两。

一项　正月元旦备绝大油蜡二对，一对在广胜寺供献，一对在城行宫供献，务点至正月终，银一两五钱。

一项　水巡上下往来，巡水偏苦，量处银八钱。

一项　廊下沟头三名，逐日听候使用，量处工食银二两四钱。

一项　二十四村沟头六十五名，每一名酌处工食银五钱。王开不用看守陡口，又祭银不足，减工食银八钱，沟头照旧数；方堆陡门平伏，祭银不足，减工食银二钱；明姜陡口极近，不用人，祭银不足，减工食五钱。以上共该银三十一两。

一项　六十五名沟头上庙往来盘费银，每一名三钱，共银一十九两五钱。（柴村近庙，盘费作动工用力。）

一项　王乐、小胡麻二村，陡口偏苦，量处银一两三钱。（内小胡麻止分三钱。）

一项　柴村沟头近庙偏劳，量处银四钱。

一项　大棘陡口偏多难看，量加沟头银三钱。

一项　永乐陡口六处，渠堰遥远，顾觅看守，量加沟头工食银二两九钱。

一项　永乐寺渠长巡水住歇，加沟头应承费用银一两。

一项　于村沟头系下节关紧去处，量处银四钱。

一项　与下寺住持房钱银三两六钱，应承渠长、各村沟头歇宿，待盖房后议去。止应住宿，不得骚扰茶水。

一项　置买应用家什银五钱。（庙户置买。）

一项　看庙僧逐日洒扫、焚香、点灯，量处银四钱。

一项　渠长等修理旱堰约一十五日，费用银二两。谢神二钱，渠长九钱，渠司、水巡四钱五分，廊下沟头四钱五分。郇堡、郭壁、方堆三村照旧备柴草。

一项　祭祀拜席无额设银两。本渠官地芦苇，渠长率领沟头收贮入庙备用，沟头不得在地科派。

一项　渠长五、六月巡水公费银五钱。

一项　猛水冲破渠堰，修完谢神费用，每次不过五钱，量动支余银。（照次登记明白，照旧例信地应当。）

一项　三年一御祀，朝使盘缠无额设，在值年八月十五日胙肉备办，或在官芦苇变价得摊地。

一项　三年淘渠一次，渠长等费用无额设，量给余银一两。渠长一半，渠司、水巡、廊下沟头一半，不得骚扰各里沟头，亦不得假称科派地亩。夫照旧例租种人应当谢神，动支余银一两。以上共费银一百四十六两二钱五分六厘五毫。

一项　上下二十四村共派银一百五十七两一钱一分九厘五毫，除费外，余银一十两八钱六分三厘，备闰月修理滚堰灰费，并海场、上下庙宇。

以上银两渠长等收贮，临时令值月沟头备办，务一一登记明白，不得侵渔系（丝）毫，余付下年渠长收贮轮值，桂林坊渠长修理庙宇支销。

北霍渠禁约：

一、各里轮值沟头年份，早备纹银，齐付渠长处备办，毋得临期低（抵）银搪塞，失误祭祀。

一、北霍渠各坊里水地，据志共五万九千二百有余，今止报三万余，虽有□结，隐匿尚多。今后入夫簿办祭者，得公明用水，如系隐藏者，与旧例无夫地同罪。

一、值月沟头备办祭牲，务与渠长眼同验过，不得临时刁难，以致复行摊派。

一、渠长等备办祭具，时估不一，止就中酌处，不得数内克落，亦不得数外增减。

一、渠长每出，已有额设公费，不得骚扰各里沟头酒席；沟头亦不得借应承渠长摊派地亩。

一、廊下沟头已有工食等费，不得在各里绰收秋夏。

一、各村沟头已有额设工食盘费，不得仍复科派地亩。

一、各村沟头已领工食，须用心看守陡门，不得偷惰，以致侵破渠堰。如有侵破，本名承当许□地亩。

一、各村沟头浇灌地完，即闭塞陡口，挨次兑流，不许重浇，亦不得以余水骗钱射利。

一、三月、八月祭祀，渠长率领沟头斋戒致祭，不许杂项员役揽入亵神。

一、各村地亩值乡宦生员宗室姓名，令家人代替，其余必须殷实正身，不许无籍光棍包揽。

一、下寺之设，原为看守霍泉，应承庙祀往来人等，往常科敛无数，今已酌定住歇公费，住持僧再不许在各里绰收秋夏。

一、乐户响赛，已有公费，不许照旧绰收秋夏。其乐妇止供妆扮，不许夤夜入庙亵神。

一、北霍渠一带，渠条内载有堆土，地阔一丈二尺，不征粮，被地邻侵种，以致修理渠堰取土不便。今后许值年沟头耕种，以便修理，地邻不得强种。

一、北霍渠一带上下树木，原为护渠，以防浸破，除本县公用，民间敢有擅自伐取者，渠长禀县究罪。

一、元旦、圣寿节令，渠长不许与道觉等村往来筵会，摊派地亩。

一、无夫地本不得用水，但既征水地粮，姑将余水照本等日期浇灌，渠长等不得需索措勒。未征水地粮者，不准此例。

一、渠长每年春季率领沟头沿渠空闲处补栽树木，共栽若干，如数执结报县，以凭稽查，如违究罪。

一、北霍渠上下一带芦苇，除公用，余存贮以备修庙柴栈之用，庙户收掌。

一、二十四村共水地三万四千九百一十一亩，一年每亩摊银四厘五毫，十年一轮，每年该地三千四百九十一亩一分，每亩摊银四分五厘。

共摊银一百五十七两一钱一分九厘五毫。

计开：

上节柴村五陡口，沟头四名，共地一千九百五十一亩。十年一轮，该地一百九十五亩一分，摊银八两七钱三分。

郇堡村三陡口，沟头一名，共地六百九十四亩。十年一轮，该地六十九亩四分，摊银三两一钱二分七厘。

郭壁村二陡口，沟头一名，共地一千八十亩。十年一轮，该地一百八亩，摊银四两八钱六分。

方堆村一陡口，沟头二名，共地六百三十九亩。十年一轮，该地六十三亩九分，摊银二两八钱八分。

大棘村九陡口，沟头五名，共地二千三百四十亩。十年一轮，该地二百三十四亩，摊银一十两五钱三分。

李宕村一陡口，沟头二名，共地一千七百六十亩。十年一轮，该地一百七十六亩，摊银七两九钱四分。

师屯村六陡口，沟头三名，共地一千一百七十九亩。十年一轮，该地一百一十七亩九分，摊银五两三钱一分。

王乐村一陡口，沟头二名，共地二千二百亩。十年一轮，该地二百二十亩，摊银九两九钱。

小胡麻村与王乐同一陡口，沟头一名，共地七百六十五亩。十年一轮，该地七十六亩五分，摊银三两四钱四分二厘。

伏牛村一陡口，沟头六名，共地二千九百七十八亩。十年一轮，该地二百九十七亩八分，摊银一十三两四钱一厘。

明姜村六陡口，沟头三名，共地八百三十八亩。十年一轮，该地八十三亩八分，摊银三两七钱七分五厘。

中节胡坦村六陡口，沟头三名，共地一千二百一十二亩。十年一轮，该地一百二十一亩二，摊银五两四钱五分四厘。

胡麻庄一陡口，沟头三名，共地九百六十亩。十年一轮，该地九十六亩，摊银四两三钱二分。

董村三陡口，沟头二名，共地二千三百三十六亩。十年一轮，该地二百三十三亩六分，摊银一十两五钱一分二厘。

胡麻东西村一陡口，沟头六名，共地二千六百四十亩。十年一轮，该地二百六十四亩，摊银一十一两八钱八分。

上纪落村一陡口，沟头二名，共地一千七百亩。十年一轮，该地一百七十亩，摊银七两六钱五分。

杨堡村一陡口，沟头五名，共地一千九百七十八亩。十年一轮，该地一百九十七亩八分，摊银八两九钱一厘。

永乐村六陡口，沟头三名，共地三千六十七亩。十年一轮，该地三百六亩七分，摊银一十三两八钱六厘。

（崇祯八年合渠于祭银内，入祭陡口草料银一两）

下节于村二陡口，沟头二名，共地一千一百二十七亩，十年一轮，该地一百一十二亩七分，摊银五两七分一厘五毫。

侯村四陡口，沟头一名，共地三百五十五亩。十年一轮，该地三十五亩五分，摊银一两六钱二厘。

王开村一陡口，渠司一名，沟头一名，共地四百一十四亩，十年一轮，该地四十一亩四分，摊银一两八钱六分三厘。

故屯村沟头三名，共地九百六十亩。十年一轮，该地九十六亩，摊银四两三钱二分。

南卫村沟头一名，共地四百一十二亩。十年一轮，该地四十一亩二分，摊银一两八钱五分四厘。

永丰村水巡一名，沟头二名，并孔村共地一千三百亩。十年一轮，该地一百三十亩，摊银五两八钱五分。

逐月沟头伺候。渠长备祭村分：

正月，故屯、南卫村；二月，王开、杨堡；三月，上纪落、胡麻东西；四月，王乐、小胡麻；五月，胡麻庄、伏牛；六月，李宕、方堆；七月，柴村、郇堡；八月，郭壁、大棘；九月，师屯、明姜；十月，胡坦、董村；十一月，永乐、于村；十二月，侯村、永丰。

节令听候渠长差拨。

分胙定规：

一、每月朔祭：渠长猪首一枚，羊一肘，猪肉五斤；渠司猪肉胙二斤，羊胙一斤；

水巡猪胙二斤，羊胙一斤；廊下沟头猪胙三斤，羊胙三斤；各里沟头六十五名，每名猪羊胙半斤；屠户猪胙一斤；柴村沟头猪胙二斤；庙户猪胙半斤；厨子猪胙一斤；办祭人猪胙二斤；乐人猪胙四斤；余胙并杂脏、祭品，在庙供事人等同用。

一项　三月十八日胙：正堂大爷宗猪一半，宗羊一半；三爷猪首一枚，羊一肘；四爷猪首一枚，羊一肘；师爷各猪胙三斤，羊胙三斤；正途乡宦各猪胙三斤，羊胙三斤，四斋长猪胙六斤；工房猪胙三斤；渠长猪首一枚，猪胙一肘，羊胙一肘；渠司猪胙二斤，羊胙一斤；水巡猪胙二斤，羊胙一斤；廊下沟头猪胙三斤，羊杂脏一副；各里沟头六十五名，每一名猪胙半斤，羊胙半斤；柴村沟头猪胙二斤；庙户猪胙一斤，祭品一盘；住持猪胙一斤，祭品一盘；屠户猪胙一斤；厨子猪胙一斤；吹手猪胙四斤；乐人猪肉二十斤，羊肉十斤，杂脏二付。

一、八月十五日胙：

正堂大爷猪首一枚连肘，羊首连肘，其馀猪俱猪胙三斤，无羊胙。别项照三月例酌处。

一、节令祭物俱供事人用，不分胙。

一、三坊条例载在城大郎庙石碑。

赐进士第文林郎知赵城县事汝南息县刘四端校正立石

赵城县知县邢州吴道明　　主簿邓俊科　　典史于士杰　　儒学署教谕张大行

训导马履祥

山东莱州府高密县知县邑人和阳王应豫

阖学生员杨守节　李附凤　卫之屏　李嘉祥等仝立石

万历四十八年正月吉旦

渠长张五美　李希白　高荣恕　王三乐　崔光前　卫国先　李成廉　续光祐

县（阙文）

石□　□□□　□□□

一二七　晋城市城区庞圪塔村玉皇庙《创建玉皇庙记》

| 简介 〉

《创建玉皇庙记》明天启二年（1622）刊。碑高 147 厘米，宽 58 厘米，厚 19 厘米。笏首，额篆"创立玉皇庙碑"。保存一般。玉皇庙位于山西省晋城市城区西上庄街道办事处庞圪塔村，碑存庙内。碑文中提及万历十三年（1585）乡人庞宗宪等在村东北创建玉皇庙的经过，同时创建"舞楼三间"。山西师范大学戏曲博物馆藏该碑拓片。

| 碑文 〉

创建玉皇庙记

尝谓幽明一理，神人一道。人依乎神，神不安则生民无庇；神依乎庙，庙弗饰则鬼神无栖。泽西南领东里庞家社风俗醇厚，人民和美。内有仁德长者庞公号西山，讳宗宪者，为乡人巨擘，禀性仁慈，素好施舍，乃孔庄都孔庄里人也，建庄于是，以历四世。间里有不能举火者，分之以粟；不能婚丧者，给之以财，郡称公为仁厚君子。于万历十三年折取吉地本村之东北，创立玉皇庙一座。正殿五楹，南山门、舞楼三间。自是春祈秋报，雨泽时行，乡无旱魃，民享丰隆，耕者力田，居者乐业，孰非神之佑耶，实为公之赐耶。工成刻石，以垂不朽。

天启二年岁在壬戌秋七月二十日乙卯吉时

社首庞进德同众叩首立

郡庠生袁本深书

一二八　太谷县阳邑村净信寺《补修阳邑镇净信寺碑记》

| 简介 |

　　《补修阳邑镇净信寺碑记》明天启二年（1622）刊。碑高171厘米，宽76厘米，厚13厘米。笏头方趺，额正书"创建碑记"。净信寺位于山西省太谷县阳邑镇阳邑村，碑存寺内。碑文载："增大其规模，以正殿作南殿，后补大殿、东西廊各五间，灰泉庙一间，乐亭一座。……废者修，无者补，脊兽换新，墙垣重整。将灰泉庙并乐亭悉毁之，于山门内东西创建殿宇各三楹，西则仍祀灰泉神，乃谷德将军晋大夫韩厥，立赵后者也。"（见冯俊杰等编著，《山西戏曲碑刻辑考》，中华书局，2002年，第354～360页。）山西师范大学戏曲博物馆藏该碑拓片。

太谷县阳邑村净信寺《补修阳邑镇净信寺碑记》拓本

补修阳邑镇净信寺碑记

天启二年谨记

赐进士第中宪大夫南京太仆寺少卿前山东道监察御史郡人震宇姚镛撰文

乡进士万历己酉科举人邑人储南任梓书丹

晋会城南百里许,有春秋晋大夫杨(阳)处父食邑旧址存焉,名曰阳邑。西南隅古寺一区,创自唐开元,重修于金大定。正殿三楹,东西南各三楹,尼僧居之,山门碑记载焉。至我明正德间,乡耆杜甫、杜文与、僧昌爱等,增大其规模,以正殿作南殿,后补大殿、东西廊各五间,灰泉庙一间,乐亭一座。视昔大矣,而未备焉,观者不无遗憾,迄今百年来未有议工者。万历三十三年,寿官张祥、杜仲伦、约正杜金滕、按察司吏杜天惠、省荣官□□元等,止于外两廊旧址,建钟鼓楼各一座。视昔有加矣,犹未尽美焉,山门内,天王殿外,皆荒芜空地,观者咸不满意。适□□□□倒毁,省祭官杨天祐者欲修之,偕僧宗显,与予友人邑庠弟子员杜姓讳金罍别号用斋者议焉。予友即曰:"此前人百年不了事也,公此举大协。愚意止于墙脊,工易就而缺者未补,犹弗备也。"于是大议工作,总理则用斋司其事,督工则东园讳继荣者系□劳。各社则有杜金滕、杜天斗、杜继智、杜一礼、杜一付、杜宰、杜邦弼、杨进学、张子爱、张裕、张诚、王胡、杨铎,皆分其事焉。于是富者□财,贫者助力,不二年间,废者修,无者补,脊兽换新,墙垣重整。将灰泉庙并乐亭悉毁之,于山门内东西创建殿宇各三楹,西则仍祀灰泉神,乃谷德将军晋大夫韩厥,立赵后者也。东则祀以乡民所敬信白衣大士,子孙、风症二母,为广祀其说也。四方游观者见栋宇轩昂,金碧辉煌,无不称快。是工也,始于万历丙辰三月二十日,毕于己未□月十五日。告成,丐予志。吾闻君子恶居下□,乐道人善,邑中诸君子喜舍不吝,皆高明特达,正君子所乐道者也,予何不为阐□云耳。开列于后。

举意修造施斋总都功德主杨天佑　省祭官王氏施银三两　男杨桥白氏　杨采孟□孙男杨国汗李氏　杨国珍

举意提调总管功德主杜金罍　生员成氏刘氏施银四两　男宁化王府仪宾　杜馥朱氏杜香　杜芬　孙男杜秉炉

举意提调总管功德主　杜继荣王氏李氏施银三两　男杜居正丁氏　杜官正杨氏　杜

司正高氏　孙男杜敏杨氏　杜宦白氏　杜彦杨氏　杜桂冯氏　杜春　杜萼杨氏　杜朴　杜万　杜庄　杜魁　重孙杜奇柱　杜奇口　杜奇择

总都功德主杜金滕韩氏段氏施银三两　　男生员杜登赵氏　杜檂李氏　杜棫杨氏李氏　　生员杜秩□高氏　孙男杜秉春石氏　杜秉心贾氏　杜秉清　杜秉德　杜秉哲　杜秉思

总都功德主布政司吏杜继孔莫氏施银五两　父杜仲伦丘氏许氏

总都功德主杨金福李氏贾氏施银四两　男杨登高孟氏梁氏史氏　孙男杨希仁胡氏　杨希义　杨希礼　杨希智

总都功德主杜渐李氏张氏施银三两　父杜思余张氏毕氏　男杜来奇　杜宁奇

总都功德主贾明杜氏施银三两　男贾文铁杨氏　贾文桂杜氏　贾文演杜氏　贾文奎杨氏　贾文灼杜氏　孙男贾进忠　贾永忠　贾玉僧

总都功德主杨进学李氏施银二两　侄男杨一的

本寺住持募缘僧宗显无踪　门徒永楠　法孙太宝　太泉　太才　重孙文靖　文㦸　文□　文拴　太泉书

一二九　代县刘家圪洞村观音寺《重修代郡高村观音寺》

| 简介 >

《重修代郡高村观音寺》明天启二年（1622）刊。碑高 117 厘米，宽 77 厘米，厚 19 厘米。笏头方趺，额正书"重修碑记"。观音寺位于山西省代县刘家圪洞村，碑存寺内。碑文载："有释子妙江者……近走远奔，夙夜靡遑，妆金饰像，修三座之殿宇，盖歌舞之楼台。置买田园各段不等，计地三十八亩。"山西师范大学戏曲博物馆藏该碑拓片。

| 碑文 >

重修代郡高村观音寺

众圣降灵之所，苍黎生养之资，水秀山明，民稠土沃。咸谓此胜景名区，宜勒以万缘碑铭。有释子妙江者，无碍法门，有孚觉路，爰将摩顶放踵，不辞近走远奔，夙夜靡遑，妆金饰像，修三座之殿宇，盖歌舞之楼台。置买田园各段不等，计地三十八亩；每粮不一，该粮二石四斗八合，永为互寺之规也。庶可华焕巍巍之庙檐，辉焕郁郁之山川，保民物于升平，镌鸿名于碑碣。

代县刘家圪洞村观音寺《重修代郡高村观音寺》拓本

计开地段亩数

住院地二亩　该粮一斗五升九合

寺南坡地一十八亩　该粮九斗五升四合

寺园水地五亩　该粮四斗六升五合

横墙平地八亩　该粮五斗七升六合

赵仲降坡地四亩　该粮二斗二升二合

载碑车牛功德善人李枢　张氏　男李守元　刘氏　张氏　孙男李法　王氏　重孙丁五等

本村众善人等施银人刘沛施银四两　刘孟忠施银三两四钱、谷一十六石三斗　刘惠施银二两五钱　刘棋戴氏　刘俊赵氏陈氏　刘沛王氏李氏张氏　刘孟忠陈氏　刘孟德李氏　刘孟合平氏　刘孟金葛氏　刘孟银　刘孟财　刘艾王氏李氏陈氏　刘敬李氏　刘恩李氏　刘惠吴氏　刘诏席氏　□印刘府刘芳戴氏　刘科　刘降　刘文运刘氏　刘文达董氏　刘文选练氏　刘文盛　刘文魁　刘文明　刘文星　刘文进　刘文庭　刘认　刘门李氏　苏国瑞周氏　王相张氏　王的美　李柱樊氏　李□善杨氏　陈公陆氏　男陈祥符李氏　孙男陈渥马氏　陈润　陈三毛　肖美杨氏　男肖九成刘氏　肖九周李氏　肖九思刘氏　孙男肖文蔡氏　肖贵陈氏　肖深葛氏　肖章　肖王　肖和尚　李登云贾氏　李玘季氏　李全戴氏　周清杜氏　孙男周可李氏　柴余刘氏　男柴天林李氏　常仕登安氏　男常艮汪氏　生员孙佳胤董氏　刘承嗣刘氏　刘禄马氏　李富刘氏　李贵鲁氏　李明　李□元　曲深侯氏　刘承菊　李承旺姚氏　男李恭　李敬　王定董氏　赵门刘氏　男赵库张氏　赵艮降氏　崔世良赵氏　任天伏白氏　吴邦正　吴邦奇董氏　吴加甫唐氏　吴加库周氏　吴邦旺张氏　吴连宋氏　吴定　降斌王氏　降俊□　白良甫高氏　男白玉郝氏　狼门白氏　男狼沾　金学礼高氏　王贵戴氏　王节姚氏　王禄白氏　王位刘氏　吴春张氏　吴玘李氏　吴官韩氏　吴周　吴植吕氏　吴登曲氏　董天□柴氏　董友周氏　李良李氏　董世贵苏氏　男董万刘氏　董□王氏　周尚只刘氏　周尚臣　周降曾氏　周选郏　男周明宝　苏国孝　陈祥祝张氏　男陈满　降天受王氏　左仓杨氏　男左休只

木匠李河张氏　男李茂财张氏　李□□　李光照

天启二年孟月吉日立

会首僧李妙江　徒海□　海亮　孙寂山

书字人董万

石匠□保花

一三〇 襄汾县汾城镇中北黄村等《峰坡庙纪胜碑记》

《峰坡庙纪胜碑记》明天启三年（1623）刊。碑高 183 厘米，宽 73 厘米。峰坡庙，民间俗称峰峰庙，供奉东岳大帝，位于山西省襄汾县汾城镇中北黄村东面、李果村北面，古城镇西曹鲁村西面、南焦彭村南面（后面两个村原属曹家庄乡，现划入古城镇），毁于抗日战争时期。碑刻现存山西省临汾市襄汾县汾城镇汾城文庙内。碑文载东岳庙由八个村庄供奉，八村分为八社负责祭祀以及庙宇维修，"每岁暮春，例迎神赛会，社各出奇扮巧以相竞，其点缀情景，洵美且都。远近士女，或驱车策马，挈榼携樽，来观游览胜者，毂相击，肩相摩也"。（见冯俊杰等编著，《山西戏曲碑刻辑考》，中华书局，2002 年，第 365 ～ 368 页。）

碑文

峰坡庙纪胜碑记

粤稽五岳，东岱为群灵之府，长白、梁父副焉。其神握春生之权，主万灵造命，较诸嵩、华、衡、恒四岳，尤擅其尊，以故封号独崇，以天齐仁圣帝特祀于充州之奉符。所在郡邑乡村，类建行官，以时肆祀。要以在天之神如水行地，无往不□□□□太平治北十里许，有地曰峰坡，远映台隍，遥列屏障。发迹则自姑麓，而东走曲折，逶迤蜿蜒，带远岑，穿□□□□一区阜若涌金莲之瓣，有庙翼然虎踞，其中最古最弘壮俨然享庙祀者，则东岳仁圣帝。环跨八庄，庄分八社。每岁暮春，例迎神赛会，社各出奇扮巧以相竞，其点缀情景，洵美且都。远近士女，或驱车策马，挈榼携樽，来观游览胜者，毂相击，肩相摩也。惟时野芳吐馨，谷禽鸣籁，惠风袭人。物与景熙，人偕春媚，相与依荫□□□□□悦目赏心，应接不暇，选胜于兹，此乐何极，要之□□□日余闲而逍遥其处，孰非神庥所沾暨哉。余□□□岳降神，地灵人杰。此庙际中叶之时，有人□增式廓，益□□创所无，俾胜迹、胜事以引以长，则壬戌进士张讳□化之祖曰诲者，执八社之牛耳，拮据数岁而成之者也。益信地以□胜，可无一言以纪其盛？若夫庙迹之始终，既详于进士门生撰记中，又安用蛇足哉？第窃有感焉。后之继今，犹今之□□，奕世而下，会须有起敝维新者作，能无属望于斯人？因歌以志美曰：矫矫峰坡，厥庙殊古。山灵护□，□争其所。天地造设兮美擅此区，岱岳降神兮居歆兹土。赛八社兮荐广牡，奏八音兮缀韶舞。物必备兮诚必□，期不愆兮神不吐。寝庙新兮世接武，愿仁圣兮长为主。陟此崇冈兮旷然大观，登彼东山兮信乎小鲁。

明天启癸亥昭阳献岁律应夹钟上浣谷旦

英国公张府明经教读员江右怀明汤来聘撰

门生廪庠士张鲤化书

一三一　太谷县阳邑村净信寺《阳邑寺新建膳亭乐亭并砖天王殿墙记》

| 简介 ▷

　　《阳邑寺新建膳亭乐亭并砖天王殿墙记》明天启三年（1623）刊。碑高 97 厘米，宽
61 厘米，厚 9 厘米。笏头方趺。净信寺位于山西省太谷县阳邑镇阳邑村，碑存寺内。
由前录天启二年《补修阳邑镇净信寺碑记》可知，当时重修时乐亭被拆除。此碑文载：
"灰泉利及一方，大士广嗣天下，每岁三月十五、二十五会焉。""栖神有所矣，祀神有
期矣，乐亭何独缺？"可见时隔一年即重新修建乐亭。（见冯俊杰等编著，《山西戏曲
碑刻辑考》，中华书局，2002 年，第 360 ～ 364 页。）山西师范大学戏曲博物馆藏该碑
拓片。

| 碑文 ▷

阳邑寺新建膳亭乐亭并砖天王殿墙记

县庠生员总理寺工纠首邑人用斋杜金罍撰文

住持僧无瑕太□□

　　祭非其所祭为淫祀，渎于祭祀为弗□。神无德于民，与祀无定期者，祀典弗载。

太谷县阳邑村净信寺《阳邑寺新建膳亭乐亭并砖天王殿墙记》拓本

予乡东南□□□四卦李满庄，并予乡三村镇，世传为谷德将军韩厥出焉，名灰泉将军，即春秋晋大□□□□□也。旧庙在寺殿隅，规制狭小。万历四十三年修寺，改于三门内西半，东建白衣子孙□□□□□。灰泉利及一方，大士广嗣天下，每岁三月十五、二十五会焉，是为淫祀乎？是为□□□□□□□丝布为甚烦扰。且寺去镇远不便，守人皆虑焉。适酒商杜希礼等谒庙，叹曰：寺□□□□□□□以砖矣，天王殿何不砖？且栖神有所矣，祀神有期矣，乐亭何独缺？予应曰寺（阙文）又募三十金。乡人纵好施，连岁不登，能再举，后图未晚。礼等慨然曰：村中□□□□□□□□□十余，募数十金何如？至州果会艮（银）三十二两七钱，买树五株，瓦三间，并砖□□□□□□□□□就。是工也，虽曰神祐，匪礼等不能完。工毕，特将始末志焉。寺之大工□□□□□□□□□□□

施银一两功德主杜怀义　八钱贾文铁　七钱王斐　王采　杨金（阙文）　杜天香　杜茂贵　杜苗　四钱王金满　杨金凤　杜九溪　王一第　杨（阙文）　杜一道　杜秉道　王金英　杜一会　杜邦明　杜一茂　杜一的　杜邦周　杜（阙文）　杜体清　杜体增　杜体良　杜体栋　杜体权　杜彦　贾文魁　张甫　王（阙文）　杜邦海　杜天龙　杜体亮　王相　二钱杜芬　张科　杜体安　姚登选　杨（阙文）　杜□义　杜仁正　杜国旺　杜一怀　李登　杜一刚　杜应登　杜柱　杜国枢　杜（阙文）　杜天宗　李登亮　张登海　刘邦林　杜秉贤　杜一广　王一文　王金中　王金□　□金会（阙文）　杜弘用　冯全春　冯全秋　杨登付　杨柳　杨果　冯庆　杜一才　一钱杜九（阙文）　杜茂春　张应官　师成　杜公正　安臣礼　杜弘盛　杜登英　杜体朴　杜体川　杜（阙文）　杜辛正　王谷　苗汝兴　杜果　杜一中　李天友　杜一宽　杜邦智　杜秉蓝　杜良弼（阙文）　张守月　杜秉香　杜竹　杜五　杜良节　张守志　王乔　王金元　杜一□　王仲武（阙文）

保安州会艮（银）纠首杜希礼　杜一道　杜邦弼　杜秉道　王金满　杜体敬　杜国卿（阙文）

总管纠首杜继荣　各社纠首杜一礼　杜威　杜天斗　杜一付　王林　杜一太　杨（阙文）

大明天启三年岁次癸亥孟秋吉旦

住持僧宗显　门徒永南　法孙太宝（阙文）

一三二　隰县下李村龙王庙《重修润民侯龙王庙碑记》

|简介|

《重修润民侯龙王庙碑记》明崇祯元年（1628）刊。碑高150厘米，宽70厘米，厚11厘米。笏头方趺，额篆"重修庙记"。龙王庙位于山西省隰县下李村，碑存庙内。碑文载李家村在隰郡紫川北三十里，龙王庙创建于李唐，重修于宋元。"制辖一十八村……其庙正殿三楹，东西廊房并乐亭三楹"。本次重修"翻盖正殿并乐亭，增兴门塑五岳四渎，添五龙鬼判使者。烧砖凿石，包台砌路于庙下。……自天启三年起造，崇祯元年落成"。山西师范大学戏曲博物馆藏该碑拓片。

|碑文|

重修润民侯龙王庙碑记

隰郡紫川北三十里，乡曰李家，村东北山前，古有敕赐"润民侯"龙王庙宇。自李唐创建，宋元重修。盖以此神霖雨天下，润泽生民，故建庙于兹，制辖一十八村，是以历世尊崇，报祀香火延绵不窨。其庙正殿三楹，东西廊房并乐亭三楹。余闻昔在庙中有

隰县下李村龙王庙《重修润民侯龙王庙碑记》拓本

云雾龙蛇，人皆悚慄恐惧，恍乎如在其上、如在其左□，威灵显应可睹已。本州岁值亢旱，官僚士庶诣请郡内设坛祈祷，即祷即应，明有征验，是神之有灵也又可睹已。庙宇多历年所，迄今倾颓殆甚，阖属各乡社首王国相、张永华、曹养登、王登云忾然曰：民之福依于神，神之灵依于庙。庙既彤落，神何依而民何福乎？矧今仍罹亢旱，三农失望，顾可坐视倾颓而不为重修之举也耶？遂督诸属各捐资物重修，但工程浩大，独力难成，印给缘簿募化缙绅士庶众善。鸠工庀材，葺修庙宇，翻盖正殿并乐亭，增兴门塑五岳四渎，添五龙鬼判使者。烧砖凿石，包台砌路于庙下，塑土地、牛马王三神于两廊，革鼓一架，僧房二间，施地请僧住持辰晚，供事虔诚。自天启三年起造，崇祯元年落成，神像金碧辉煌，巍然炫耀，灿然□新，则神有栖止之所。人有祈祷，神必从矣。工完镌石，题名万载，以誌不朽云。

时大明崇祯元年岁次戊辰孟秋吉旦立

纠首王国相金一千　张永华金一千　曹养登银三钱金三百　王登云金二百　外武尚信　武尚贵　王世相　张盛

本郡石匠凤岗崔岐书篆　汾邑王九全　王九会仝刊

静慧寺住持僧妙溪　门徒理资　清枝　常□

隰州知州姚施银一两

苏师辙　曹恩洁　承正尊金一千　施金生员蒙崇诰三百　刘汉升二百　苏师□二百　苏师武二百　苏师辙男苏道昌施地二亩、谷五斗　秦邦缙二百　义官窦诚一百　史门张氏男　儒士史鉴一石

各里老刘尚礼五百　曹计千三右　苏光祖一百

一管社善友村神首王汝孝　丁大显　王应春　秦元祥等粟十石、金二千

二管社骞家庄神首刘光儒　严治心　刘三省　袁国忠　许汝魁　秦养贤　秦煦等粟十石、金一千

三管社上下大平纠首王应秋　曹思洁　王福正　成大有　刘永宁　王国贤　王应体　王汝元等粟十石　外王应秋三百　王有全三百　王有兴一百

四管社张林王家庄圪塔头纠首邓福生　刘中兴　刘应其　牛春泰　牛三盛　苏俊民　王汝孝　邓福厚　任登雨　邓养民等粟十石、金一千七百　外牛春泰三百　郭廷相一百

五管社前后峪桑株坡纠首刘朝玉　穆逢金　蒙养身　穆汝万　陈继福　张登全　许登科　穆永才　穆永伸等粟十石　外刘朝玉金三百　贺景云二百

六管社硖石村纠首张守仁　张永泰　张永孝　张永康　张永楼　张国柄　张国□
张国栋等粟十石　外张兰三百　张问仁二百　□守仁二百　张永孝五百　张国柄三百

七管社郑家原白龙武家庄纠首武尚智　刘国兴　刘尚万　刘自新　解演会　邓养志
王登魁　武朝光等粟十石　郑家原武家□金二千　外刘尚二百　王自明五百　邓养志
一百

八管社横水桥山神峪纠首刘国万　颜春林　李桂中　张国万　贺汝枝　庞邦满　丁
希林　白登科　郭九完　郑新科等柴炭八十驮折粟一半共粟十石　刘光云

九管社上下均庄纠首生员任自恭　李成才　任守伸　生员任继禹　冯应亨　任光□
任弘香　许汝辉等粟十石、金一千

十管社上下李村安乐沟长寿王国正　贾汝林　刘承科　郭存郊　张国新　刘□□
贾元道　贾汝舟　丁春泰　王永盛　邓希尧　丁士选　丁宜进　丁宜通　丁养成等粟
十石

上李村施主王国正一百　贾汝林二百　王焕一百　王灿三百　张国千二百　贾□□
二百　韩光全一百　韩邦才一百　高节一百　刘光裕一百　王自明　张登元　□□盛
郭存郊三百　刘承科二百　许汝明二百　郭存胜二百　张国万一百　曹养明一百　□□
道一百　李□□一百　张国明一百　贾应学　李登才

下李村邓继芳二百　王孝一百　王登雨一百　王登玘一百　崔凤渐一百　王有金
一百　王有艮一百　韩守信一百　刘一舜一百　张自恩一百　韩登云一百　白登雾一百
王成一百　王有敖一百　王桂枝一百　郝时兴一百　刘进学一百

余附碑阴

一三三　修武县大东村玉皇庙《新建舞楼碑记》

|简介〉

　　《新建舞楼碑记》明崇祯元年（1628）刊。该碑原无题目，题目为现拟。碑高 188 厘米，宽 73 厘米，厚 16 厘米。额题"重修戏楼两廊碑记"。玉皇庙位于河南省修武县西村乡大东村，碑存庙内。碑文首先描述庙貌，其中正殿三楹，东西殿各三楹，钟楼一所。"旧未有戏楼也，嗣是始创其制"。后面以先王作乐和神为理论依据，论述创建戏楼的必要性与合理性。（见刘文锴，《修武碑刻辑考》，中国矿业大学出版社，2013 年，第 158 ～ 159 页。）

|碑文〉

新建舞楼碑记

　　玉帝庙丽斯土，其来远矣。正殿三楹，东西殿各三楹，钟楼一所，俱岌岌乎有欲颓之象。天启一祀，有秦氏希东、张登、张可政、康文教、张宗尧不忍目击，聚众相商，尽重新之。其金装圣像光出，希东独力。旧未有戏楼也，嗣是始创其制，厥功告成，用是刻石以□其后。天帝之在天，犹心之在人也。心者，周身之主，疾痛疴养（痒），触之即觉，百□不能尽焉；帝者，普天之主，水旱疾病，感之即应，万民不能忘焉。故无之非天，无之无人，无人无心，无□无敬，夫独何心哉！是以崇其庙貌，示所栖也；新其金身，示所依也；时其祭祀，昭祈报也。谓牺牲既成，□盛既洁，而落落寞寞，非所以隆庆享也，复侑以世俗之呕（讴）歌而戏楼肇兴矣。夫雷出地奋，豫，而先王作乐，殷荐上帝，取和神也。则斯楼之设，庶几先王之遗意，昭格之乐事也。或者曰楼以戏名，祗戏局耳，于敬乎何□，况敬神以诚不以□，又其事之近于亵者也，焉用文之。是敬之为敬，不知和正以行其敬，将声音舞蹈尽可废之，粗且莫醇于上古，操尾踏歌，竟胡为者，君子勿□是观。

修武县儒学廪生侣鹤张松乔撰

明崇祯元年岁次戊辰三月初八日立

一三四　晋城市城区夏匠村精忠庙《创建舞楼碑记》

| 简介 >

《创建舞楼碑记》明崇祯二年（1629）刊。碑高 172 厘米，宽 67 厘米。精忠庙又名关帝庙，位于山西省晋城市城区西上庄街道办事处夏匠村，碑存庙内。碑文载"楼以舞名，志乐也。乐由人心而宣，亦由人身而仪。……独舞楼尚未建耳，谓之胜概可乎？社首时旺等会及乡众，积麦于夏，攒粟于秋，不几载而以粟麦之余，相好施之义举，又成舞楼"。（见冯娇娇、姚春敏，《晋城市城区夏匠村神庙群及舞楼碑刻考》,《中华戏曲》, 2015 年第 51 辑。）

| 碑文 >

创建舞楼碑记

楼以舞名，志乐也。乐由人心而宣，亦由人身而仪。苟事神者不□□楼，奏昭格之诚，□□大国之音邈焉而止，即欲礼神□难□。故有神作雨风，掣雷电。神固效灵，至土木兴造，栋宇联翩，所以坐镇雄视一方者，神弗克自为□□□其神之藉也。

夏□庄居郡□西□□□□矣。说者谓村西山之巅原有□帝古庙，春祈秋报群乡人而集之。自元时废圮不□再举。厥后，庠生吕□讳绍显者，慨庙貌之不存，妥神灵之□地□□□□□□□之为便，废者不既□，旧者不重新乎。佥曰然。于是规模□立，轮奂尽饰，犹属虚宇，儒官张氏讳□者□兄梦□甥时荐赵姓者三人各输己资□塑□□像一堂，绍显愿塑土地神一堂。后社人邢邦府施地，张松、赵时旺、张笠续建关圣帝君大殿并前后左右偏殿，不□其神，永固桥、观音堂不一□修，□□神人计也。独舞楼尚未建耳，谓之胜概可乎？社首时旺等会及乡众，积麦于夏，攒粟于秋，不几载而以粟麦之余，相好施之义举，又成舞楼。有如斯是□也，脉逶碧落，水绕丹崖，屏插青峦，襟连白马，四围山色掩映，八方风气环藏。乡人日出而游，日暮而归，沃壤清泉，熙熙然衣食饶而弦歌化者，即羲皇世界不是之过，村内乾坤有堪图画也，后之焜燿千秋，非得今之崇壮□能然耶。予因舞楼告成之日，将叙其勤劬始末耳，若登楼□望开天伟观。□俎豆荐馨香，如在其上，如□左右，又俟异时□奇之硕人也。是为记。

时大明崇祯二年小春月吉旦

沁庠生兰亭崔可昌撰

郡庠生吉水张瑞国书

计开：

社首张笠　赵时旺　邢国忠等易买木植砖□□□匠作工饭等项用过钱粮于后

本社原积本银十两，又本年夏秋麦谷除本外变银七两三

庠生张瑞国上银乙两、谷七斗

赵□昌　同弟赵祚昌□□裔昌男赵达上棚梁二根、水庙坡地二亩，永为焚修香火之用

赵时旺　邢邦府　赵承龙　张思仁　王光国各上□五钱

赵时盛　陈善道　张绅各上银三钱

刘登鸾　邢守□　张奉各上银二钱

张孟冬　吕纯　张继先　吕濬　邢邦富　吕清　刘本成　张友夏　王一朋　吴季观各上银二两

张笠　张绅上夥树三根

张□乾　陈治道　张恩　车自□上钱一钱

董孟达□谷三斗

张三畏　张宣阳　□思荣　来自刚　张晋阳　邢国明　刘自成　□金盛　王加友

李子顺　张应山　□瑞晋　□邦　王登槐　付氏　李亮　石旺武　孟下　董孟□　董正
张端　魏友法　张庆阳　张三才　邢国宾　张问行　张维辰　武孟春　张才友　□国
光　陈□□　刘自□　邢邦旺　李如□　徐孟山　李应详　邢国□以上管饭出钱做工
三二十不等统列其石

　　外院□树二株　万历四十二年栽　内院柏树二株　吴继观施

　　住庙沁水县玄真观道士胡正阳　郑来运　徐复□　胡复初

　　玉工王一桂　崔一旺

　　本社膳庙地二亩四分　水庙坡地二亩　计□□

　　木匠杨九德　李自旺　徐有时列

一三五　平顺县西青北村禹王庙《新修戏楼布施碑记》

简介

　　《新修戏楼布施碑记》明崇祯四年（1631）刊。该碑原无题目，题目为现拟。碑高50厘米，宽70厘米，壁碑。禹王庙位于山西省平顺县北社乡西青北村，碑存庙内。碑文载："大明国山西潞安府平顺县信民乡东禅北里西清北村禹王庙前新修戏楼三间，今有先年修塔剩下银九钱四分，社内羊十只价银三两二钱，二项每年出放本利，尽数使完。"（参见申树森编，《三晋石刻大全·长治市平顺县卷》，三晋出版社，2013年，第97～98页。）

碑文

新修戏楼布施碑记

　　大明国山西潞安府平顺县信民乡东禅北里西清北村禹王庙前新修戏楼三间，今有先年修塔剩下银九钱四分，社内羊十只价银三两二钱，二项每年出放本利，尽数使完。

　　社头冯施贤施银六钱　李双云一钱　曹尚仁施银六钱　男曹应登一钱　冯思坤一

钱　冯汝夏施银六钱　男冯志成一钱　李汝臣一钱五　宋希唐施银五钱　男宋之鸿一钱
李唐五钱　冯四信施银五钱　牛应昌二钱　冯志玄三钱　李汝相一钱五　冯顺乡施银四
钱　李果二钱　宋尚义一钱五　宋尚佳一钱五　牛宋花三钱　牛守国一钱三

计开施舍布施花名于后

冯双纪施银一两　冯思银二钱　郭守邦一钱　宋公昇施银五钱　宋守弼二钱　马万
仓一钱　冯思长施银五钱　杨氏三钱　李汝锦一钱五　李汝孛施银四钱　冯汝金二钱
冯继志一钱　马伏成三钱　道人曹云辅施银五钱　冯志德二钱　陈继先施银五钱　冯思
俊一钱二分　李河一钱　冯双枝施银四钱　牛应秋三钱　郭守宗二钱　郭宋先二钱　冯
思文二钱　冯德河二钱　冯思忠一钱五分　冯顺民一钱五分　李天义一钱五分　牛应川
二钱　郭凤麟二钱　冯汝全一钱五分　曹时有一钱五分　冯双金一钱五分　宋之俊一钱
郭守身五钱　牛国泰一钱五分

木匠靳思孝

泥水匠张应生　冯思智

木匠李永安

石匠李永明

崇祯四年十一月初二日立

一三六　太原市尖草坪区耄仁山耄仁寺《重修耄仁上下二寺并龙王神祠碑记》

| 简介 ＞

　　《重修耄仁上下二寺并龙王神祠碑记》明崇祯十一年（1638）刊。摩崖石刻，碑刻漫漶较严重。耄仁寺位于山西省太原市尖草坪区耄仁山，碑存寺内。碑文详细记载了耄仁上下二寺、龙王神祠的兴衰历史，以及住持僧人和乡民同心协力重修寺庙的过程。碑文载："其上果立黑龙神庙，显应无穷，凡村民祈祷者，雨露应待，五谷茂盛。乡民无以报答神明也，攒输资帛，新增两廊，对面乐亭已备向祀酬恩之际，钟鼓二楼以补风水之形。"（见苗元隆主编，《三晋石刻大全·太原市尖草坪区卷》，三晋出版社，2012 年，第 47 ～ 49 页。）

| 碑文 ＞

重修耄仁上下二寺并龙王神祠碑记

　　尝闻大雄氏出现于周时，嵬嵬乎□□□日亿；敕法彰仁于汉世，荡荡乎垂化于人天，所以群生之机缘有感，诸相之相好无涯。应土谈真，灵山演教，诸天雨于四□，天地摇于六震，帝释梵王以人随，龙天八部而围绕。自斯圣□□隆兴，正宗宏旺，建丛林于天下，立饭□于寰区。凡为□沙门者，朝钟暮鼓，晨夕披经，祝皇国之隆昌，祈社稷之坚固，帝畿绵远□□□崇，岂小补哉！今我晋阳城北五十余里许，适阳曲首邑兰福都之疆界，有山名耄仁。其顶恒常祥云垂布，瑞气蟠旋，五色霞光，凝结于上，忆其必有大圣人隐居。暇时与友蟠诘在天门之处，不日相伴，同□守此。观之诸峰拱翠，峦岑盘桓，松柏森森，云雾蔼蔼。□然芸枝雾收，露出楼台殿阁，□佛金容，相貌巍峨，端严俱足，乃公输子之远迹也，毫相从此而生，尚有古□存焉。寺之兴废，具载于碑，始从光武创兴，后至唐代重整。观之未尽，忽听壬癸喷滴，睨视诸方，坎地原有泉水，奇哉！罕也！故孔子赞云："仁者乐山，智者乐水。"果应语也！其上果立黑龙神庙，显应无穷，凡村民祈祷者，雨露应待，五谷茂盛。乡民无以报答神明也，攒输资帛，新增两廊，对面乐亭已备向祀酬恩之际，钟鼓二楼以补风水之形。仍于南坡树立梵王宫殿，兼并廊庑、山门，内连伽蓝二宇，新增钟簴楼台，内塑金相诸圣之石□神□，外彩栋梁，疑其吴子之形，观者□晋阳第一之名蓝也。稽其所载，代远时途，几经隆□，不能尽而备考，以注于前石，不再而言也。今落成于明皇天启乙丑，岁逢远劫，时待晚秋，大法凋零，正宗淡泊，不幸饥荒，既生贼盗，并生流氛，乱世如蚁。禅市门牖俱损，殿宇倾颓，风霜□□，廊庑摧残，狐兔潜藏，圣体剥落，于今诸相毁坏于此，渐渐不堪人之瞻奉也。有住持僧人祖通、祖香，其二公者，自幼抛俗投师，披剃守戒，行之清高，养道德□□厚，为人淳朴，苦炼身心，真释门中苦行知识也！□且同心协力，两意相投，叹曰："既为佛子，当报佛恩。"彼此忻然发心，各捐己帛，累□起工而葺理，连绵相继而行修，数十年间不能完备。本然事大难成，奈其二僧力弱，乡民感二公之德，施资财而同助善缘，众姓发心舍粟粮而共佐胜事，不数月□□。重新金装彩饰，焕然灿烂，犹如水□相关，功绩通成。诸事已竟，尚未□石。今命工匠，就崖镌刻题名注记久远事迹。筮今崇祯十一年岁次戊寅季夏三旬之吉，□礼同袍僧众，设醮修斋□□，其功万古传芳，永为记尔已。示诸公举者，勿嗤是叙。

　　崛围红叶山人退隐汾右呼延普门□舍洞宗第十四代晚学沙门菩提子宽瑞沐手拜撰书

　　金装阿男伽叶、护法韦陀释子宽奈　道海　道阔

　　耄仁寺下院兰村崛围寺住持僧宽祥　门徒祖兴　祖深

　　下院横渠大郎庙住持僧宽印　门徒祖铉　祖□

　　呼延村观音堂住僧宽瑞　宽福　宽琦　徒祖正　祖秋　祖印　祖月　祖高　祖□

祖□　释子宽孪　道海　道阔

保宁寺住僧照论　门徒普烈　普道　徒孙通旺　通亨

柏板庙住僧深钿　门徒文兴

岗北庙住僧明□　徒真□

水月寺融寿　徒方旺

关口东□住僧湛宽

西庄庙住僧永（阙文）

兰村五龙庙住僧普烈　徒通旺

烈石庙住僧普灯　□□□

土堂寺住僧如莲　如花　徒性通会

本寺住持僧宽□　祖季　门徒道海　道阔　法孙兴义

西村慧觉寺住僧维孪　门徒首僧方义　深□　门徒交志

翟村庙住僧维习　门徒方道　方禄

悬窑洞玄门弟子张守忠　门徒郭太澄　常太明　法孙许清雨　林晴泽

店上庙住僧安定　门徒悟□　悟莲

固碾庙僧寂言

□阳府照城县兴堂寺僧明泰　圆琛

□□洞僧如亮

下薛庙了□

呼延都流村铁笔张延岗　男张顺　张车　□□

磨碑兴旺

时明龙飞崇祯十一年岁次戊寅□月季夏立石

一三七　高平市故关村炎帝行宫《创修演奇楼碑记》

| 简介 >

《创修演奇楼碑记》明崇祯十六年（1643）刊。碑高 72 厘米，宽 38 厘米。笏头，额正书"创修演奇楼碑记"七字，无题。炎帝行宫位于山西省高平市神农镇故关村，碑存庙内。碑叙故关村炎帝行宫于明崇祯十六年（1643）创修舞楼一座，且名为"演奇楼"。此名内涵甚有特色，故为不可多得的戏曲史料。碑文载："和神人，有取于演奇者大矣。信士申上用，当本宫西楼告成之日，欲纠众创修南楼三间，以为演奇地。……或施财，或犒匠，遂不日南楼成之。"（见王福才，《高平炎帝陵及其行宫演奇楼考》，《中华戏曲》，2002 年第 26 辑；冯俊杰等编著，《山西戏曲碑刻辑考》，中华书局，2002 年，第 371～372 页。）山西师范大学戏曲博物馆藏该碑拓片。

| 碑文 >

创修演奇楼碑记

盖格上下，和神人，有取于演奇者大矣。信士申上用，当本宫西楼告成之日，欲纠

高平市故关村炎帝行宫《创修演奇楼碑记》拓本

众创修南楼三间，以为演奇地。奈社内钱粮不及，无人施舍，□□发虔心，捐金经营，毫不借人之力。间有志于善者，或施财，或犒匠，遂不日南楼成之。今将姓名勒于炎帝行宫南楼西壁。

申上用　同男申懋勋　懋烈　懋杰　懋熙　孙申琮　申珽　申璉创修

申上高施银四钱外，犒匠一饭

申国才　赵继友各犒匠一饭

申崇进　申俊美　申上化　郭守馀共犒匠一饭

申自存　赵一敬　申永寿　赵其福共犒匠一饭

申其志犒匠酒钱三百文

时大明崇祯十六年岁次癸未仲冬吉旦立

木匠申自兴

后　记

《中国戏曲文物文献汇编》之《戏曲碑刻》（一）终于要与读者见面了，付梓前，按惯例要有几点说明。

首先，这是 2017 年国家社会科学基金重大项目"中国戏曲文物文献搜集、整理与研究"的首批成果，值得纪念。

其次，所收戏曲碑刻虽然多数属于已公布过的，有的还不止一次发表，只有少数属于最新发现，但是性质还是有所不同。第一，这次是集成式的，将已发现的宋、金、元戏曲碑刻全部收集，明代比较重要的戏曲碑刻也搜罗殆尽，共计 137 通。第二，精益求精，反复比对拓本，认真核对原文，再三推敲句读，发现并纠正了以前不少错误，几乎每一通碑刻中均有矫正，细心的读者会发现其中的差别。

再次，对部分时代较早，内容重要的碑刻，虽然原碑不存，亦酌情收录，如成都市锦江区大圣慈寺宋熙宁元年（1068）《寿宁院记》、闻喜县蒙古宪宗九年（1259）《兴真观碑铭并序》、临汾市元至元十二年（1275）《平阳路景行里新修岱岳行祠记》、渑池县昭济侯庙元至大三年（1310）《重修昭济侯献殿舞亭记》、白水县冯雷村雷公亚父庙元至正十二年（1352）《重修雷公亚父庙记》、襄汾县城隍庙明弘治十五年（1502）《襄陵新修城隍庙记》、晋中市榆次区城隍庙明正德六年（1511）《城隍神庙碑》等。

碑刻整理具体负责人：宋代部分为段飞翔，金代部分为王姝，元代部分为杨康，明代部分为孔美艳、段飞翔、崔武杰、王姝、姜亚平。全部碑文首先由崔武杰审阅、修订，然后由子课题负责人姚春敏与项目首席专家车文明审定。

最后非常感谢商务印书馆的支持，使本项目成果得以出版。

图书在版编目（CIP）数据

戏曲碑刻 . 1 / 车文明总主编；姚春敏主编 . —北京：
商务印书馆，2020
（中国戏曲文物文献汇编）
ISBN 978 - 7 - 100 - 18221 - 8

Ⅰ.①戏… Ⅱ.①车… ②姚… Ⅲ.①戏曲—碑刻—
汇编—中国 Ⅳ.① K877.42

中国版本图书馆 CIP 数据核字（2020）第 041068 号

戏曲碑刻（一）

车文明 总主编

姚春敏 主编

———————————————————

商 务 印 书 馆 出 版
（北京王府井大街 36 号 邮政编码 100710）
商 务 印 书 馆 发 行
北京顶佳世纪印刷有限公司印刷
ISBN 978 - 7 - 100 - 18221 - 8

———————————————————

2020 年 12 月第 1 版 开本 787×1092 1/16
2020 年 12 月北京第 1 次印刷 印张 29
定价：138.00 元